思想觀念的帶動者
─────────────
文化現象的觀察者
─────────────
本土經驗的整理者
─────────────
生命故事的關懷者

心靈工坊
[PsyGarden]

Master

對於人類心理現象的描述與詮釋
有著源遠流長的古典主張，有著速簡華麗的現代議題
構築一座探究心靈活動的殿堂
我們在文字與閱讀中，尋找那奠基的源頭

醞釀中的變革
社會建構的邀請與實踐
An Invitation to Social Construction

肯尼斯·格根（Kenneth J. Gergen）——著

許婧——譯

〔推薦序一〕
社會建構的理性與感性　　　　　　吳熙琄

　　打開我寫著Kenneth Gergen（肯尼斯・格根）咖啡色檔案夾，是我2005年七月從美國貨櫃海運搬回來其中的一個檔案。翻著和格根相關的資料和筆記，我看到了我在1999年八月二十一日參加在波士頓的美國心理學會（American Psychological Association）所舉辦的一場肯尼斯・格根的講座記錄，在筆記上，我記錄下格根在距今十五年前所說的話，看著有些泛黃的紙上的這些文字，2014年的我仍是澎湃不已。

　　筆記本上有這四個重點：

1. Invite multiple theories, voices, methods and possibilities.
2. Keep all resources alive.
3. Multiple therapy approaches.
4. Welcome qualitative methodology.

　　也許我可以用2014年的我來詮釋1999年的我所記下來的東西：格根近四十年的主要研究核心都是社會建構學說（social construction），因此上面四點也是當年格根對社會建構的詮釋，當然事隔多年，他對社會建構的理解和闡釋也不斷在演化和創新。我在此先對這四點簡單說一下：

　　1. 社會建構學說希望邀請多元的理論、多元的聲音、多元的

方法和各種可能性。

2. 讓所有的資源都能活生生地被使用（例如不否定實證的研究，如何在它們的空間裡好好運用）。

3. 尊重多元的治療走向（因為每一種治療走向可以提供給不同族群不同的思維和語言方式）。

4. 歡迎質性研究（不因其不談效度、信度而困窘，反而相信效度、信度會從不斷的對話中演化與成長，而且是奠基於對話的過程）。

　　這是我第一次聆聽格根的講授，看到他正帶著一個開放的視野，邀請我們珍惜多重現實（multiple realities）。早在1992年到1993年我寫博士論文期間，格根的文獻就很吸引我，我在論文中引用了許多格根的觀點。我記得格根在1991年曾出版了 *The Saturated Self*（《飽和的自我》），還是學生的我很震撼於書中的理念，格根在這本書中邀請我們去看現代人的自我認同是如何被各式各樣的訊息所浸染而不自覺。我還記得看了這本書後，和當時也在念書的先生熱烈討論我們身處在這個世代對自我形成的覺察、不能覺察及選擇。這些思維一直影響著我，也一直陪著我到今天。

　　非常感謝心靈工坊今年出版肯尼斯・格根的 *An Invitation to Social Construction*（《醞釀中的變革：社會建構的邀請與實踐》）。幾年前我遇到格根，請教他如果台灣可以出版他的書，他會推薦哪一本？他說就 *An Invitation to Social Construction* 吧！他喜歡這本書，他說這本書對社會建構的理念有很清晰的解釋，想要認識社會建構，這本書會是很好的開始。在心靈工坊的努力之下，這本書的繁體中文版終於要在台灣出版了，想來就很開心，

有更多的人可以閱讀這本書了！

　　格根是這個時代的思想家，他每一本書都很值得閱讀。我身為一個家族和婚姻治療師，雖然主要從事實務工作，但我發現不斷地去反思社會建構理念，不斷去反思我們到底如何去建構我們的生活會對我們的生活帶來改善、希望和創新，是我很重視的過程。無論我在家族治療的工作上如何進展，我總會常常去碰碰格根的書與理念，他提的東西對我總是一份提醒和啟發。這幾年我也在台灣帶領的課程裡，和我的學生分享格根的理念，這些學生主要分布在諮商、教育、社工、職能治療與精神科學界，他們也發現格根的思維對他們的生活和工作有很多的啟發。格根的理念可以運用的面向非常廣，例如教育、組織、企業、政策、醫療、精神科、研究……，不只是心理治療而已。

　　社會建構是因為這個時代的演化和複雜度而產生的，它是因應這個時代的多元變化而醞釀出來的。過去的歷史沒有這個理念，因為可能也不需要。社會建構的理念愈來愈被世界各地的人喜歡和接受，因為社會建構理念和它的實用性正在協助世界不同角落的人去解決他們生活或環境中的議題。

　　那麼，社會建構到底是什麼呢？簡單來說，這個理念邀請我們不再理所當然地去經驗生活，而能檢視反思我們到底是帶著怎樣的模式去定義我們和他人的生活。社會建構不是一個固定的理論，它比較是一種如何理解、探索生活的思維與態度。它重視的不是要告訴大家唯一的真理，而是一個邀請大家來增加選擇、帶進多重觀點的過程。

　　格根也檢視個人主義帶來的限制，邀請大家去看見人們如何在關係中的交談來不斷界定自我，自我的形成是離不開關係的。

他對科學如何支持有權力者，而非純屬中立的立場，有著很深的反思。他也看見理性、情緒、記憶等其實都是在關係裡建構的。讀者可在這本書中讀到他多年來對這些議題的思考和研究成果的分享。

這個世界正在經歷劇烈的變化，當人們帶著既定的思維去和不同的人們相處時，衝突往往產生，必須你消我長，格根透過社會建構理念，邀請大家思考如何在不同中共存，檢視誰的聲音被削弱了，誰擁有較多的權力；雖然世界越來越複雜，但格根希望提供一種嶄新的思維方式，邀請大家可以持續發展，而不是看誰越來越好。

後現代家族治療裡的焦點治療、敘事治療、合作取向實踐及反思理念，和社會建構學說有許多互相輝映之處，前者是對過去的家族治療做反思而產生的不同學派，後者是對人文科學的反思所演化出的理念。不同的時代總會有不同的反思，這些具有時代意義的反省總是引人深思，啟發著我們去了解我們的時代，進而試著去探索適用於這個時代的理念和實踐。許多後現代教育觀、研究論、組織管理等和社會建構學說也有許多密切的關連，也都是因應這個時代的現象而有的反思，及在反思中建構出的理念和實踐。

在出版這本書的同時，肯尼斯・格根和其妻子與合作伙伴瑪麗・格根（Mary Gergen）也將首次來台為大家介紹這本書。這是一次非常難得的機緣。

願大家透過此書，對於如何建構渴望中各層面的生活，能有更多的反思和幫助。

本文作者為茵特森創意對話中心創始人

〔推薦序二〕
心理學建構主義運動的來龍去脈　　宋文里

　　肯尼斯・格根（Kenneth Gergen, 1935－），今年（2014）七十九歲，是賓州費城附近斯沃斯摩爾學院（Swarthmore College）的長青樹——他從1963年起擔任這所只有大學部（本科生）而沒有研究生的菁英學院心理系主任，十年之後，他會間歇地到世界各地的幾所主要大學擔任客座教授，但最終他還是回到原地，以資深研究教授的身分持續他的教學、研究以及推動其他學術研究運動的工作。[1]

　　這位在1982年，以《邁向社會知識的轉型》（*Toward transformation in social knowledge*）[2]一書（以下簡稱《轉型》）而奠定其學術地位的學者，到了1985年，以〈現代心理學中的社會建構主義運動〉（The social constructionist movement in modern psychology）一文刊登在APA龍頭期刊 *American Psychologist*（40 (3): 266–275）而聲名大噪。[3]在此期間，他和其他一些響應「社會建構主義」的學者們一起編撰了許多本不同主題的著作，在其

1　包括近年來在新墨西哥州陶斯市（Taos）成立的「陶斯研究院」（Taos Institute）所作的研究教學工作。特別提醒讀者一下：這個機構和道家（Taoism）沒有任何關聯，請勿任意望文生義。

2　New York: Springer-Verlag, 1982; Second Edition, London: Sage, 1994.

3　這篇文章的原文可以在網路維基百科（英文版）中找到下載的鏈結。

中，格根一直被聲稱爲這些系列著作的「核心倡議者」（central exponent）。說到這裡，我們就可以先把格根界定爲心理學建構主義運動的一位「龍頭」，但同時，我們也必須知道，他不是這個主義或運動的「創立者」。

爲什麼要把「倡議者」和「創立者」的身分加以區別呢？最重要的原因就在於：他的《轉型》一書已經提出了針對經驗論、實證論⁴這些佔據美國學院根深柢固地位的「常態科學」提出很鮮明的批判，以及說明了科學所須轉型的必要理由，但在該書中，他還沒使用「建構主義」來稱呼自己所倡議的革命性知識運動。他的提議是要以早在學術世界中（特別是歐洲）已經發展成熟的四種不同源流的學術路線，來共同搭建美國學術所需的「新科學」：詮釋學、辯證法、批判論述、在地本生知識。到了後來，還有另兩種路線也被他明白地標舉出來，那就是：後現代主義（後結構論述，解構主義）以及關係論（對話邏輯）。⁵由此看來，格根這位美國龍頭實際上是有意要把（主要是）發展於歐洲的許多學術新潮，以集其大成的方式，帶入美國的學術界，特別是美國心理學界。

「美國心理學」是世界學術發展中的一項奇觀。在格根的種種著作中，有時以「心理學」，有時以「社會心理學」爲標的，

4　在本書簡體版中，譯者不知何故，竟把格根批判矛頭所指向的「實證論」（positivism）翻譯成「積極主義」（見《社會構建的邀請》〔2011〕：北京大學出版社，p.36）。在此提醒讀者，讀翻譯書，有時要保有一定程度的批判態度，免得被誤導而不自知。（編按：本書繁體中文版已對譯文作出相當程度的修訂，敬請讀者詳加考較，並不吝給予指教）

5　較晚近的發展，可參閱Gergen, K. J. (2001) "Psychological science in a postmodern context", *American Psychologist* 56 (10): 803–813. 此文也可在網路上免費下載。

展開他的批判革新事業，而他一直聲稱，那必須予以解構、重構的對象，就是這些心理學中冥頑不化的「經驗實證論」或「邏輯實證論」——我們可以在其他地方另闢篇幅來詳談爲什麼他的對手是這樣的東西。[6]我們都知道，美國（本土）心理學[7]一直有個傳統，就是自行構建了一個在二十世紀五〇年代稱爲「行爲科學」，而在當今稱爲「認知科學」的特殊科學種屬。它們都自認爲較接近「自然科學」（即前文所謂的「常態科學」），而不是「人文科學」或「社會科學」。但這種自成一格的「行爲科學」或「認知科學」，在其理論根基上卻幾乎沒有自己的「後設理論」，只有借用自物理、化學、生物學乃至計算機科學等等現成科學的基礎理論，而它究竟憑什麼能「自成一格」呢？只因爲它得到「心理」這個詞彙的特殊意涵，好像可以跟「物理」顯然有別，但在所有的研究操作上，「心理學」，特別是使用實驗研究的，都只是「物理學」等科學的翻版，乃至半調子的套用，而從未曾發展出可以成爲「心理學」的特殊理論基礎，也就是沒有特殊的後設理論，所以，歸根結底，全世界有眾多各行各業的一流學者都看出[8]：美國心理學只是一種自滿自足（自己玩）的科學，

6　但也可以直接參閱一本接近於社會科學哲學的進階教科書：Mark Smith(1998) *Social Science in Question.* 中譯本：《社會科學概說》（新北市：韋伯文化，2002）——這個中譯本只是建議可參閱，而不是我的「推薦」讀物，因爲譯文有太多瑕疵之故。

7　當時美國心理學中比較能夠提出後設理論者，大多是歐洲的舶來品，譬如皮亞傑（Piaget）、海德（Heider）、勒溫（Lewin），和一批德國的完形（Gestalt）理論。這種「美國本土」和後來我們常說的「歐美」確是有區分的，且比較在乎此區分的，不是歐洲人，而是美國人。這是值得細論的問題，但願有心人能有機會注意。

8　在格根的著作中不斷提出充分的文獻，說明了這些「看出」都有眞憑實據。即在本書中也會看到它所徵引的文獻跨越了相當廣闊的知識範疇。在此暫不贅述。

而不像其他科學那般，必須和人文、社會知識的相關領域產生必要的銜接。

最後稍稍提一下對於"constructionism"這個詞彙的中文翻譯問題。本書大陸簡體版翻爲「構建主義」，我並不反對，卻無從知道這種選詞的理由，只知道：在其他學術領域，譬如女性主義，或社會學等等，早已使用的譯名是「建構主義」（編按：本書台灣繁體版亦使用「建構主義」），譬如所謂的「本質論／建構論」爭議，或如格根常提到的知識社會學名著，彼得·伯格（Peter Berger）和湯馬斯·盧克曼（Thomas Luckmann）（1966）的 The Social Construction of Reality 一書，也早被翻譯爲社會實體的「建構」，[9]所以，「建構論」至少在某些學術領域中已經不是新名詞，至少在研究所的課堂上，有許多師生已經朗朗上口，只不過，格根本人倒是對於英文中的"constructionism"和"constructivism"用法區分頗有意見——他認爲：後者常常會有皮亞傑（Piaget）結構主義心理學的意味，以及會和某種當代藝術的主張（譬如Mondrian）產生混淆。用詞的混淆很難避免，但我們也知道，這兩詞在目前確實常是用來指同樣的主張。

翻譯用詞的問題是吵不完的。光是心理學中常用的基本詞彙就有許多在現代漢語中仍處在「尚待商榷」的狀態，譬如「同理心」（empathy）、「移情」（transference），甚至「知覺」（perception）、「感覺」（sensation）等等，不勝枚舉。但這些商榷只要能夠進行，就是當代漢語學術裡必要的發展步驟，我們

9　《知識社會學：社會實體的建構》，台北：巨流，1991。

不必為這種「吵」而擔心。我更想說的是，一本重要的世界名著在中文翻譯中出現，是我們的莘莘學子都殷殷企盼的事情。在台灣、大陸，學術界的標準用語仍是現代漢語，雖然我們採用了許多英文的教材。我作為一個已經在大學教書三十年的老師，非常明白我們的學生中絕大部分的英文閱讀會比中文閱讀多花三倍到六倍的時間。我們需要的好翻譯常常超過我們一般人的認知，以致問題也被嚴重淡化──但我們的理解仍然障礙重重。我們真的能夠忽視這個問題嗎？

本文作者為輔仁大學心理學系教授

前言

我對此書寄予厚望。我衷心希望這本書能為大家提供一個入門指引，身臨其境地走入文化層面乃至全球層面讓人振奮的跨學科對話。這類對話大都被標籤為社會建構（social construction）。一些人會狹義地稱其為「建構主義」，或廣義地稱其為「後現代主義」。這些討論對所有參與者都產生了重要影響。它們就像是十六、十七世紀歐洲的思想界和社會實踐所發生的激進變革一樣。我們已經意識到，在這一時期，文化從「黑暗時期」走向「啟蒙時期」。在我看來，現在的對話不僅動搖了啟蒙時期以來在理性、個體心智、客觀真理和道德準則方面投入努力的基礎，更重要的是，它們為創造性思考及行為開拓了前所未有的機會。它們邀請我們進入一個新的認知空間，創建一個前景更為光明的世界。書中的觀點改變了我的人生，也改變了我的許多同事和我身邊許多人的人生。與此同時，許多人則可能會覺得這些對話帶有煽動性甚至讓人惱火。眾人對此褒貶不一。如果你能加入討論，領會這些對話的意義，體會其潛在可能性，為它們的缺憾而不安，這本書就獲得了成功；如果你能把激發出的好主意付諸實際行動就更好了。因為這本書並不是為了作「結語」，而是要「開篇」。

本書是我1999年出版的同名書的修訂版。我寫這本書有兩個目的。第一，滿足課堂教學對社會建構方面書籍逐漸增長的需求。上一版就是為了此目的而寫，但主要是面對進階的讀者，因此需要另一本能更簡單明瞭講清問題來龍去脈的書；這個版本更

為精簡，也更「直擊重點」。為了提高本書的教育成效，我專闢了一系列欄位，延伸書中的論點，讓讀者有更多停頓與反思的空間。此外，我也增加了一些插圖，讓內容變得更加生動。

出版修訂版的第二個原因是，1999年以來社會建構方面的論著快速增加，新的議題及應用在世界各地紛紛出現。社會建構論的思想最重要的特點就是與時俱進。儘管社會建構的基本觀點具有概括性，但實踐才是它主要的焦點。理論觀點可否用於實踐？過去十年的發展，證明了這些理論觀點的潛力。在學術界，我們在研究方法、表達形式和理論探索上實現了復興。幾乎所有這些努力根本上都是對社會變遷的關懷。在學界之外，社會建構論者的觀點啟發了許多實踐形式。比如，教育家、治療師、社會工作者、組織變遷的專家、和平工作者，以及社區建設者等等，都為新的、有成效的實踐方式作出了讓人讚嘆的貢獻。我希望本書不僅能反映這些激動人心的進展，還能鼓勵大家進一步去拓展各種可能。

這裡有必要指出的是：面對這本將我們連繫在一起的書，我們都有自身的局限。我的局限在於：我多數時間都是一個學者。我的表達習慣在學術圈內很容易被人接受，但對圈外人來說就未必如此。我會盡力擺脫那些糟糕的學術習慣，但你會發現我在這方面做得並不很成功。我的人生閱歷也很有限。這並不僅僅是說我的語言不可避免地帶有國籍、性別、年齡和性取向的痕跡，而是說我的生命經驗同樣有局限。我的生活有很多優越之處：我有份穩定工作，從未上過戰場，也從未陷入窮困潦倒的境地。我也受過磨難，但我無法刻畫出影響世界上許多人的恐懼和痛苦。作為我的讀者朋友，大家也有各自不同的背景、不同的喜好，對未

來同樣抱有不同的憧憬。我衷心希望大家讀完這本書能夠發現新觀念、新洞見，以及激勵人心的潛在可能性。

我一邊寫這本書，一邊想像著你們作爲讀者就坐在我對面，像好朋友一樣與我交談。然而，這些語句能有多大影響力，取決於你們如何想像我。你們會在書中字裡行間，透過我在不同時間和空間下與其他人的關係而了解我。不過，你們也可以隨心所欲地對待這些內容：學習、玩味、創造、想像、全盤接受、肆意批判。如果你們能想像我確實會受到你們對這本書的反饋所教育，或許我們就可以共同創造更美好的意義。我的出發點不是用所謂的「正確方式」去說服你、戰勝你或教育你。你們才是賦予這些文字生命的人。如果我們能夠建立起成功的作者──讀者關係，或許就有可能走上一條新路。因爲我們相互連繫在一起，未來也是我們所共同創造。

目錄

第五章　對話：衝突與轉化　191

第一章 —————————————————— # 社會建構
醞釀中的變革

前不久，我做了一個檢驗：醫生往我胳膊上扎針，並對我實施一系列電擊。這個檢驗會帶來一些疼痛，其實我一點都不想做。但當針尖扎入我的皮膚時，我決定做個小試驗：每次電擊襲來身體微微顫動時，我不是報以痛苦的呻吟，而是笑出聲來。測試開始，我的小試驗也在我歡喜的心情中開始了。醫生或許會認為我這人腦子有問題，但對我來說，這個小小的試驗卻是值得的，哪怕會讓人產生一些誤解。當然，在這個過程中我也感受到了疼痛的滋味，但不管怎樣，笑聲確實有轉化的能力。我並未陷在痛苦中，實際上，我發現自己心情愉悅；直到最後離開檢驗室，我仍面帶微笑。

我為什麼要做這個小試驗？主要是因為我早已在知識上與實作上探究這個「劇本」，而我們即將一一揭開其中的劇情。古老的傳統告訴我們要瞭解世界的真實面目，為此我們必須仔細而客觀地研究這個世界，有了這些知識，我們就可以預測和控制將要發生的事情。可是，什麼是客觀世界呢？毋庸置疑，我們可以將痛苦作為值得研究的東西。但若是我的笑能改變痛苦的經驗，則這個痛苦顯然就不是獨立存在於「我」之外的「某處」。痛苦至少在某種限度上取決於我們如何去面對它。事實上，不會感覺到痛的「痛」，就不算是「痛」。如果痛苦是這樣，那其他事情是不是也一樣呢？那麼，種族差異是否也獨立存在於「某處」，與我們認識世界的方式、與我們的知識與性別差異都沒有關係呢？如果在這些情況下，我們面對事物的方法是如此重要，那麼這些方法的極限又是什麼呢？同一座山在小孩子、運動員和老年人眼裡是一樣的嗎？同一棵樹在植物學家、護林員和園林工人眼裡是一樣的嗎？到底什麼是「客觀世界」？

　　這就展開了這齣名為「社會建構」的劇本：我們所認知的世界，主要取決於我們如何看待它，而我們看待世界的方式則又取決於我們身處其中的社會關係。完全瞭解這一點後，你就會發現建構論觀點正在挑戰諸如「事實」、「客觀」、「理性」和「知識」這些長久以來為人所崇尚的字詞。你對自己的理解（你的思想、情感和欲望）也會發生轉變。你與他人之間的關係將被賦予全新的意義。你會以一種不同的方式去看待世界上的矛盾衝突。建構論者的觀念和實踐正在延伸到世界上每個角落。從布宜諾斯艾利斯到赫爾辛基，從倫敦到香港，從新德里到莫斯科，各處都在熱絡討論這些議題。許多人都認為這些觀點對世界的未來可能至關重要。當然，其中也有許多論爭，畢竟有變革就會有反抗；你可能也會發現自己正在抵抗這些觀念。心生抵抗並沒有你想像的那麼糟，或許還會讓你的閱讀更有成效。

　　你應該意識到，我們一般稱之為「社會建構論」的觀點，並不專屬於某個人。社會建構論並不是由單一的著作或哲學學派來定義，而是來自於對話的過程；這是一連串尚在進行中的對話，每個人，包括作為讀者的你，都可能參與其中。正因如此，對話中不存在任何可以代表所有人的權威。對話中會出現許多不同的觀點，各方之間也會出現僵持。不過，我將在這個章節概括出多數人所共同持有的主要觀點。為了更好地理解這些觀點，我也會觸及一些相關的歷史背景知識。這些人，包括學者或其他人，是如何聚集於此？這些討論將會讓你看到此觀點的革命性，以及其爭議之處。隨後的章節將著重在社會建構論的意義及應用。

我們一起建構了我們的世界

如果我問你關於世界的種種，你可以在一個或多個參照框架下回答我；但若我堅持要你拋開那些參照框架，你還能告訴我什麼呢？

——奈爾森・古德曼（Nelson Goodman），
《世界形成的方式》（*Way of Worldmaking*）

社會建構的核心觀點簡單明瞭。但當你探尋它的內涵和影響時，這種簡明性立刻就會消失。它的基礎概念要求我們重新思考我們學到的關於世界和自身的幾乎所有事情。帶著這些重新思考的想法，我們被邀請加入新穎且具有挑戰性的行動中。從「常識」著手，我們會看到各種可能性。世界就在我們眼前，我們觀察且瞭解世界——這不就是簡單不過的事實嗎？這裡有樹木、高樓、汽車、女人、男人、貓狗，以及其他種種事物。如果我們觀察得足夠仔細，就會知道怎樣保護森林，怎樣蓋出堅實的房子，怎樣提高兒童的健康水準。現在我們來顛倒這些人們所深信不疑的假設吧！

如果我說：這裡沒有樹木、房屋、女人、男人及其他一切；是因為你我認為這些事物存在，它們才出現在眼前。你可能會說：「這太荒唐了！看看你周圍，這些樹在我們來之前就好好地生在這裡了。」這聽起來很有道理，但是先讓我們帶著一歲大的小朱莉出去走走吧！她的眼睛似乎並未注意這些樹木、房屋和汽車，她也分不出男人和女人。威廉・詹姆斯（William James）說

過，孩子的世界是「雜亂的、發著嗡嗡聲的一團混沌」。不管你是否贊成他的看法，朱莉眼中的世界和我們這些成人眼中的世界似乎並不一樣。和朱莉不同的是，我們會留意到春天到來時，樹上的嫩芽長成了綠葉；秋天降臨，樹葉就會落下。我們閱讀公車上的廣告，也會專心聽候員警指示我們停車。朱莉的世界裡沒有男人女人，沒有開花的樹，也沒有廣告和員警。我們與朱莉眼前的東西並無差別，但對我們與對朱莉而言，這些事物賦予的意義卻不相同。從這個意義上看，我們接觸世界的方式有所不同；而此差異源於我們的社會關係。正是在這些社會關係中，我們把世界建構成這樣或那樣。在這些關係中，我們形成了對世界的看法。當朱莉慢慢發展與家人、朋友的關係後，她就會以一種和我們差不多的方式去建構世界。

不同人眼中不同的你

對_____來說	你可能：
生物學家	「是個哺乳動物」
理髮師	「需要剪髮」
老師	「是上大學的料」
同性戀者	「是個異性戀」
基督徒	「是有罪的人」
父母	「是意外地成功了」
藝術家	「是優秀的模特兒」
心理學家	「有點神經質」

物理學家	「是個原子合成體」
銀行家	「是未來客戶」
醫生	「是憂鬱症患者」
印度人	「是一個有缺陷的靈魂」
情人	「是一個非常棒的人」
密克羅尼西亞的伊法魯克人	「是一個有光的人」

是否有人曾使用誰也沒用過的說法來描述你？如果遇到從來沒有被描述過的事物，我們該怎麼識別它？我們會以怎樣的用語來描述這件事？

社會建構的基本觀點看起來相當簡單，但請思考一下它所帶來的結果：如果所有我們認為是真實的事物都是社會建構而來，那麼，除非人們同意，否則沒有東西是真實的。這時你可能就會懷疑：這是不是說死亡不是真實的、身體不是真實的、太陽不是真實的，或者我坐的這張椅子也不是真實的？你懷疑的對象可以擴大到任何事物。弄清楚這個問題非常重要。社會建構論者並沒有說「什麼都不存在」，也沒有說「真實並不存在」。重點是，人們對真實的定義，比如認為死亡是真實的，身體、太陽、坐著的椅子都是真實的，這些想法都是從一個特定的角度去說的。毫無疑問，當你想要描述正在發生的某件事情時，你難免會依賴某些繼承而來的認知方法。

例如，當某個人說「我祖父去世了」，他通常是從生物學角度來說這件事。死亡事件被定義成人體功能的終止。依照其

他的知識傳統，我們還可以說：「他上了天堂」、「他將永遠活在她心中」、「這是他投胎轉世的新開始」、「他卸下了重擔」、「他仍活在優秀的遺作裡」、「他的生命在三個孩子身上延續」，或是「該物體的原子結構改變了」。這些說法在各個我們所創造的知識傳統中都是合情合理的。但是小朱莉很可能對這件事並沒有什麼感受。在她的世界裡，「祖父的死」並未作為一個事件而存在。社會建構論者認為，並不是「什麼都沒有」，而是「什麼都沒有為我們存在」。換句話說，世界上存在著我們稱之為「死亡」、「太陽」、「椅子」等等的事物，都是源自於我們與其他人的關係。

　　概括而言，我們彼此相互交流的同時，建構了我們生活的這個世界。在某個對話中，我們看到世界的許多問題：日常壓力、缺錢花、缺少機會等等。在另一些對話中，則充滿興奮、熱忱和希望。這些對話形成了我們生活在其中的現實。只要我們按照自己熟悉的方式進行區別，像男女、晝夜、好壞、善惡，相對來說人生就變得可以預期。不過，我們視作理所當然的事情也會受到挑戰。比如，「問題」並不是作為一個獨立的事實存於世間，而是我們建構了具有好壞之分的世界，再將任何阻礙我們達成目標的事物，都視作「問題」。如果對話可以修改，則所有我們建構成「問題」的事物，都能重構成「機會」。在我們的對話中，也可以創造出一個新的世界。我們可以建構出一個存在三種性別的世界、一個精神有問題的人被看成「精神治療者」的世界，或是一個由底層工人而非少數領導者握有組織權力的世界。

　　從這方面來看，你就會開始瞭解社會建構論所具有的巨大潛力。對建構論者來說，我們的行動並不被傳統認知上的真實、理

性和正確所約束。在我們面前，有無限的可能性，邀請我們去做無止盡的創新。這並不是意味著要拋棄所有我們認爲眞實和美好的事物。完全不是這樣，而是說，我們不要把自己禁錮於任何歷史或傳統的鎖鏈。當我們一起議論、聆聽新觀點、提出問題、轉換思考角度、在常識之外探索時，我們就越過了邊界，進入一個全新的世界。未來是我們一起創造出來的！

有了這些基本看法，我們現在可以更加深入地探索這方面的核心假設命題。下面五個假設命題構成本書其餘部分的基礎。

1. 我們理解世界的方式並不是由「那個什麼」所規定

人創造了死亡。

——濟慈（William Butler Yeats），《死亡》（*Death*）

你或許會不假思索地同意，沒有一個規定要求你必須使用你現在的名字。如果你叫張三，你當初也可能被命名爲李四、王五或馬六。實際上，你是因爲他人而有自己的名字。這是一種社會習慣。現在我們把這個概念擴展到任何的事物上：沒有任何規定必須要以這個音節或字眼來描述某個事物。任何事物的描述或解釋，都有無限的可能性。如果眞是如此，則我們對於世界與自身的認知，像地心引力將我們吸附在地球上、飛機和小鳥都會飛、癌症會致命、地球繞著太陽轉……這一切都可能顚倒。並不是「那個什麼」規定了我們如此看待世界；我們可以用語言建構另一個世界，在那裡沒有重力和癌症，人和鳥兒一樣自由飛翔，太陽可以繞著地球轉。對很多人來說，這種推論非常危險，因爲這

不僅意味著真相（那些勾勒世界面目的詞語）不復存在，還意味著對所有事情都失去了控制，我們的信仰失去了堅實的基礎，一切不再安全。這難道不是虛無主義嗎？

　　或許這種失去安全感的狀態並沒有它看上去那麼糟。在日常生活中，我們的許多分類都會導致難言之痛。想想下面這些語句給人帶來的苦惱和毀滅：

　　「這是我的。」
　　「這事都怪他。」
　　「他們是惡魔。」
　　「這是優秀的民族。」
　　「這個群體比那個群體更聰明。」
　　「受精卵是人類。」
　　「只有一個上帝。」

　　從建構論的角度來看，上述說法都不是由「事物的本來面目」所規定。其他說法也是可行的，並可能帶來更有希望的結果。我們並非要拋棄追尋真理的各種傳統，而只是將這些傳統視作眾多選擇之一。

2. 我們表述和解釋世界的方法是由關係決定的

　　一個詞的意義就是它在語言中的用法。
　　　　　　　　　──維根斯坦（Ludwig Wittgenstein），《哲學研究》

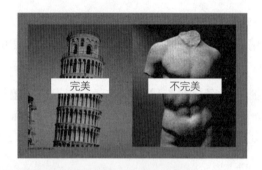

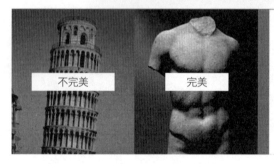

圖1.1

　　長久以來，西方文化強調個人經驗的價值。大家都認同，面對世界時每個人都有私密的個人經驗。正是基於這些經驗，我們開始瞭解世界、欣賞世界、懼怕世界，乃至看到世界的潛力。從這一點出發，當我們相遇時，我們嘗試將各自的經驗傳達給彼此。我們首先經驗世界，然後試圖將這些經驗轉化成詞語；因此，**語言是一幅圖畫**。也就是說，如果我們的經驗是對世界的反映，即產生一幅腦中的圖畫，那麼，有效的語言必須能夠把我腦中的圖畫傳達給他人。事實上，語言可以提供給你一個描繪世界的畫面，至少是我經驗的那些畫面。如果你沒去過摩洛哥的馬拉

喀什（Marrakech），而我剛從那裡旅行回來，我就可以向你講述我的所見所聞，爲你描述出一幅那裡的畫面。對世界的傳統認知方式中，語言圖像說（picture theory of language）有重要的作用。我們通常認爲，當語言精準地**描繪**了這個世界，眞實即存在。因此，如果我對你說馬拉喀什市中心有個「死亡廣場」，你可以去看看我說的是不是眞的。正如科學哲學家所說：一個眞實的陳述**對應著一個事實**。

　　現在我們重新來看這一命題：世界並沒有迫使我們如何去理解它。不管這裡存在什麼，都不會規定我們如何去描述它。哲學家康德（Immanuel Kant）指出，我們可能觀察這個世界數年之久，卻不會得到任何數字或因果的概念。讓我們回到朱莉的例子中，在什麼情況下，她會通過自己的觀察說出男人和女人不同、秋天的樹葉、員警及其他一些事情？所有這些用語都源自於人類群體。世界上我們視作正確的事，並不是從我們頭腦中的圖畫得來的，而是從關係中得來。人們通過談判、協定、比對觀點等等各種協調方式來理解世界。從這點上看，關係先於所有可理解的事物而存在。對我們來說，直到有了關係，物質世界的物件和人才變得可以理解。這也意味著，我們現在完全理解的任何詞彙、短語或句子，在某些關係下都可能變得毫無意義。相反的，在適切的交談中，即使一句聽不太清的咕噥，也可被賦予深刻含義。如果非要探索出確定性，找到靠得住的東西，或尋求確切的眞實感，只有建立起對應的關係才能實現。

　　具體來說，我們經常對物理學、化學、生物學、天文學等等自然科學的先進知識大加讚賞，這些學科爲我們揭示了世界的本來面目。我們也常說，科學知識始於仔細觀察。實際上，我們高

度重視那些對世界觀察細緻、思考縝密並對自己的結論進行實驗的科學家。表面看這並沒什麼不妥。但是，讓我們來看看這個我稱之為「我的桌子」的物件吧！在我的世界中，桌子是固體、桃花心木製、重一百六十斤、無味。然而，原子物理學家看到這個結構後告訴我，它根本不是一個固體（而是主要由空間構成）；心理學家告訴我，它沒有顏色（顏色只是由光波反射到視網膜上所產生的感官經驗）；航空科學家說，它只是看上去重一百六十斤（物體的重量取決於周圍環境的重力狀況）；生物學家則對我說，我的嗅覺比不上我的寵物狗的嗅覺，牠能嗅出這張桌子充滿什麼樣的氣味。我觀察得再仔細，也可能得不出任何上述結論。

深入地想一想：上述每位科學家使用各自不同的語言來理解我所謂的「桌子」。物理學家用「原子」解釋它，生物學家用「纖維素」解釋它，工程師則用「靜態物理學」解釋它。這些詞語沒有一個單純出自個人觀察，我無法從自然的觀察中得到這些解讀。這些詞彙來自專業學科，是基於某個專門學術領域的描述和解釋。物理學家不會去「觀察」纖維素，生物學家也不會透視物體的靜態特性。如果這個說法行得通，科學的真理便可被看成是科學社群的產物，而不是來自於觀察的心智。同理，將這個邏輯擴展開，客觀與真實並非個人思想的產物，而是來自社群的傳統。此外，科學無法提出放諸四海皆準的「真理」，因為所有對真實的描述都只是限於特定知識傳統，深植於文化和歷史中。

「真實來自關係」這一觀點，對改變我們理解語言的方式非常重要。如果語言圖像論有其不足，什麼可以有效地替代它？哲學家維根斯坦的著作曾是建構論的核心。維根斯坦在其代表作《哲學研究》中，用遊戲來代替圖像的隱喻。「到底什麼是詞

語？」維根斯坦問，這相當於探問「在棋盤中棋子是什麼？」我們該怎麼理解這個隱喻？想像一下國際象棋遊戲，雙方棋手在方格棋盤上輪流移動不同大小和形狀的棋子。這些棋子該在什麼時候下、該怎麼下，都有一定的規矩；而且還有一些潛在的社會行為規範，比如，你不能詛咒和辱罵你的對手。可以這樣說，棋盤上的每顆棋子在整個遊戲中被賦予相應的意義。這些小小的木製棋子，放到遊戲外什麼都不是；一旦回到遊戲中，就連最小的棋子也能推翻「國王」或「王后」。

維根斯坦認為，詞語也是通過同樣的途徑獲得意義。「早安」一詞從「問候」這個像遊戲般的關係中獲得了意義。問候也有一些默認的規矩：雙方輪流說出問候語，他們往往會互看一眼；當對方問「嗨，你好嗎？」的時候，你只被允許做出幾種方式的回應，比如「很好，你也好嗎？」但要是你報以一聲尖叫或是拍打對方腦袋，你就「出局」了。此外，「嗨，你好嗎？」這句話在問候的「遊戲」以外通常沒有意義。如果我們正在激烈地討論失業問題時，我突然說：「嗨，你好嗎？」你可能會懷疑我是不是瘋了。維根斯坦將語言和行動的相互作用定義為**語言遊戲**（*language game*）。詞語因遊戲規則而獲得意義。在棒球遊戲中，「本壘打」是一個非常重要的術語。同樣，物理學遊戲中的「原子」，以及社會學遊戲中的「經濟階級」，都有其重要意義。

3. 建構的意義源於其社會效用

就像遊戲隱喻揭示的那樣，我們密切相連的同時，也發展出各種合理且穩定的協調模式。這些模式具有類似規則的特性，這一系列規範決定了什麼是可以接受的、什麼又是不能接受的。這

並不是說我們之間的關係就是遊戲，而是說我們創造了一種持續在一起的方式，這種在一起的關係與遊戲是相似的。這些持續在一起的方式不僅包括我們的言行，還包括周圍各種各樣的事物、空間和環境。我們可以來看這樣一個例子，「網球」方面的詞彙（像發球、凌空抽擊）不僅和球員的動作有關係，還與諸如他們使用的球拍、球、網球場，以及燈光照明等等事實有關。維根斯坦將詞語、行動和物件間這一整套關係稱爲「**生命形式**」（*form of life*）。我們也可稱其爲文化傳統。我們的建構鑲嵌在這些生命形式中，這樣的觀點非常有用。首先我們可以探究那些我們用來建構世界的詞語是怎樣形成的。比如，爲什麼愛斯基摩人比生活在溫帶氣候中的人有更多關於雪的詞彙？這是因爲這些細緻區分對生活在北極的人很有用，他們因而可以更仔細根據周圍情況調整行爲，在關鍵時候這些區分甚至可以救人一命。通常，世界的建構與社會效用相互依存。

這些短語	在下列場合	有意義
「今日特餐」	餐館	
「三振出局」	棒球場	
「稍微修剪就可以」	理髮店	
「兩張票」	電影院	
「原子加速器」	物理實驗室	

　　語言從它在各種關係中的具體使用而取得意義，這個觀點也有助於我們解決前述討論中留下的一個重要問題。回想一下「語言是世界的圖像或反映」這個傳統觀念面臨的難題。正如先前指

出的，這觀念假設了語言可以傳達眞實，且有些語言要比其他語言更接近眞實。但是我們發現，世界和語言之間並不存在任何優先的連繫。任何一種情境都有多種建構的可能性；一旦脫離社會規約，沒有任何一種說法會比另一種說法更接近事物的本質。這些難題讓我們陷入困境，無法爲眞正重要的問題給出答案。如果語言不能描述或解釋世界，那麼我們該如何看待旅遊指南、新聞報導、天氣預報或科學發現？如果詞語不能反映或描述世界，我們怎樣告訴別人酒後駕車非常危險，或是警告森林大火很嚴重？生病時，我們肯定更願意相信專業醫生的話，而不是聽信小孩或巫醫的話。所有的描述並不是平等的；有些看起來很準確、很有見地，有些看起來卻荒唐奇怪。如果語言沒有爲我們提供一幅地圖或圖畫，我們該如何解釋各種說法之中程度不一的準確性？

　　如果我們認爲語言的意義源於語言在各種生命形式中的效用，這個問題就有了答案。當我們說某個描述是「精確的」（相對於「不精確」）或「眞的」（相對於「假的」）時，我們的判斷所依據的並不是這些說法多麼正確地反映了世界，而是說這個詞語在某一特定的遊戲規則下，乃至在特定群體的規約下，發揮了「眞實描述」的作用。在足球運動中，我們會說「罰點球」，對於何時使用這詞毫無疑問。這個術語有利於比賽的公平，而且在遊戲規則中這詞語的使用帶有完全的準確性。同樣，「地球是圓的而不是平的」這一命題，從圖像論的角度來說無所謂眞假，即是說，跟「那是什麼」沒有什麼關係。然而，從堪薩斯飛往韓國時，「地球是圓的」更易讓人接受；而在堪薩斯觀光旅行時，「地球是平的」則似乎更有用。「世界是由原子組成的」這一命題，則無法套用在任何一個遊戲中；但是在核能實驗中，「原子

說」卻非常有用。同樣，一旦參與到我們稱之為「宗教」的生命形式中去，我們就可以得體地說，人的確有靈魂。一般而言，「原子存在說」與「靈魂存在說」並沒有哪個較為真實，或哪個較為虛假，因為兩者都存在於特定的生命形式中。

讓我舉一個我青年時代的例子來說明「獲取真實」的社會過程吧。我當時是粉刷匠瑪律文的夏期工作助手，他這人脾氣不好，滿口髒話，但是除了這些缺點，他是個工作好手。他的任務是爬到梯頂，將天花板上的石灰抹勻，這時我要按他要求的將和好的石灰遞給他。滿足他的要求非常重要。有時石灰要濕一點，這樣才好仔細地刷上去或是對剛刷的地方進行修改，有時則要乾一點，這樣才能快速勾出輪廓。在這種情況下，他會根據進度向我喊「濕」或「乾」。當然，剛當助手時，這些詞語對我來說沒有任何意義，但是過了幾天，我就能嫺熟地把他想要的遞給他。事實上，「濕」和「乾」成為我們那時生命形式的一部分。

然而，想想這些詞語、行動和物件的交互中形成了什麼樣的副產品？這樣的工作程序進行了兩週，瑪律文和我已經觀察過各種石灰混合物，對於何謂「濕」何謂「乾」，我們基本達成了共識。我一說「乾」，就是在告訴瑪律文這可能就是當時他想要的。看到我提供的東西，這個預知可能被證實，也可能被否定。實際上，由於「濕」和「乾」這類詞語在關係遊戲中所起的作用，它們開始變成可以傳達對真實的描述。這些詞彙本身並未描繪世界，只是因為這些詞彙在關係儀式中成功地運轉起來，它們才描述了真實。

在這種情況下，我們發現「事實」這個用語很有用，但又潛藏著危險。在任何既定的生命形式中，它是有用的，因為它會根

據參與者的規則或規範來確定某個描述符合事實。它有助於參與者調整自己的行為以使行為對自己有利。用這種方式說「這件事是真的⋯⋯」，就成為對他人的邀請，請他人信任你。因此，如果一位生化學家提交了氨基酸的實驗結果，從生化學角度來看，他在生化學家認識世界的知識體系中作出了貢獻。該實驗者假設其他生化學家也會相信這實驗結果；如果重做這個實驗，他們也會得到相同的結果。在特定的知識傳承中，「事實」很珍貴；然而一旦跳到另一個知識傳統中，這些對事實的說法就會受到限制、遭遇衝突，甚至被打壓。正如我們所見的，當我們接受了死亡的物理學定義後，也就減少了理解和行動的其他可能性。宣稱「受精卵是人類」，直接與「受精卵不是人類」的認知相衝突。某一宗教派別宣稱他們信仰的是唯一真神，這是衝突和壓迫的先兆。奉「真理」之名，地球上見證了無數的壓迫、拷打、謀殺和種族滅絕的行為。

4. 描述與解釋的同時，我們也據此造就了未來

就像建構論者指出的：我們的語言實踐受限於關係，我們的關係又受限於更大範圍的實踐模式。因而，像「犯罪」、「原告」、「證人」和「法律」這些詞語，對傳統意義上的法律實作至關重要；傳統意義上的高等教育則依賴「學生」、「教授」、「課程」和「學習」等等概念的表述。失去這些共用的語言描述和解釋，這些機構也就無從維持其現存形式。舉個較為非正式的例子，如果沒有「愛情」、「需要」、「關心」和「希望」，我們就很難談成戀愛。廣義上講，語言是我們行動世界的一個主要組成部分，它構成了社會生活本身。

想一想這背後隱含的意義。如果我們不再用現在的說話方式去交流／表達，我們長久傳承的文化生活就會受到威脅。如果將表達真實與良善的語言拋到一旁，我們也將破壞原有的生命形式。這在宗教領域特別明顯。如果從現在起我們都不再使用聖靈、原罪、靈魂、救世主和永生這些詞語，宗教體系就會消失。教堂裡變得空空蕩蕩，或是改成劇院或社區活動中心。要讓某個傳統持續存在，就要持續不斷產生新的意義。這在全球劇變的時代更具挑戰性；在這個時代，新的意義不斷湧現，新的行為方式層出不窮。看看網路上社交網絡如雨後春筍般出現，YouTube每時每刻把各種新奇的行為傳遞給上百萬人。大多數人都認為，如果政府、法律、宗教、教育等等制度要繼續生存下去，就必須不斷修正和賦予語言新的意義。比如，學費高漲危及高等教育的原有體制。然而，將「大學教育」定義為一個可以通過遠端教育計畫實現的目標，傳統高等教育制度便注入了新活力。為了確保年輕人不拋棄宗教信仰，許多教堂都用吉他鼓樂伴奏的形式代替了原本肅穆的禮拜形式。弔詭的是，延續傳統意味著對傳統進行改造。

建構論並非只與保持傳統有關。許多人被建構論的觀點所吸引，是因為這些觀點向我們發出了邀請，一起建構新的未來。對我們自身、我們之間的關係，或是社會的改變，根本無需等待某些專家、法律、軍事力量、強人領袖、公共政策等等力量的介入。我們一起對話的**當下**，即在參與創建未來，不論結果是好是壞。如果我們想要革新，我們就應改變建構世界的傳統方法，而對世界產生新的認知方式。建構論邀請我們成為**詩意的運動者**。新的生活方式並不是通過單純拒絕或抵制既定的意義如避免使用帶有性別或種族歧視的語言而來；這是更激進的邀請，催生一種

新的語言形式和方法來解讀世界。這裡邀請的是一種**生產性論述**（*generative discourse*），即是在言說、書寫與呈現的方式之中（像照片、電影、藝術、戲劇等），挑戰現有的認知傳統的同時，也提供行動的新可能。我們將在第四章具體探討生產性論述所帶來的挑戰。

5.對理所當然的世界進行反思，關係到我們將來的福祉

　　繼承傳統的精華是一個挑戰，開創一個嶄新的未來也是挑戰。舊傳統把新事物拒之門外，大膽的創造則對舊傳統加以揚棄。我們應該拯救哪一方？又該抵制和破壞哪一方？我們應該創造一個什麼樣的世界？這些不僅是複雜的問題，「理想世界」的建構方式是多元且相互競爭的，我們發現沒有放諸四海皆準的答案。在這些情況下，我們傾向求助於「好的理由、好的證據、好的價值」。也就是說，如果我們只是簡單地思考某個既定傳統，評估它的證據，考量它的道德內涵和政治意義，我們就會得出一個可以接受的結論。但從建構論視角來說，就有必要停下來批判反思一下。好的理由、好的證據和好的價值，都從特定**傳統的內部**產生；在其中被接受的一切，就是被建構出來的對真實與良善的認知，也就意味著拒絕其他的替代。我們是否要禁止在公共場所吸菸、是否要放開對兒童色情讀物的監控、是否要反對使用地雷、是否要支持阿拉伯國家的婦女解放運動，我們都只能從某些論述的傳統去處理這些問題。這樣一來，我們的「深思熟慮的判斷」往往壓制了我們特定傳統以外的其他替代思維。

　　對建構論者來說，這些思考將引導我們去擁抱**批判性的反思**（*critical reflexivity*），即是試著質疑某個觀點的假設前提，將

「理所當然」暫時擱置，聽取另一種對事實的描述框架，並且站在不同角度得出各種並列的結論。這是建構論者經由探究各種「理所當然」，所帶來的不可估量的潛力。如果我們想要共同建立一個可持續的未來，就應準備好懷疑那些我們已經接受的事物，即那些我們已經認定是事實、真理、正確、必要或根本的一切。這種批判性反思不一定會導致我們摒棄傳統，而是為了意識到傳統形成的特定歷史文化條件，並且認知其他傳統在別的話語情境也具有其正當性。這樣做，也就促進了大家在共同基礎上對話的可能性。

正如你所看到的，這五個假設具有革命性的含義。在接下來的章節中，我們將會更深入探討這些假設的含義。不過，你也可以想像，由於這些假設挑戰了很多傳統觀點，因此備受爭議。本書最後一章，我會列舉最重要的一些批評觀點。

社會建構的起源

如果我寫得還算成功的話，那麼前面的論點看起來應該頗有道理。不過，並不是每個人都覺得這些論點有道理，它們也不是憑空冒出來的。事實上，這些社會建構論觀點在最近這幾十年才出現，並發展成現今我所闡述的樣貌。接下來我要討論的是這些觀點在學術界出現後經歷了哪些發展。這不僅有助於你理解建構論觀點的深度和廣度，也有助於你更清楚看到這些觀點所蘊含的革命性意義。此外，你也就更能明白為什麼相關爭論持續不斷。

另外有兩點說明：第一，儘管這部分討論讓很多學者爲之興奮，但是它們遠比我勾勒出的大致輪廓要複雜得多；第二，要讀懂本書後續章節，並非一定要完整掌握建構論的觀點。

在我看來，今天的社會建構論是一個由三大對話組成的混合體。每個對話都始於單獨的研究領域，它們在這些圈子裡都是「熱門」理論。隨著時間推移，某一領域的學者開始瞭解另一個領域的成果，而特定領域內很「熱門」的理論也就移植到另一個領域中。這並不是說兩個領域都贊同這個觀點，現在這些研究領域之間的關係還是很緊張；但是，融合的力量是如此強大，以至於許多人都從中看出了一個主要轉變——這是學界，甚至更廣泛的西方文化中所出現的轉變。這個轉變有很多種叫法，最常見的就是**後現代主義**。這裡的「現代主義」一般指的是啓蒙運動後西方文化的發展。正如我之前提到的，十六世紀某個時期，西方文化從宗教統治下的「黑暗時代」，轉向信奉經由經驗事實支撐的個人理性力量（許多人因此而認爲科學是「現代主義」的核心）。現代主義世界觀即是推崇理性、客觀、科學事實、秩序、預測和控制的價值。在這一意義上，後現代主義挑戰了這些價值，而確實這個目標已經實現；另一方面，後現代主義更要爲未來開創更多可能性。儘管後現代主義是一個具有高度概括性的說法，社會建構論仍可被視爲這個思潮下的特殊產物。就像下面將會看到的，三個主要運動都是對現代主義核心觀念的批判。社會建構論的對話從批判的土壤中成長，但其重心逐漸從批判轉移到創造。就像後面章節所闡明的，社會建構論的實踐者最大的希望，是給當今世界帶來新的、更光明的生活方式。

客觀性：價值中立危機

　　每年都會有許多學生請我給他們寫推薦信。這些學生通常都有很好的理由期待我在信中給他們多說些好話。但在這種情況下，「好」指的是什麼？我可以將每個學生都寫成「好員工」、「能力佳」、「聰明」或「知性」，而不會有任何虛假失實之處。這些描述都足夠「好」，都對學生進行了推薦。可是我無法從客觀準確的角度出發，從這些學生當中選出優異者。我該如何去選擇呢？你很快就能意識到，這些描述的差異顯示出我對這個學生的熱情程度。如果我真的關心這個學生日後的成功，我不會把他寫成「好員工」或「能力佳」。這些詞語確實是「好的」描述，但卻沒有傳達任何熱情。就連「聰明」都沒有比「知性」來得更有力道。因而，根據我對學生的情感投入，我能不失公允地寫下評語。

　　現在考慮更深遠的意義：我是名新聞記者。我正努力將發生在阿富汗的事情寫得客觀準確。我可以把橫屍在我前方的人描述為「傷亡者」，也可以描述為「一個大有前途的青年，身體被炸成兩半」。就一般標準而言，這兩種描述都不能算不準確，但它們代表的立場卻大不相同。實際上，你在報紙上讀到的，並不是價值中立的「新聞描述」，你閱讀的是一個充滿價值立場的世界。看上去很客觀的報導其實掩蓋了其隱含的價值。如果你沒有看出其中隱含的價值，那是因為你和記者持有大致相同的立場。

　　早期馬克思主義的著作即揭示了這個論據的重要性。資本主義經濟理論被認為是對經濟世界的精確解讀。不過，由於這個理論產生出的經濟制度，讓該理論的提倡者持續得到利益，因而值

得懷疑。這個理論合理化了「資產階級」為了獲取利潤不斷剝削「無產階級」的行為。或者用馬克思主義的用語來說，儘管這理論看上去中立客觀，但它卻迷惑了大眾，誤導他們相信一個使自己持續受到奴役的謊言。馬克思用同樣的方式挑戰宗教權威，認為宗教教義並未闡明精神世界的真諦，而是「大眾的鴉片」，降低了大眾對自身正在受壓迫、受剝削的意識。

　　這類批判並不僅限於馬克思主義者。就像哈伯馬斯在他頗具影響力的《知識與人類興趣》（Jürgen Habermas, 1971）一書中所說，對知識的任何探求都會偏向於某個政治或經濟目的。在這個意義上，世界上幾乎所有權力機構都隱含著自己的價值立場，全都帶著意識形態，也就是一種隱含的觀點，宣告政治秩序和社會秩序應該怎樣。不管是科學家、學者、最高法院法官還是新聞評論員，都是意識形態批判的對象，他們對真實的宣稱雖然看似中立，卻隱藏著利益、價值、教條和迷思。正如意識形態批判所展現的，不管來源多麼可信，一個人持有的價值立場必然會讓他以某種特定的方式處理事情，而不選擇其他的方式。批評者會問：什麼被遺漏了？哪些言論被禁止了？誰從中獲益？誰被噤聲、被剝奪權利、被排除在外？

　　意識形態批判最重要的一個分支以科學作為分析對象。科學成果清楚明瞭，所以看起來似乎對這種批判具有免疫力。科學家似乎不帶有意識形態，而且他們的成果公開予大眾檢視。然而，在意識形態批判者眼裡，正是科學這種看似中立的面孔最具誤導性與隱祕性（mystifying）。批判性的檢視是必要的。這裡我們可以看一下艾蜜莉・馬汀（Emily Martin）的相關分析。她分析了課堂上和實驗室裡生物科學課本中關於女性身體的描述，從中得出

這樣的結論：女人的身體往往被形塑成一座「工廠」，首要任務就是繁育物種。因此，女性的月經期和停經因爲處於「非生育」的時期而被視爲浪費，甚至被看成缺陷。爲了說明這一點，請注意以下標準生物課本中描述月經來潮時所使用的那些負面用語（黑體字爲作者所加）：「隨著血液中孕酮和雌性激素降低，導致子宮內膜的荷爾蒙水準**降低**」；「血管的**壓力**」造成「氧氣和營養物質**減少**」；當「**瓦解**開始，整個內在部分開始**蛻落**，然後經血開始流出」。「荷爾蒙刺激程度的下降導致**壞死**」（組織死亡）。另一本書上說，月經就像是「子宮因爲沒有嬰兒而哭了」（Martin, 1987）。

馬汀指出了兩個要點。第一，這些科學描述從來就不是價值中立。通過微妙曲折的方式，它們向讀者傳遞出這樣的訊息：月經和停經是故障和失敗的表現。這些負面含義產生廣泛的社會影響。對女人來講，接受了這種觀點意味著自我與身體的異化。這種論調會使她在成年後的歲月中，每個月都負面否定自己一次；等她到了沒有生育能力的年齡後，則永遠對自己有負面的評價。沒有孩子的女人被認爲**不具生產力**而受到譴責。這一切其實也可以有同等重要的相反描述。這些負面的描述並非遵循「事物的運行方式」，而是反映出男性利益；這是一種將女人貶低成「嬰兒製造器」的意識形態。

馬汀進一步指出，其他的身體反應，尤其是男性所特有的生理過程，大可以用同樣的方式來描述，但事實卻非如此。比如遺精，精液在輸精管內流動時，會帶上已經脫落的細胞。可是生物課本在描述遺精時並未提到這是種「損失」或「浪費」。實際上，可以有各種不一樣的描述，而生物科學中的優先選擇維護了

男性利益而貶損了女性。

引用馬汀的分析只是對意識形態批判的一個說明，它也僅僅是女性主義批判的冰山一角（女性主義的矛頭尖銳地指向人類學、社會學和自然科學各個學術領域）。使用意識形態批判的群體也不僅限於馬克思主義者和女性主義者。現在幾乎所有認為自己被邊緣化、受到壓抑、被誤解，或未能在社會上發聲的群體，如非裔美國人、美洲原住民、亞裔美國人、同性戀者、墨西哥裔美國人、宗教基本教義派和阿拉伯政治運動家等等，都使用這個批判方法。這所有的批判所質疑的，是那些在主流文化中被視為「理當如此」的邏輯或現實，並且揭示這些邏輯是如何維護支配群體的自我利益而導致不公義。

批判運動

我們對現實的描述都飽含著各種各樣的價值觀，對這些價值觀進行批判，讓當代世界的少數群體得以發出新的、強有力的聲音。當今最具活力的運動當屬批判種族理論（critical race theory, CRT）和後殖民主義批判。批判種族理論尤為關注種族在社會中的建構方式，以及這些建構如何被用來維持權力和特權。這樣的關注尤其對法律相關事務有用，因為法院通常都是站在當權派一邊而忽略少數群體。比如，以（種族隔離時期）憎恨言論（hate speech，言論自由在公民權利體系中居於基本權利的地位，甚至是憎恨言論也能得到第一條修正案的保護）為例，法院通常會支持統治群體或白人。以象徵白人至上主義而燃燒十字架的白人，會受到最高法院法官以

保護言論自由為名的庇護。黑人饒舌歌手則會因為在歌詞中表達對白人的憤怒而受到懲罰。

批判種族理論通常比較關注因身為特定種族（比如黑人、亞洲人）而受到壓迫的群體。相比之下，後殖民主義批判則關注世界各地曾遭到外來者侵犯的人。英國、法國和西班牙殖民主義者的擴張，是明顯的例子；不過，現今的文化侵略則越來越隱晦，可能會以旅遊或全球商務擴張的形式滲透。後殖民主義批判主要關注受侵略的社會如何被貶低，如何被看成是較低級、較不發達或落後的文化。他們的聲音無法被聽見；他們的文化傳統或是受到破壞，或是被看成是古怪的。許多後殖民主義批判都展現在後殖民社會的小說作品中。不過，學者已逐漸辨識出發達國家在詆毀「低度開發」國家的文化時如何滲透其殖民主義的姿態。

那些被批判的對象，並不太容易為自己辯護。任何看上去像是為了自我辯護的言論都會引來同樣的質疑。這些被批判的對象無法再依賴所謂的「事實」來辯護，因為那些事實早已被揭示為代表他們自身的利益。況且，意識形態批判通常都指向當權者階層——他們有財富、地位、特權、安全保障及其他諸多優勢資源——因此他們的辯護更是不堪一擊。「資產階級」所說的，難道不都是經過精心設計來保護他們自身利益的話嗎？有人將意識形態批判看成捍衛民主的強大新式武器，因為人人都要接受批判，人人都有權利發出聲音、發表看法。任何人都不會因為別人聲稱的「真理」而被排除。下面我們來看後現代主義觀點的第二個主要分支。

潛逃的理性：文學上的抨擊

逐漸引至懷疑主義的另一個運動，悄悄進入學術圈的一角，起初聲音不大，現在卻發出了很大的聲響。其起始可以追溯到瑞士語言學家索緒爾（Ferdinand de Saussure, 1857-1913）的幾本著作。索緒爾在他著名的《普通語言學教程》（[1916], 1974）中提出後來被稱之為符號學這一學科的基本原理；這門科學研究的是我們溝通時所使用的系統。索緒爾的其中兩個觀點對我們的討論特別重要：第一，是能指（signifier）和所指（signified）之間的區分。「能指」是詞語（或其他符號），「所指」則是我們認為「能指」所指代的那個事物。這樣，我們同時有物件（所指）以及用於指稱物件的詞語（能指）。索緒爾指出，**「能指」和「所指」之間的關係是任意的**。這個觀點和本書前面提到的第一個建構論觀點類似：世界並沒有規定我們該如何談論它。理論上，我們可以用任何「能指」去指任何「所指」。索緒爾另一個重要的觀點是：**符號系統本身由其內部邏輯所支配**。簡單來說，我們的語言由不同的規則如語法或句法所構成。我們說話或寫作時，必須模擬這些規則（或內部邏輯），否則就無法表達自己的意思。這裡你可能會想起維根斯坦的「語言遊戲」概念，以及它對我們的表達方式的要求。要能表達意義（making sense），就要遵守語言規則。

真實作為風格

雷蒙・格諾（Raymond Queneau）的小書《文本練習》（1981）為我們提供了生動的例子，以解釋「語言中的真實」取決於約定俗成的慣例。格諾在這本書中用了一百九十五種方式描述一個場合。這些描述分別採用隱喻、詩歌、科學闡釋和其他類型的寫作方式，給讀者造成猛烈的衝擊感——原來我們可以用許多不同的方法去描述一個情境。首先來看看以下這個繽紛的描述：

日午時分，一群游動的沙丁魚中有一隻帶有巨大白色外殼的獨角蟲，一隻長脖小雞突然去啄雞群中一隻不愛惹事的小雞，牠咯咯地叫著，表示抗議，叫聲傳得很遠。接著，不知被什麼東西所吸引，一隻雛鳥猛地飛到別的地方。

在這個陰冷的城市荒漠，我又過了同樣的一天，啜飲著杯中的卑下之物，賣它的是一個卑下之人。　　　　　　　（Queneau, 1981, p.26）

大多數人都會認為，上面的描述看上去並不客觀，不忠於事實，感覺有點古怪，帶點詩意，似乎是語言遊戲。我們再來看第二個描述：

S路公車上，正值交通高峰期，一個大約二十五、六歲的小夥子，用一根繩子而不是絲帶固定住自己的帽子，他的脖子長得像是有人用它參加過拔河比賽。人們準備下車。我們談論的那個小夥子對站在他旁邊的人顯得有些不耐煩。每有人經過，他都要控訴旁邊那人碰了他。他哭哭啼啼的，顯示他不好惹。當他看到一個空位，立即擠過去，一屁股坐在上面。

兩小時後，我在羅馬市中心遇到他，就在聖拉緊爾車站門前。他的一個朋友說：「你應該在外套大衣上多加個扣子。」他指給他加在哪兒（翻領位置）並說明理由。　　　（Queneau, 1981, p.29）

到此我們鬆了一口氣。現在我們大致知道這裡到底在發生什麼事。但是為什麼我們會得出這樣的結論？是因為這段話比較精確嗎？再來看下面這篇極具科學意味的散文：

S路公車長10公尺、寬3公尺、高6公尺，發車運行3.6公里後，載有48人。中午12：17，一個性別為男性的人，年齡27歲3個月零8天，身高1.72公尺、體重65公斤，頭戴一頂3.5公分高的帽子，帽頂有條長60公分的絲帶。他用了14個字問一個年齡48歲4個月零3天、身高1.68公尺、體重77公斤的人，問話持續了5秒，令他不情願地挪動了15-20公釐。然後他走過去，坐在距前者1.1公尺遠的地方。

57分鐘後，他來到離聖拉緊爾車站門口10公尺遠的地方，與一位年齡為28歲、身高1.7公尺、體重71公斤的朋友來回踱步30公尺，朋友用15個字建議他把最上邊一個直徑3公分的扣子移動5公分。

（Queneau, 1981, p.41）

現在我們有了精確的細節，沒有色彩與熱情，但是我們還是不確定「到底發生了什麼事」。那麼，是什麼使某種語言有「客觀準確」的特性，而另一種語言則富有「美感」或「朦朧感」呢？詞語並不一定對應著事物，我們都沒有接觸到上述例子中所提到的「世界」。我們看到的只有不同的寫作風格；真實與否在於「是否合乎風格」。

對文學理論家來說，這種對語言的分析成為第二個重要轉折。我們已經看到傳統認知中的真實、客觀性和公正性如何受到挑戰。文學理論家也對理性本身提出質疑。西方文化曾給予理性很高的評價，它可能是現代主義者世界觀的主要特點。我們被灌輸的是：理性的力量將人與動物區分開，並使人獲得了生存能力。文學研究則得出與之相反的觀點。在持反對態度的人中，法國文學理論家德希達（Jacques Derrida, 1997）是非常重要的一位。德希達的著作經常被歸為解構主義作品，作品本身極具曖昧性，學者們從各種不同角度去解讀。其中一種解讀方式極大地貶低了人類理性的價值。我們先來看兩個主要論點。一方面，德希達指出，理性論據帶來**意義的極大壓制**。當我們接受一個理性論據時，我們知道的事情變少，而不是變多了。另一方面，如果仔細檢視，**理性的意義就會消解**。因此，理性不是任何事物的基礎；比如，它不能作為政府機構和科學的基礎，也不能作為道德或價值判定的基礎。德希達還提出，我們所說的「良善的理性」（good reasons）最終都是壓迫性，且是空洞的。這是相當強烈，甚至有點偏激的結論。這些言論是如何站得住腳的呢？

首先，理性會限制人的思維，或理性會使人的視野變窄，這個結論是怎樣得來的？根據早期符號學理論，德希達將語言看成一個**延異系統**（system of *differences*），系統中的每個詞語都與其他所有詞語區別開來。簡單說來，語言由各別且相互區別的詞語所組成。這些區別即是所謂「**二分法**」。也就是說，一個詞語的特殊性，有賴於把「該詞」從所有「非該詞」（其他所有詞）之中區分開來。因此，「白色」的意義就來自於將它與「非白色」（例如「黑色」）區分開來。詞語的意義主要是透過「**在**

場」（你使用的詞）和「**不在場**」（與該詞相對立的詞）之間的區分得出的。要想讓語言表意清楚，就要使用特定的「在場」詞語，而讓所有「不在場」退下。於是，「在場」具有優先性，因為它們透過詞語的使用而現身，「不在場」也就只是以詞語的隱含意義而存在。或者，我們根本就忘了它們。但要注意一點：若沒有這些「不在場」，則「在場」也就不具意義。沒有了「二分法」，它們什麼都不是。

　　讓我們把這個理論付諸實踐，分析一下廣為世人接受的科學觀點：宇宙是由物質構成的。我們人類從本質上來說也是由物質組成的，不管我們所說的這個物質是神經元、化學元素，還是原子。如果把物質的東西拿走，就不成其為人了。人文主義者和唯靈論者被這個觀點深深困擾，覺得我們之所以為人的價值都被否定了。我們願意相信，一定有什麼東西使得人類的生命比一輛汽車或一台嶄新的電視機要有價值得多。可是唯物主義世界觀看起來顯然是正確的。看看你四周：除了物質，還有什麼？但是現在來看一下解構主義者的觀點：「物質」這個詞只有通過二分法才能獲得其本身意義，也就是說，這個詞是相對於「非物質」來說的；「物質／精神」就是一組對立。除非你把「物質」一詞和「精神」區分開，否則「宇宙是物質的」這句話毫無意義。一定要有某種稱之為「精神」的東西存在，我們才能描述「物質」是什麼。然而，如果「精神」必定存在才能賦予「物質」意義，則宇宙中就不只有物質存在了。換句話說，在唯物主義世界觀中，精神世界被邊緣化了。精神是沒人理睬的「不在場」。但若沒有這個「不在場」，「世界是物質的」這句話的意義也就被破壞了。或許可以這麼說，整個唯物主義世界觀的存在是建立在對精

神的壓制上。

德希達也提出，西方傳統中存在許多二分法，而且往往其中一方比另一方享有優勢。在西方社會，我們通常讚賞理性勝過感性，心靈勝過肉體，秩序勝過無序，領導者勝過跟隨者。正如社會評論者指出的，社會上的優勢群體往往也傾向於樹立起特權的標杆，將「他者」視爲對立面。比如，男子氣概（masculinity）經常與理性、克制、有條理、領導力連繫在一起；女性氣質（feminity）則總是與感性、感官控制、無條理、「依賴」連繫在一起。由於我們區分事物的方式通常帶有壓制性，解構主義批判者試圖推翻二分法，或是模糊二分法的界線。我們將在本書後續章節談論這一點。

理性的壓制性特質並未能阻擋對理性的抨擊。相反的，從解構主義角度來看，我們發現，理性論據一旦被仔細觀察，所謂的理性即會被混亂取代。更進一步檢視，理性只是一片空洞。爲什麼會這樣？讓我們回到前面所說的，語言是一個自足完備的系統，每個詞語的意義都依賴著與其他詞語之間的關係而存在。如德希達所說，我們可以將這個關係看成由**差異**（*difference*）和**遞延**（*deferral*）兩部分組成。一個詞的詞義首先來自於它與其他詞的差異。詞語「蝙蝠（bat）」本身並沒有意義，但當它和其他詞如「帽子（hat）」和「墊子（mat）」相比照時，就獲得了意義。不過這差異並不足以給予「蝙蝠」其意義。「蝙蝠」這個詞本身是空洞的，充其量只是一個音節。爲了理解這個詞，我們必須藉助其他詞告訴我們這個詞是什麼意思。當我們要下定義時，這就更明顯了。詞典中的每個詞都是借用其他詞來下定義。實際上，每個詞的意義只有在你讀完它的定義後才能瞭解。但是，定

義中使用的那些詞語如果不推延至其他詞來進行定義，就會沒有任何意義。在某些情況下，這種推延的情況會循環往復。比如，在字典中查找「理由」這個詞的意思，可能會被解釋成「辯解」；接著查「辯解」，你會發現它被定義成「理由」。現在我們不妨停下來問一下自己：在這個相互定義的迴圈之外，「理由」到底是什麼？

此時我們意識到，在這個推延的過程中，我們可以有其他選擇。比如，我們既可以說「bat（蝙蝠）」是一種「會飛的哺乳動物」，也可以說「bat（球棒）」是一個「棒球比賽中使用的木棍」。換句話說，詞語承載著它在歷史中被應用的各種軌跡，以這例子而言，就是反映字詞在生物學和運動方面的使用軌跡。在此我們又會意識到，當你開始尋找「會飛的哺乳動物」和「棒球比賽中使用的木棍」的意義時，你找不到最終確定的答案。我們要尋找一些痕跡，但卻找到了更多的痕跡。用德希達的話來說就是「沒有一個詞……只是簡單地在場或不在場。不論在哪裡都是只有差異，以及對痕跡的追蹤（traces of traces）。」（Derrida, 1981, p.38）

把這些論點推向更批判性的一面，我們拿「民主」一詞為例。我們說，民主是一種執政形式，應予珍視、加以研究並將其理論化，如果需要的話還要用生命去捍衛。然而，單純觀察人們的行動，並無法衍生出「民主」這個詞的意義；「民主」一詞並不是對人的行為的描繪。「民主」的意義，來自於與所有處在它對立面的那些詞的區別，如「極權主義」和「君主制」。但是，僅僅瞭解這種區別，對於理解這個詞還是遠遠不夠。民主除了「不是君主制」之外，還有什麼特點？為了更加清楚地瞭解民主

的含義，我們得將這個詞的定義推延到其他的詞，比如「自由」和「平等」。然而，剛剛提到的這兩個詞又是什麼意思呢？到底什麼是「自由」和「平等」？為了搞清楚它們的含義，這裡又要引入其他詞語作為參考。我們可能會說，「平等」是「不平等」的反義詞，它反映到社會現實中就是「公平」和「正義」。但是到底什麼是「不平等」呢？什麼是「公平」和「正義」呢？對意義的探索會一直繼續下去，可就是無法將「民主」作為一個自我指涉的內容，對應到「真實的事物」上。從本質上來說，「民主」的含義是**無法確定**（*undecidable*）的。

從這個角度出發，任何理性論據，哪怕再清晰與可靠，實際上都遮掩了其脆弱性──論據中所有使用的概念，都是極其曖昧的。除非別人不去追問太多，比如提出「到底什麼是民主？……公平……戰爭……愛……蕭條？」等等，否則所有論據都不再清晰與可靠。仔細檢視，一切權威性的觀點／論據便開始崩潰，當然也包括你現在正在閱讀的這一些。

科學知識是社群建構物

上述兩個非常重要的批判運動，一個指出所有關於世界的表述都隱藏著價值觀，另一個則指出理性的不足之處，是對現今建構論貢獻最大的兩個研究派別。不過，影響最廣的或許是第三個運動。這個運動質疑的是科學知識的根本基礎，並且充分綜合了前兩個運動的主要觀點。許多人認為科學是西方文明的珍寶。一般人擁有的只不過是些**意見**，科學家手裡則握著不容懷疑的**真相**；一般人只是說說而已，科學家則弄出一些真切影響我們世界

的東西——疾病治癒法、火箭、核能。因為我們相信科學知識，因此科學在教育課程、國家政策、新聞報導、犯罪研究、軍事計畫等等，都扮演著重要角色。與宗教、政治和道德的權威性不同，科學的權威性從未受到質疑。

　　正因如此，建構論者對科學事實的質疑，所帶來的力道最為強大。一開始，許多建構論者所關注的，是科學對社會的負面影響，例如，科學對社會平等所帶來的影響。啟蒙思想賦予每個人表達自己觀點的話語權。皇室和宗教為所有人代言以及訂立真假好壞標準的特權，全被解除。隨著時間推移，科學成為典範，給予人人同等追求理性的權利。在科學世界裡，人人享有獨立觀察、理性思考和作出判斷的權利。只要嚴格遵照科學研究方法，就可以要求人們相信他所得出的結論。但是請想一想，作為讀者，你對「多原子分子的PE表層」、「環戊烷-1,3-diyl的不確定性」或「Hox基因」有什麼見解？可能你什麼看法也沒有，因為你對它們的瞭解十分有限，甚至可能一點也不懂。因此你是被迫接受這些事實的，難道不是嗎？科學家難道不是「據實」告訴你了嗎？諷刺的是，這時候，平等的「堡壘」變成用來剷除平等的工具：所有人噤聲，不發表任何觀點，歸於沉默。我們在此是否正在見證新的權威主教誕生，創建出隱微的獨裁政權，而我們只是淪為一群溫順的羔羊？

　　正是這種可能性，這種共同對話的關閉，使得許多學者展開了針對科學知識的社會建構主義分析。這種討論並非意在否定科學界的努力，而是要去除科學的權威，將它納入日常生活來檢視。這些分析聚焦於科學如何闡釋世界，其中選擇了哪一種語言，而又排除了哪一些。我們知道，沒有哪一種語言具有特別的

優勢，去如實反映世界的本來面貌；語言的使用可以有無數可能。更重要的是，由於科學家確實宣稱掌握真實，他們使用的詞語也會滲入社會，形成全社會對事物的概念。提起「宇宙起源」、「基因編碼」和「溫室效應」這些議題，我們大概不會說：「好吧，這只是其中一種說法。」新聞媒體在報導中將這些科學知識看成普遍事實，我們也傾向於全盤接受，直到其他科學家提出修改。當科學描述以「超乎傳統、價值、質疑的真實」之姿態進入社會時，它們也影響了我們的生活方式——我們的生活方式被破壞、被瓦解且被重新塑造。但這一切鮮少被批判性質疑，不僅因為普通人被科學語言所蒙蔽，也因為科學家的知識傳統限制了他們，無法跳出原本的假設，不能從另外的角度來進行反身性思考。

這些影響重要嗎？想想道德和精神的內容慢慢淡出教學課程，包括中學和大學，而科學內容則在擴張。畢竟，道德和精神並非建立在經驗研究之上，因此「不過是推測性的知識」。教育課程甚至隱幽地將人類定義為純粹物質性的存在，只是作為科學觀察和科學應用的對象。正是科學，將極度多元的人類歸結為有限的種族類別，並且告訴社會，人的智力具有遺傳性的差異，某些種族比其他種族有更高的智力；而且科學認為人類的基本動機就是延續自己的基因。如果單純以這種方式來解釋自然，則無法完整理解社會。若將科學的主張看成人類建構的成果，鑲嵌於文化傳統，而非對自然祕密的客觀展現，我們即開啟了對話的空間；所有人都可以在這個對話空間中宣稱他們所傳承的真實與價值。

我們怎樣去理解科學被視為社會建構這一觀點的演化過程

呢？我們須回溯到1929年，那年曼海姆（Karl Mannheim）出版了他的奠基之作《意識形態與烏托邦》。這本書包含四個主要觀點，第一個觀點與上文中提出的前兩個建構論原則類似：（1）科學理論不是從觀察中得來，而是來自於科學家社群。他接著提出：（2）科學社群通常是由贊成同一理論的人所組織。這又引出了很有意思的結論：（3）理論上的分歧因此成爲各個不同科學社群之間的矛盾。因而得出了更爲深遠的結論：（4）我們所視爲科學知識的，其實是一系列社會過程的副產品。這些推論得到廣大反響。路德維希・弗萊克（Ludwig Fleck, 1935）在《科學事實的起源和發展》一書中提出，在科學實驗室裡，「必須先知道，才能看到」。這句話的意思是：必須參與到社會群體中所認同的假設前提，才能知道要在科學研究中尋找什麼。英國的彼得・文奇（Peter Winch）在他頗具影響力的著作《社會科學的觀念》（1946）一書中，向讀者展示了理論命題其實是社會科學「現象的基本元素」。他的意思是說，當我們提出一個現象並通過某種方式給這個現象下了定義，我們就創造了我們生活其中的世界。該觀點隨後成爲社會學標籤理論的基礎。在此情形下，學者關心的是我們給各種現象貼的標籤能否自我實現。因而，如果我們把一個給定的行爲稱爲「犯罪行爲」，我們就創造出了我們所認爲的犯罪，並創造出了一類製造這種犯罪的罪犯。

　　縱觀學術發展過程，其中的一個重要里程碑當屬1966年彼得・伯格（Peter Berger）和湯瑪斯・盧克曼（Thomas Luckmann）出版的《社會實體的建構》一書。他們把關注重點放在科學家面對世界的個人經驗——他們看到、聽到以及通過接觸而分辨出的東西。兩位作者提出，這些經驗來自社會領域（social sphere）。

用他們的話來說，社會化過程帶給我們一個**看似真實的結構**
（*plausibility structure*），這個結構形塑了我們理解世界的概念，
以及對這個理解方式的種種理性支持。因為我們開始依賴這些看
似真實的結構，於是發展出一種**自然的態度**（*natural attitude*），
即是把真實看成是「自然如此」或「理所當然」的意識。兩位作
者（1966, p.21）寫道：

> 我將日常生活理解成是一個井然有序的現實……這些現象以
> 一套給定的形式存在，獨立於我的理解之外……日常生活中所使
> 用的語言，持續不斷地為我提供了必要的客觀化過程，並且假
> 定了一種我得以理解的秩序，一種讓日常生活變得有意義的秩
> 序……通過這種方式，語言成為我的社會生活的座標，並使我的
> 生活中充滿具有意義的事物。

為了說明這一點，可以想一想我們體驗時間的方式，想一想
時鐘（十八世紀的發明）如何規制我們現今的生活。正如伯格和
盧克曼（1966, p.26）在書中所寫的：

> 我在這個世界上的存在持續不斷地由鐘錶時間來安排……我
> 只有有限的時間來實現我的計畫，而這樣的認知影響了我面對計
> 畫的態度。而且由於我並不想死，這個認知也為我的計畫注入某
> 種深層的焦慮感。因此，我不可能一再重複參加運動項目。我知
> 道我會變老。這個場合，可能就是我最後一次參與的機會……

事實上，是我們自己創造了鐘錶時間（clock time），而如今

它正在主導我們的日常生活。

　　這些都是建構論者看待科學知識的重要進展。但是直到二十世紀六〇年代末的社會動盪時期，它才真正爆發，主要是以湯瑪斯・孔恩（Thomas Kuhn）《科學革命的結構》（1962）為中心。該書名不僅與當時的革命精神共鳴，也點燃了批判越戰中科學家共謀行為的烈火。孔恩的書一時成為繼《聖經》之後英語世界中引用最廣泛的書。更重要的是，該書正面挑戰了科學知識長久以來被賦予的進步性；我們一直都以為，只要持續研究，即針對現實提出假設檢驗，我們就會更接近真理。例如，大概沒有人會否定從托勒密的「地球中心論」到哥白尼的「太陽中心論」是一項進步；也不太會否認物理學中從牛頓力學到相對論是一種知識的成就。但孔恩否定了；而且他的論證在知識界引發狂瀾。孔恩指出，我們關於世界的命題早已鑲嵌在**典範**（*paradigm*）之中；典範是由特定理論、對事物的認知概念、方法與實踐所形成的相互支持的網絡（或是維根斯坦所謂的「生命形式」）。這樣一來，即便是我們最精確的計算也只能是在該典範中才是合理的。除非你已知道顯微鏡的原理，知道你應該要在顯微鏡下看到什麼，否則顯微鏡下的影像不會帶給你任何東西。在這裡，孔恩和他的前輩有了一個共通點。

　　孔恩認為，我們所說的科學進步，並不是從較低客觀準確程度的典範發展到較高客觀準確程度的典範。客觀準確性只能在典範內部達成。從另一個典範所得來的科學發現，是不可共量（incommensurable）的，也就是說，無法從另一種觀點進行衡量（比如，一位神經病學家不能測量靈魂的深度，因為神經病學不認為靈魂是一個事實）。確切的說，新的典範產生自**異常**

（*anomalies*），即論據資料超出了該典範能夠給予解答的範圍。探索新問題時，會產生新的典範——新的概念、工具與研究對象。就貼近眞理而言，科學革命並非進步，實際上我們只是水平式地從一個典範轉移到另一個典範。孔恩認爲：「用新典範，科學家會看到有別於過去所看過的東西。」（Kuhn, 1970, p.115）儘管孔恩後來有些後悔自己言論中的激進觀點，其他人卻以更大的力道延伸了他的理論。不管怎樣，我們已經不太可能聲明科學是對唯一眞理的追尋。

對研究者的研究

這些認爲科學是社會建構的早期著作，催生出了大量學術研究，探索那些爲我們產生科學知識的社會過程。例如，許多社會科學家對科學研究實踐的研究，所花費的精力相當於他們對原始部落實踐的研究。這些社會學家列席科研會議，在會上提出尖銳的問題，觀看科研人員在實驗室裡的工作。在一項關鍵研究中，拉圖和伍爾加（Latour & Woolgar, 1979）花費數百小時研究約拿·沙克實驗室（Jonas Salk laboratories）內的科學家們如何協商，以確定哪些構成科學事實，哪些只是一般見解。他們非常關注科學家對某個理論的信奉，或某個測量設備的使用，如何影響對資料好壞的判斷。他們見證了研究經費的撥款和期刊出版政策，如何形塑科學研究的重點以及影響研究的描述。歷史學家也在積極探索科學的社會史。例如，歷史學家斯蒂芬·夏平（Stephen Shapin, 1995）曾追蹤研究「眞理」這一觀念的發展史，我們當前看待科學眞理的方式部

分起源於十七世紀紳士之間的禮尚往來。拉瑞恩・達斯頓和彼得・加里森（Larraine Daston & Peter Galison, 2007）探索了「客觀性」這一概念的變遷過程，以及人們如何使用各種技巧來聲稱他的說法「符合實際」。例如，我們為什麼會認為原子加速器揭開了宇宙基本物質構成的祕密，或者覺得MRI告訴了我們心理傾向的神經基礎？這顯然不是如此，我們可以有許多不同的說法。

　　儘管孔恩的書具有重要意義，但也千萬別因此做出錯誤結論，認為科學知識不過是夸夸其談。這些論證確實去掉了罩在科學頭上的神聖光環——所謂科學揭開了自然的神祕面紗、它價值中立，且貼近唯一真理。但是，這並不是要輕視科學研究成果，更不是要忽視「吸菸引發癌症」或「血壓高通常會引發心臟病」這一類觀點。在某些科學家社群中，這些命題已經得到充分論證。由於這些科學社群持有的價值觀和絕大部分公眾相同，這些科學成果可能對大眾帶來巨大價值。當然，「癌症」也是一種社會建構，如同生物學建構「死亡」事實。然而，多數人認同科學家的這些定義，也認同生物學意義上的「活著」相對於「死亡」被賦予的價值。我們在這裡達成一致的，是實作中的價值，無關那個唯一真理。與此同時，建構論者也認知到世界上存在多種多樣的價值觀，某一群人覺得有價值的事物，可能構成另一群人的壓迫。克隆、幹細胞製備和基因程式設計，都可能是這樣。

從絕望到新的發展方向

上述三種思想運動，第一種闡釋了所有對現實的建構都蘊含著價值觀；第二種說明了理性觀點的脆弱性；第三種分析了科學知識的社會基礎。這三個觀點為社會建構論當代對話作出了主要貢獻。除此之外，還有一些有所貢獻的觀點也值得探討。例如，自我是獨立與自主的，這個假設備受批評，我們將會在第五章探討。還有一個**建構主義者**（*constructivist*）運動，主要關注世界如何由個體的心智所建構或理解。這裡的主要訊息是，我們採取行動所依據的不是世界的本來面目，而是世界對個體所具有的意義。儘管與建構論有相通之處，但是建構主義者著重於個人心智中的意義生產，而社會建構論者（social constructionist）則認為意義來源於各種關係中。在建構論者的對話中，佛教思想也起了重要作用。佛教一直主張，人類的苦主要來自於我們理解世界和自身所使用的範疇（或語言）。如果我們不區分成敗，如果我們不把獲得成功看成重要的事情，我們就不會因為失敗而苦悶。冥想可以懸置（解構）這些理解事物的範疇。我們在接下來的內容中將會發現，教育、治療、組織變革、社會工作和其他領域的實踐者，也對建構論者的對話作出了貢獻。

把這些不同的運動連繫在一起思考，你會發現它們對長期以來存在的假設和受推崇的目標形成了諸多挑戰。這些新轉變往往是毀滅性的。這意味著我們生活中的信仰核心，包括對真理和道德的認知、自我價值感、對美好未來的憧憬，都被破壞了。民主、宗教、教育和國家主義的傳統都受到威脅。當然，你也可以

說，建構論也只不過是對原本堅固傳統的根基提出了質疑。所以，就算我們認為客觀真實的事物都是社會建構出來的，那又怎麼樣呢？為什麼不能承認這一切之後，又回到過去一樣的生活中呢？我們對現實和理性有「我們的信仰」，而這些信仰造就了「我們的生活方式」。我們的信仰不需要根基，就像我們習慣一天吃三餐而不是五餐一樣。這只是我們處世的某種方式，僅此而已。

但是，說到這裡我們必須停下來問一句，這裡的「我們」──對這些傳統持滿意態度的「我們」──指的是誰？首先，很清楚，這些受到質疑的假設和實踐都是西方文化的副產品，而且主要是最近幾個世紀產生的副產品。如果我們只是簡單地認為它們理當如此，我們就不會再提出疑問。我們尤其不會去看到另一面──社會上不同的人對這一切有什麼樣的負面看法？更進一步說，我們無法知道這些西方的信仰和實踐能否在新的世紀運作無礙。例如，隨著全球通訊和交通技術的發展，從無線電、電話、電視和噴射機到電腦、衛星傳輸、網際網絡和全球資訊網，全世界的人面對面的機會越來越多。我們正在面臨越來越多各種觀點的派系紛爭、擴張主義運動、剝削行為、仇恨和反抗，而不是像許多人曾希望的那樣出現了地球村（McLuhan & Powers, 1989）。在這種情形下，我們必須探問，是否有一種文化，一種非常強大的文化，可以提供一套不受質疑的處世方式。想一想我們的傳統中對真理、理性和道德準則的態度，意味著什麼？

文化帝國主義

　　與其他地方一樣，在西方的我們通常會認為我們的真理、理性和道德標準放諸四海皆準。我們的科學真理不僅僅是「我們的」，而是普遍真理。世界是由原子構成、由帶有情緒的個人所組成，這對我們來說不單單是一種文化信念——任何一個理性的人都會得出這樣的結論。然而，當我們認定我們所相信的現實和真理時，也就輕視了其他人的現實。我們不知不覺成了文化帝國主義者，壓制別人、招人怨恨。我在日本訪學時，一位資深教授向我傾訴他的寂寞與孤立感。他痛苦地回憶起二戰後美國人重建該所大學的歷歷往事。他回憶說，在美國人重建學校之前，他所在的院系所有教授都在一個大辦公室工作，「我們一起聊天，分享自己的趣事，一起暢懷大笑。但是美國人認為這是『落後』，就重整了大學，讓每位教授都有一間獨立的辦公室。每個人都必須獨立工作。」正像我的朋友們向我訴苦時所說的，「現在我們不聊天、不互相分享，也不怎麼開懷大笑了。」這就是現代主義。現代主義帶來的痛苦不僅僅是這些。我們來看一下紐西蘭毛利人的感受：

　　心理學讓毛利人變成（英國人所定義的）標籤和治療法的接收者，因而製造了許多毛利人的「畸形化」。臨床心理學是一種社會控制的形式；關於毛利人的真實，這門知識能告訴我們的，不會比報紙上占星版面的內容來得多。　　（Lawson-TeAno, 1993）

知識和新極權主義

　　啓蒙思想非常成功地破壞了皇室和宗教的極權主義統治。我們認爲，人人都有觀察和理性分析的能力，因而也就擁有不可剝奪的權利去參與治理過程。我們珍惜這個權利且賦予個人知識崇高的價值，因而提升了科學、客觀性和眞理的地位。隨著科學社群的壯大，他們創造出專業的詞彙、研究方法、分析形式與理性實踐。因此，就像前面說的那樣，我們面臨新的「知識階級」的誕生，他們的聲音凌駕於他人之上。一個人若是不進入這個階層（通常必須獲得高級學位），他就無法質疑這個階層的觀點。所有不符合這個知識階級的標準的觀點，例如，那些基於個人價值、精神啓示，或是任何來自其他傳承的知識，都會被貶低。事實上，當初帶來社會民主的啓蒙運動，現在卻已產生出一種新式的極權主義。正如許多人所感受到的：「當眞理的喇叭開始吹響，趕緊跑開躲避一下吧！」

　　正是在這樣的脈絡之下，建構論者的對話爲我們開啓了無限希望。這些思想讓我們開始反思我們的假設和實踐，而且讓我們建構一種新的理解方式去看待生活，共同創造新的生活方式。更重要的是，這些對話強調協作參與的重要性。我們已經成功地創造了一個充滿分歧和矛盾的世界，而且正在面臨這些建構物所帶來的災難性後果。我們爲什麼不一起創造出新的可能性呢？

本書安排

　　我試著在本章羅列出當前有關社會建構的一系列對話的核心命題，並且闡釋幾個催生出這些對話的主要學術思潮。這個章節也將許多傳統的理解與實踐方式置於險境。這麼說來，這些內容都著重在對過去的批判，而非著眼於建造新的未來。在本書接下來的章節中，我們將把重點轉移到建構論思想的正面潛力。第二章將探索我們建構真實、理性與良善的途徑。我們將思考這些建構對於延續我們的生活方式、價值觀和關係所占的重要地位。同時我們還將正視這些建構可能造成的禁錮。第三章將觸及社會科學研究問題。儘管建構論對傳統的經驗主義研究提出質疑，但是這些經驗主義的研究方法並未被拋棄。與此同時，建構論的對話為這些研究工作提出了有趣的新可能，這將是該章節的重點。第四章我們轉向自我的社會建構，列舉了對「個人是獨立決策者」這一傳統觀點的主要批判，隨後揭示建構論者如何提出替代想法，嘗試將重點從自我（self）轉移到關係（relationship）。

　　第五章和第六章，我們從學術的探索轉到實踐的層面。第五章討論有助於減少衝突與敵意的對話形式，尤其是轉化型對話的實踐；這些對話實踐形成橋樑，連結起各種相異的建構世界的方式。第六章，我們看到與社會建構論觀點相符的各種新實踐，正在社會上百花齊放；這一章主要關注的是心理治療、組織管理、教育以及學術交流的形式。在各個領域中，我們發現種種創造美好未來的新可能。

　　在這些討論過程中，你肯定會對某些觀點有所保留，甚至可

能會提出強烈批評。成長在現代社會，難免會對此處揭示的事物產生質疑。在最後一章，我將會分析對社會建構論的一些主要批評，將會觸及有關真理、客觀性、科學、道德相對主義、政治運動等等議題。如果你發現自己不能接受某些觀點，歡迎你到這一章去看一看。

小結

過去二十五年來，我一直都在深入參與社會建構論的發展；這些思想進入了我與學術夥伴、學生、治療師、組織管理者、和平工作者、朋友、家人以及其他人之間的關係。在我的早期職業生涯中，我是名忠實的「現代主義者」。我進行各種實驗、驗證各種理論，感覺自己因此對真理與人類的進步有所貢獻。當我作為心理學家的事業發展越來越穩固時，我開始慢慢反思這個學科的假設前提與承諾。疑問開始浮現，跟著是懷疑，最後通往批評。在這轉變中，我很少感到孤獨；就如這章節所描述的，這類批評到處都有。不過，近年來我變得更加樂觀。我開始看到，在建構論的框架下，我們可以超越傳統主義和懷疑主義。社會建構可以從批判的土壤中生長，但這並不意味著我們要拋棄過去。這主要是因為，社會建構論和我所知道的其他世界觀不同──**社會建構論追求的並不是以自己的假設命題去建立一套真理**。建構論自身就是社會建構的產物，因而建構論不是真理的競選者，更不是一套信仰體系。建構論的對話引導的是一種對事物的理解方

式。當建構論的觀念進入我們的談話，行動就可能跟著改變。從建構論的角度提出的主要問題是：當我們用各種方式建構這個世界時，「我們的共同生活會發生什麼變化？」是的，反身性批判是需要的，甚至是對建構論觀念本身的批判。但是，所有的批評都是基於「某些觀點」或某些角度，它們之間不存在誰比誰有更堅實的基礎。因此，批評被視爲一種對話的邀請，而不是作爲消除異己的行爲。不過，更重要的是建構論傳遞出的訊息：從我們開始交談的那一刻起，我們就有了一起創造新生活的可能。

第二章 ——————————————— 建構真實
與良善

幾年前，我的研討課班上的兩個學生對我指定的建構論閱讀作業提出反對意見。他們問道：「沒有了真理，我們如何去認定一件事情？沒有了合理的推理，我們如何生存下去？沒有了對德行的明確定義，還有什麼事情值得去做？」眼看著他們所堅信有價值的每一件事情，都在研討課上一一被破壞，他們變得非常激動，以至於最後告到學校教務處，說這門研討課既不道德又充滿虛無主義，應予取消。幸運的是，學術自由的傳統拯救了這個研討班。我完全理解這兩個學生深切的憂慮，但在我看來，這種懷疑就好比是黑夜，它只是一個過渡階段。建構論觀點並非殲滅自我、真實、客觀性、科學和道德，相反地，建構論的對話要求我們超越對事物的過分簡化，去思考傳統的陷阱以及傳統給予我們的允諾。更重要的是，這些對話開啟了無限機會讓我們共同創造未來。

為了理解擺在面前的可能性，我們的首要任務就是去探索我們認為「理當如此」的世界如何成為現在這個樣子。在日常生活中，我們把很多事情都看成是理所當然——工作就要拿薪水，必須滿足我們身體的需求，強姦是種不道德的行為等等。我們知道吸菸會致癌，世界上的淡水供應日漸減少，地球繞著太陽轉。但對建構論者來說，這些假定（assumption）並不是結束，並非總結我們對事物的瞭解，而是一個開始。也就是說，它們邀請我們提出疑問：我們為什麼會有這些想法？為什麼它們看上去會這樣一目瞭然？它們對我們有什麼用？這樣的假設掩蓋了誰的聲音？是否有理由去探索與之相反的觀點？本章將重點關注那些無可爭辯的事實從何而來。我們會將目光投向普遍事實（共用的現實）、理性觀點和道德在我們生活中的形成過程。我列出形塑現

實的三大來源：把我們連繫在一起的語言、日常對話的過程、我們生活其中的制度。最後則會探討身分建構。

我們賴以生存的語言

對任何持續存在的關係來說，關鍵是有一個「共用的現實」（shared reality）。也就是說，我們對於存在的東西至少大體上達成共識。如果你生活在一個相信存在神力、邪靈和聖人的世界，而我則生活在一個由神經元、突觸和腦內啡組成的世界，我們可能很難相處。理想狀態是，在相似的場合我們使用相似的詞彙。對於「下個路口向右轉」、「晚上七點見」、「來杯啤酒」這些語句，我們的理解必須一致。如果你是名外科醫生，正在和你的團隊一起做手術，你的助手若在你要手術刀時拿來了「橡膠棒」，你們就無法相互配合完成工作。說得更正式些就是，我們的關係要求確立一個**實體論**（ontology）——一個對「這裡有什麼」的一致理解。在形成這樣一個實體論的同時，我們也就鋪設了一個基礎，讓基本的**道德觀**（morality）得以建立。也就是說，當我們在不同的情境下使交談和行動相一致時，我們也建立起了做事情的正確方法。藉助這些標準，我們開始區分出擾亂、失誤和失敗之處。「良善」的確立，同時創造了違背良善的情境。在最基本的層面上，破壞「善行」，就是在威脅大家所接受的現實，以及構成這個現實的所有行動模式。已婚夫婦對過去的事情意見相左時，經常會吵架；如果學者們不同意他們的同儕提出的

假設，則選擇忽視；許多人因為堅定的宗教信仰而殉道。對公認模式的破壞，即潛存著「邪惡」。為了進一步研究真實和良善的起源，讓我們先從我們所賴以生存的語言開始。

語言結構：發展的限制

> 語言的邊界在哪裡，我們的世界就延伸到哪裡。[1]
>
> ——維根斯坦（1978）

語言在建構論運動中處於中心地位，它可能是我們達成對真實與良善的共識所使用的主要工具。但在這裡我們也面臨一個有趣的悖論。我們繼承了長久以來的語言傳統。比如與他人用英語交談時，我們會用到名詞和形容詞，及物動詞和不及物動詞等。如果你選擇不遵循這些規則，而是自顧自念念有詞，你的交流會非常有限。實際上，我們平日相處全都有賴這些規則。這些規則使我們能與他人進行滿意的合作，得到教養，讓生活方式得以維續。如果你曾在一個你無法與當地人溝通的地方生活過一段時間，你就會理解我們多麼依賴與他人有共同的語言。

不過，同樣的規則也會起禁錮作用。沒錯，我們得到了教養，但是我們很少會僭越傳統，用另一種方式交談。為了理解這

1　又譯：「我所知的語言有多少，就意味著我的世界有多大。」或「我的語言的局限意味著我的天地的局限。」

些限制，思考一下名詞的通常用法，它可以指代人、地、物。名詞在我們的日常關係中應用廣泛；沒有名詞，我們很難很好地生活下去。但是，名詞又像是打穀機，它們將田裡的麥子切成不同部分。使用名詞時，我們也建構起了一個區別分隔的世界。這是樹、房屋、道路，那是男人、狗等等。想一想，對比一下，如果我們用音樂旋律與和聲來交流，這個世界會是什麼樣子？名詞無法創作出貝多芬的《田園交響樂》——一幅鄉村生活圖景。

下面我們就來看一看語言習慣中的兩個顯著特點，也是我們必須依賴的兩個特點：隱喻和敘事。

隱喻：借用和建構

> 因此，什麼是真理？一支靈活的由隱喻組成的軍隊……
> ——尼采（Friedrich Nietzsche），《論道德含義之外的真理和謬論》
> （*On Truth and Falsity in their Extramoral Sense*）

在真實受重視的地方，隱喻就不大受歡迎了。這是為什麼呢？因為我們在給隱喻下定義時，通常會拿它與「反映字面意思」的詞語進行比較。人們認為「反映字面意思」的詞語是「符合事實的」、「不誇大的」，隱喻則被認為是包裝過的話語或華麗的詞藻。喬治·艾略特（George Eliot）說過：「我們大家，不管是嚴肅的人還是活潑的人，都被隱喻羈絆，注定要依從隱喻行事。」但是我們在前面的章節中已經瞭解到，這種傳統的區分方法存在缺陷。詞語無法描繪出這個世界，沒有一個詞能僅僅依

靠自身就能比其餘的詞更好地描述世界上的事物。我們發現，字詞的所謂正確性，是經由字詞在社群內部的長期使用習慣而來。那麼，什麼是隱喻？我們經常把一個詞從一種語境中拿出來放到另一個語境中，這樣一來，那個詞就被我們當作隱喻在使用。世界是**他的牡蠣**；生活是**碗漿果**。「反映字面意思」的詞語和隱喻之間的不同，**從根本上說，是詞語的常規使用和創新使用之間的不同**。所有的描述字詞一旦追根溯源，都具有隱喻性。例如，我們用名字來區別自己與他人，因為我們認為姓名具有針對性、非常貼切。我是張三，你是李四，他是王五。但我們並不常是這樣——名字是借來的詞，曾是對別人的針對性描述，我們從語境中把它拿來，放在我們自己身上。因而在某種意義上，我們都成了其他人的隱喻。

喬治・萊考夫（George Lakoff）和馬克・詹森（Mark Johnson）把他們的經典著作定名為《我們賴以生存的隱喻》（1980）。他們指出，我們用來理解世界的普通詞語，是如何挪用自其他語境。因為這些詞語已是我們的生活方式的一部分，要追根溯源尋找它們的隱喻性源頭，成為一項令人興奮的挑戰。只有當我們將自己從字詞意思（以字詞作為世界的地圖）解放出來，才能自如地思考其他可能。試想一下：人們之間的不同意見通常會引發爭論，然而我們都知道，爭論經常讓人不快。提高聲調且互相中傷，而且最終往往產生憎恨，而非解決問題。類似這樣的結果或許可追溯到我們定義爭論時所使用的隱喻系統。萊考夫和詹森特別指出，爭論被隱喻成戰爭。來看一下我們通常的對話方式：

「你的主張無可防禦。」

「他攻擊了爭論中的每個弱點。」

「她提出的批評正中靶子。」

「他粉碎了她的論據。」

「我和她爭論從沒戰勝過。」

「他擊落了我所有的論點。」

　　一旦把爭論等同於戰爭，我們即以戰士之姿進入，不是成功就是失敗，不是毀滅別人就是被別人毀滅。當我們意識到爭論被隱喻成戰爭時，我們或許希望能想出其他繼續下去的方式。假如我們把爭論當成一個遊戲，結果會怎樣？或許我們就會不時改變立場，每個人都站到對方的立場上。這樣我們豈不就能更好地理解對方？再想一想我們所說的向毒品宣戰、向貧窮宣戰、向恐怖主義宣戰。如果我們改變隱喻，是否會出現一種更好的情況？

　　隱喻主導著科學研究領域。我們來看一下心理健康專業中使用的隱喻，尤其是佛洛伊德精神分析理論。簡單來說，佛洛伊德提出，我們一生下來就有強烈的性欲望。比如，小男孩都想從性方面占有母親。但因這些性欲望以及其他相關的欲望不被接受（會面臨嚴厲懲罰），小孩便壓抑了這些欲望，並且被強行從意識領域驅趕出去。個體在這之後就建立起防禦機制，以強迫或自我挫敗的行爲來確保這些欲望不被釋放出來。我們因而生活在許多精神防禦機制之下，無法意識到我們眞實的欲望。這種觀點認爲，治療是一種發掘潛意識、顯露欲望的手段，幫助人們對欲望進行有意識的控制。精神分析師可以通過析夢、語誤、特殊的字詞聯想來找到潛意識發展的線索。實際上，精神分析的實踐，源

自於對心智的這樣一種特有的理解方式。

可能你已經感覺到精神分析觀點中的隱喻成分。正如唐納‧斯賓塞（Donald Spence, 1987）所說的那樣，當中最突出的是**考古學**的隱喻。考古學家研究的是遙遠的過去，因為無法直接獲知那些年代久遠的事情，考古學家就用不同的人工製品（陶器碎片、骨頭、石製器皿）來解讀歷史。通常這意味著從地球不同的沉積層向下挖掘，找到過去生命的證據。這一隱喻支配著佛洛伊德學派的研究方法，它強調關注潛意識中隱藏的或無法到達的維度、早期形成的壓抑、用細小證據推論未知事物。精神分析師像考古學家一樣，他們的專業成就在於揭開「新知識」。這個隱喻持續主導著許多治療實踐；在這些實踐中，治療師「探索」當事人的思想深處，抵達問題「根部」（發現問題的根本所在）。

然而，正如斯賓塞所說的，對考古學式隱喻瞭解得更加清楚，並不會把這些理論和實踐貶為輕浮淺薄（比如說出「你看，那不過是個隱喻！」）。「因為隱喻是我們理解事物的核心，我們總是會不斷使用隱喻；同時，我們不能被隱喻所用。」（Spence, 1987, p.7）作為一名臨床精神病學家，斯賓塞認為，被隱喻所用就是誤把隱喻當成現實，這會降低臨床工作的敏感度和想像力，「將我們的選項局限於唯一之上」（同上引，p.8）。**利用隱喻**，也就是受益於隱喻以新方式組織事物的能力。將光看成波而不是粒子，啟動了不同形式的研究。將DNA分子看成**雙螺旋狀結構**，許多研究發現即可以用嶄新且有效的方法聯結在一起。

以上關於科學理論方面的論證進行得非常順利，但你可能會說，涉及我的「經驗」和「情緒」的，又會怎樣？難道它們不是真實的、不是超越隱喻的嗎？回答這個問題之前，我們先來回顧

一下，建構論者不會宣稱什麼是**真正的真實**；相反的，我們是在建構社會的過程中選出一些事物作為真實。我們可以在這種意義下探詢那些我們視之為「私人經驗」的事物，藏著什麼隱喻。仔細分析一下我們就會發現，「私人經驗」的觀點依附於西方文化中一個關於人的核心隱喻——**心智是一面鏡子**，「外在」的世界映照成「內在」的經驗。當你停止去區分內外的對立，就會開始意識到經驗作為一種「內在」的存在，只是一個隱喻。外在止於哪裡？內在又始於哪裡？——在皮膚上還是在視網膜的表層？在神經受體中還是皮質層裡？想一想，如果你從經驗中移走了所有那些屬於「外在」的東西（比如，任何存在於物理世界的東西），我們所謂的經驗還會剩下什麼？如果你移走了所有那些我們認為屬於「內在」的東西，還會有任何「經驗客體」存在嗎？如果我們想要劃清內在與外在的界線，我們將陷入曖昧性的迷叢中。正如學者指出的，歷史為我們帶來各種相互競爭的隱喻，來指向「經驗的本質」。在鏡像隱喻中，經驗是被動的：它只反映過去的世界。不過，也有人將經驗隱喻成一**盞探照燈**，為了達到某種目的，積極地在世界上尋找與照亮世界（Bruner & Feldman, 1990）。不論內／外，還是積極／消極，這些都是我們自他處挪用的概念，建構出我們對經驗的理解。

　　我們理解情緒的方式也要歸功於隱喻。有幾種基本隱喻支配著我們表達情緒的方式（Averill, 1990）。因為我們相信情緒代表了我們內心深處的動物性一面，我們可能會說，「他憤怒得咆哮起來」，或者「她被激怒得豎起羽毛」。不過，因為動物性隱喻如此突出，以至我們不太會說「他憤怒得像機器人」。我們也把情緒隱喻成一種驅力，因此我們會說「恐懼支使他」，或「愛讓

世界轉動」。如果我們說「他開心得打了個盹睡著了」，這話就有點莫名奇妙了。描述情緒時，我們還非常廣泛地使用**生物學**的隱喻。比如，「我有個預感」，或「他悲傷得心都快碎了」。在少數情況下，我們還會將情緒描繪成**心智的疾病**。我們會說「嫉妒害他失去理智」或「她瘋狂地墜入愛河」，但是我們不會說「他的憤怒是一種成熟的表現」。有人可能會覺得，當我們「說出心底的話」，即進入了詩歌的世界。

關於性的問題

建構論者提出，我們理解世界的方式經常會受到語言結構的支配和限制。你應該還記得，語言的主要特點之一就是依賴於二分法。一個詞的意義取決於與它相對立的其他詞語的意義。因此，黑白相對，上下相對，裡外相對，善惡相對，等等。但是這和性有什麼關係呢？來看一下這些二分法：男人／女人，異性戀／同性戀。在西方文化裡，我們一般將性別分為兩類——男性和女性；以及兩種吸引方式——同性之間和異性之間。文化傳統賦予男性更高的價值，更別說是異性戀。但從社會建構論的角度來看，這些區分方式並不是來自事物本身的要求。我們也可作出其他形式的區分，或是根據自己的喜好不做任何輕重好壞之分。這樣，價值的天平可能就會向相反的方向傾斜。不過，面對這個議題要跳脫框框來思考並非易事，因為原有這些二分法早已成為「事實」。

如果覺得上面的觀點過於激進，或許可以想一想：你怎麼知道一個人是男是女？你可能會說，不同的性別有不同的生殖器官。

但是，小孩不知道有性器官的區別，但也懂得分辯男女。而且對生物學家來說，人的性別並不是由生殖器官決定，而是由染色體決定的。這樣一來，一位「女性」奧林匹克明星就可能會因為「她的」染色體顯示為男性而失去參賽資格。而且，有許多人認為自己生錯了身體，而藉助手術恢復他們的眞實性別。這等事情，到底誰說了算？或者，是否存在其他的可能性，比如中性（unisex）？

大部分論點也適用於討論性取向問題。什麼是性取向的客觀指標？女人喜歡花更多時間和她的女性朋友在一起，能算是一種性取向的跡象嗎？男孩相互玩弄對方的生殖器，這算是同性戀行為嗎？青春期女孩一起練習接吻，她們是不是女同性戀者？如果跟異性有性行為但卻不喜歡這個經驗，那就等於同性戀嗎？如果偶爾享受同性間的性行為，是否意味著他們雙方基本上都是同性戀？另外，那些喜歡自慰多於性交的人，以及進入修道生活放棄性生活的人，我們又該如何歸類呢？誰能最終判定是什麼決定了性取向？跳脫這種非此即彼的歸類方式，我們是否可以有其他的替代呢？如果有，我們或許就可避免許多苦難。

敘事：眞實如故事

　　我只有先回答出「我是哪個或哪些故事的一部分」這個問題，才能回答「我要做什麼」這個問題。

　　——麥金泰爾（Alasdair MacIntyre），《美德之外》（*Beyond Virtue*）

假設你目睹了某個犯罪過程，作為證人站在證人席上。你被問到六月六日晚上發生了什麼事。你回答說：「藍色……四……鞋子……我……頭髮……」之後你就沉默了。你又被問了一遍：「不是，不是這個……請聽清楚問題……告訴我到底發生了什麼。」你重複了一遍，律師被你的反應激怒。最後，法官咆哮道：「我認為你這是在藐視法庭！」根據前一章的觀點，法官的行為有失公允。畢竟，你知道那天晚上發生的事情，事件本身並不要求什麼特定的字詞構成來陳述；詞語不是圖畫。然而，根據西方傳統中對「彙報事件」的習慣，法官的做法非常公正。這個傳統要求人們講述合宜的故事。事實被當成故事來對待。

按照西方標準，怎樣才算是合宜的故事？我們真正要問的是：**敘事結構**的標準是什麼？要建構一個可被接受的敘事，需要遵循什麼習慣或規則？看起來，我們所謂的良好敘事至少要包括五個重要特點。敘事就算不能理想地具備這五個特點，依然會被接受；然而弔詭的是，一個敘事越是貼近這種理想狀態，看起來也就更「貼近事實」。按照傳統標準，良好的敘事應該具備以下幾個顯著特點：

一個有價值的要點

一個令人滿意的故事必須首先設立一個目標、一個有待解釋的事件、所欲達到或想要避免的狀態；說得更通俗點，就是要有一個「要點」。一般來講，這個要點還要有某種價值，可被理解成是想要或不想要的事物。比如，你的證詞應該圍繞「犯罪過程」這個要點展開。這個惡性事件是怎樣發生的？如果你講述當晚你繫鞋帶的方法來回答這個問題，那麼你必然受到責備，因為

你說的這件事對這個情境來說毫無價值。

與要點相關聯的事件

要點確定下來後，它或多或少會決定故事中應當出現的事件種類。具體來說，一段易於理解的敘述所包含的事件，可以讓要點變得更加清晰、更易獲得，或是更生動。因而，如果故事的要點是「犯罪事實」，你的敘述中包含的事件就應與這個要點相關聯。如果你說「我繫上鞋帶、狗在吠、燈亮了起來，約翰躺在地上死了，我牙痛」，你就不是個合格的證人。你被要求提供的，不是「事實、只是事實」，而是被要求講述一個合適的故事，即與約翰的死有關的特定事件。也就是說，「狗在吠」可以放進敘事中，但必須與事件有所連結，比如，「我看到一個人從約翰家的窗戶跳出來，狗衝著那個人吠」。

事件先後順序

確定了敘事目的，並對相關事件有所取捨後，我們經常會將這些事件進行一個有序的安排。最常使用的排序慣例，是時間次序。將事件按時間先後排序，這樣的故事讓人更易理解。作為證人，如果你說：「那名男子跳出窗戶、一聲尖叫，約翰躺在地上死了，一聲槍響。」那麼，你作為證人還是不合格。

因果關係

理想的敘事會提供一種解釋。像下面這句話，「國王死了，接著王后也死了」，只是羅列事件。但若說「國王死了，接著王后因為悲傷過度也死了」，就成了一個故事的開始。正如敘事理

論家呂格爾（Ricoeur, 1981, p.278）所說，「解釋必須……編織成故事」。因此，如果你能說出下面的故事，作為證人你會得到很高評價：約翰和哈里兩個人為一件事吵了起來，哈里憤怒地掏出手槍；看到哈里手上的槍，約翰開始大聲喊叫，就在這時哈里扣動了扳機，約翰倒在地上。看到約翰一動不動，哈里就從窗戶跳了出去。在這個敘述中，每個事件都和它之前發生的事件有因果關聯，構成一個一氣呵成的故事。

為了闡明這些標準構成好敘事的重要性，研究人員請實驗參與者或是講述一個在生活中遇到的真實事件，或是編造一個事件（Bennett & Feldman, 1981）。一組評估人員被請來區分這些故事是真是假，最後得到的結果很有趣。那些在評估人員看來比較真實的故事，往往是比較接近上述的好敘事標準的故事。要建立「真實感」，特別重要的是提出有價值的要點，以及所提及的事件之間的因果關聯。為了述說真實，現實成了藝術。

為了突顯敘事在日常生活中的重要性，想一想你是如何理解自己的生活。首先，想想我們如何理解日常生活中瞬間的高低潮、進步與退步、成就與挫敗。從這樣的方式看待生活，即是進入一個故事化的世界。要處於「高潮」、要得到進步與成就，就要參與到故事中來。同樣，我知道自己此時的寫作並非一個孤立的行動，而是從過去發展而來，且會把我帶往某個我認為有價值的未來。如一位評論家所言，「我們透過敘事在做夢，透過敘事做白日夢；我們回憶、預知、希望、失望、相信、懷疑、計畫、修正、批評、建構、八卦、學習，乃至恨與愛，都離不開敘事。」（Hardy, 1968, p.73）他人對我們的回應同樣如此，至少認識我們很久的熟人會這樣。他們通常會將我們看成故事中的人

物，通過善惡、成敗、沉浮等等事情與我們連繫在一起。

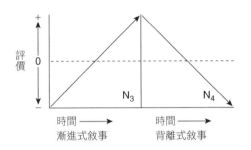

圖2.1　基本敘事模式

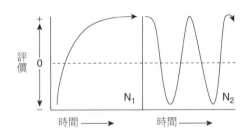

圖2.2　「大圓滿結局」式敘事和英雄傳奇敘事

　　爲了更能理解敘事如何形塑我們的認同感，我們來看一下約定俗成的主要敘事形式。我們再回顧一下構成好故事的第一個基本要素——有價值的要點。爲了讓生活得以理解且具有意義，我們通常會設立一些要點或目標（「我怎樣才能成爲X」，或「達到Y」，或「相信Z」）。設定了這個要點後，我們就可試著把所有事件放在二維空間，依照它們與目標的距離進行時間排序。爲了清楚說明，我們來看兩種基本的敘事模式：（一）**漸進式敘**

事（progressive narrative），敘事的終點是正面的（比如成功、勝利），而故事中的事件都是引導至這個被視爲有價值的狀態；（二）**背離式**敘事（regressive narrative），敘事中的終點是負面的（比如失敗、損失），而故事圍繞著持續不斷的衰敗展開（見圖2.1）。儘管我們的故事很少是純粹的漸進式或背離式，然而我們都習慣以近似的方式來敘事。比如，漸進式敘事——「我是怎樣贏得這場比賽……得出這個結論……獲得這些成果」等等；或背離式敘事——「我爲什麼失戀……我被騙了……結果染上了毒癮」。

　　幸運的是，這些並不是我們唯一可用的故事形式，還有其他一些敘事形式是從這兩種基本模式中發展而來的，包括**大圓滿結局**（*happy-ever-after*）式敘事（「經過這麼多年的困難，我終於進入一個回報豐厚的職業」），以及對男人非常有吸引力的**英雄傳奇**式敘事（見圖2.2）。英雄式敘事以個人生命一系列跌宕起伏所構成——爲了達到目標而奮鬥，不幸的事情發生了，我爲了勝利再次奮鬥，但是又有新的挫折出現，直到最後，我終於勝利了。另外還有兩種常見的敘事方式值得說明。第一種是**悲劇**式敘事，在其中某個位於高處或具有成就的人，瞬間遭遇挫敗或墜入絕境。如果我的電腦壞了，存在電腦裡的書稿無法恢復，我咒罵一聲；此時我表達的即是一種悲劇式的敘事——我本來處於創作的頂點，卻突然受到打擊跌落谷底。另一種幾乎所有黃金時段的電視劇都採用的所謂**浪漫喜劇**式敘事（見圖2.3）。在這種形式中，好的事態往往被不幸的事件（像犯罪、誤判、失言）所打亂，接下來的故事就是一系列致力於重建秩序和回歸平靜的事件。或許你和許多人一樣，也是如此看待自己的日常生活——早上起來充滿活力，一天下來經歷了一些麻煩、阻撓與小故障後，努力「脫

身出來」，以便就寢前讓這一天有個美好的結局。人生就如電視情節。

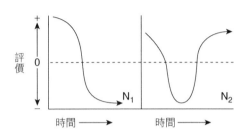

圖2.3　悲劇式敘事和浪漫式喜劇敘事

心理分析中的敘事真實

　　這些觀點最讓人興奮的應用之一，是由斯賓塞在其開創性著作《敘事真理和歷史真相》（1982）中所引入。大多數心理分析師都試圖找到人們面臨問題的根源。如果某人有難以控制的恐懼感，分析師自然會探問原因。要想從憂傷中解脫出來，就要找到憂傷的根源並克服它，這麼說是合理的。但是，要如何精確地理解過去？要獲得歷史事實，面臨許多問題：患者的記憶模糊不清、缺乏語言能力去表述記憶中的圖像、要如何選擇對這個治療關係而言具有意義的事件。但是，如何確定哪些事件有意義？這時分析師會介入協助，通常提出一些引導性的問題，比如，患者和父母的關係如何。患者回答問題時，分析師將選擇性地關注一些特定的事物，而忽略其他的。實際上，分析師正在幫助患者以某種特定的方式來創造過去。更重要的是，斯賓塞指出，分析師遵循的是「原因和治療」

理論。這一理論假設了一種背離式敘事：「我本來好好的，直到遇上一些事情讓我跌倒」。同時，分析過程也會構成一個漸進式敘事──問題終將迎刃而解。事實上，患者並非自由地述說過去；臨床治療師和患者協力創造出一個敘事，這個敘事必定符合心理分析理論的假設。這種敘事中的真實（narrative truth），不僅是患者痊癒的關鍵，對患者來說還成為了「我的生活」。斯賓塞總結道：「建構形塑過去；建構物成為了過去本身。」（同上引，p.175）

修辭和現實

> 修辭是用知識、技巧和優雅來提升談話效果的藝術。
>
> ──西塞羅（Cicero）

語言形塑我們的現實感的方式激發了我們的興趣，把我們帶回古代傳統研究的臺階前。修辭學研究可以追溯到古希臘文明時期，那時，修辭學在有為青年的教育中是一門必修基礎課。在此之後幾個世紀，亞里斯多德、西塞羅和其他學者的著作都被用來指導公共演講的技巧。簡略地說，修辭學就是說服的藝術。從更精確的意義上講，修辭學是一種藝術，透過詞語邀請他人進入自己所創建的世界。不過，隨著現代主義日益對客觀性、科學和真理的崇尚，修辭經歷了和隱喻相同的命運。通過「花言巧語」、計謀、情緒渲染和其他類似手段來說服別人，是不正當的。對現代主義者來說，邏輯和事實論據──表述得清楚易懂──才是進

步的關鍵。

　　近年來，對修辭學的研究，如同對隱喻的研究一樣，開始復興。人們重新燃起對修辭學的興趣，直接原因來自社會建構論。人們尤其感興趣的是，修辭學研究如何幫助我們理解有效建構與無效構建之間的區別。換句話說，如果修辭學是一門說服的藝術，那麼修辭研究就能幫助我們理解，什麼樣的語言才能說服我們相信某個事物是事實。如果我們知道自己是怎樣被說服的，就可以跳脫修辭的影響。當然，在許多情況下，我們對修辭的力量都很敏感。這並不是說我們經常會抵抗這種力量，而是說我們知道廣告、推銷和政治演說都是在藉助修辭的力量。不過，較為危險的是那些宣稱只「報導事實」的資訊，這些資訊自詡據實描述世界且超越任何特定立場。在這種情形下，修辭分析尤其有用；它試圖質疑科學、政策、軍事決定、經濟的權威。當我們訴諸某個說法為真實時，即同時消滅了其他的聲音。表達客觀現實的語言，往往成了區分層級的工具，而事物根據層級被含納或被排除。這不單是科學領域中的情況——科學家的主要目的之一就是將他的特殊建構提升為「公認事實」（Latour & Woolgar, 1979）。在科學以外也是如此，如果有人不用這種修辭，就會被嘲笑為「不切實際」、「迷惑人」、「非理性」或「自欺欺人」。要闡明這些修辭的支配作用，就得質疑約定俗成的慣例，從而為所有人打開一個說話空間。

　　我們的話語如何成功地讓我們確信「真的現實」——那個由原子、化學元素、神經元、認知、經濟過程、社會結構和類似事物構成的「理當如此」的世界？儘管許多著作都論述了這個問題，但是詞語之所以具有創造「真實」的力量，主要是因為人們

普遍擁有的想像或建構。說得更具體些，這樣的修辭從我們所熟悉的「以鏡喻心」這個隱喻發展而來，這種信念認為心智在內（主觀的）而世界在外（客觀的）。根據這一隱喻，當個人經驗完美反映自然世界，我們就認為這個人是客觀的。當他「看到事物本來面目」、「觸及現實」，或「仔細觀察現實事物」時，他就是客觀的。前面說過，我們很難將「鏡裡」的事物和「世界中」的事物區分開。因此我們發現，客觀性的判斷無法訴諸於心智與世界之間的關係；相反的，正如修辭學家所說的那樣，客觀性是通過特定的談話（或寫作）方式達到的。下面我們就來看一看修辭創造真實世界的兩種重要方式。

與物件拉開距離：世界「在外邊」

因為說到現實，我們預設了一個「外邊的世界」，所以發言者使用**距離策略**（distancing devices）為論述技巧，即讓講述的對象離開「內在的心智」而存在於某個遠處。最簡單的辦法就是用**「那個」**、**「那些」**等詞語，把焦點從觀察者轉移到某種距離以外的被觀察對象。距離化的反面是個人化（personalization），即用來指稱觀察對象的用語，被視作存在於心智中被個人所持有。「我的看法」、「我的理解」、「我感覺」，都屬於個人化。因此，科學家可能會說「那個裝置」，而不會說「我對裝置的感覺」；會說「實驗室」，而不是「我印象中的實驗室」；會說「那些問卷」，而不是「我印象中的問卷」。前者創造真實，後者則引起質疑。

隱喻同樣可以拉開對象與觀察者之間的距離。想想**「隱藏的疆域」**這個隱喻，一塊有待探索的土地。因此在科學領域我們

常看到這樣的說法：「史密斯首先發現了這現象」、「鐘斯發現⋯⋯」、「布朗檢測到⋯⋯」等等。「發掘出」和「揭示出」這等說法也常被使用，暗示著**埋藏的寶藏**這一隱喻。我們可以對比一下個人化的說辭所產生的反差效果：「史密斯首先感覺它應該是這樣」，「鐘斯也有同樣的想像」，「布朗喜歡這樣的世界圖像」。

淨化心鏡：消失了的熱情

所謂「心智的鏡子」，只有在不受任何干擾、對世界的反映不存在任何可能造成「扭曲」或引起「偏見」的缺陷時，才能獲得客觀性。要說明不存在「鏡像作用」，其中一個辦法便是賦予世界一種**有作用的力量**（active power），去創造出影像（相對於由鏡子的特徵來產生影像）。因此，諸如「資料告訴我們」、「結果很明顯」這類說法就能給人眞實感。另一方面，創造影像時，重要的是必須去除**內在狀態**，如情緒、動機、價值觀和欲望。「我們記下平均數5.65⋯⋯」「據觀察，受試者不太自在⋯⋯」或「結果顯示⋯⋯」，這些說法不太會讓人質疑。然而，情感活動若是被引入到相同的短句中，結果就會讓人不甚滿意。比如：「我心裡本就想著要找到超過5.0的平均數，得到這樣的結果時，我太高興了⋯⋯」「要是無法得出肯定的結果，我們的研究就不能發表；我們尋找證據來支持我們的假設。我們終於找到，眞是太好了⋯⋯」或「我愛上了這位研究對象，分享她的觀點是一件愉快的事」。

「淨化鏡像」給社會科學著述帶來了值得玩味的副作用。儘管社會科學著述應該是引人入勝的，因爲這些論著畢竟是在「深

度探索」人類的存在；然而它們卻總是枯燥、乾癟、缺乏熱情。
造成這個趨勢的原因之一是，感性或繽紛的描述暗示心智鏡像
的偏見。相比之下，不摻雜感情成分的技術描述就暗示了一種中
立立場，因此更客觀。比如，我們知道研究對象是男大學生、是
四十至六十歲的女性，或是內城區的小學生。相對的，著述不會
提到這些人的性魅力、令人厭惡的肥胖、創新的服飾風格、迷人
的舉止、茫然無知、惱人的青春痘、漂亮的髮型等等。因為若寫
出這些，會讓人感覺破壞了客觀性。

　　為了證明客觀性不是心智狀態，而是一種修辭，我們必須

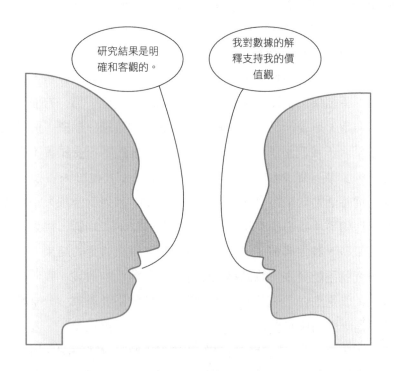

圖 2.4　你相信誰？為什麼？

停下來問：「這是寫給誰看的？爲了什麼目的、爲了什麼人而寫？」然而，這並不是要棄用關於現實的修辭。相反，現實的修辭在社群中有非常重要的作用。要取得人們的信任，以及實現對社群有價值的目標，這些修辭非常關鍵。例如，當太空科學家用這些修辭時，他即是在讓同伴相信他正在使用同樣的語言，並且與社群的其他成員共享同樣的目的。他們遵循社群的標準，「指鹿爲鹿」，人類因此踏上月球。對醫生、軍事戰略專家和經濟學家來說也是如此；離開這些修辭，法庭上也就不會存在「眞實的」證言。關於眞實的修辭，對社會群體的正常運作必不可少；但如果某個社群的現實被當成了普世通用或「眞正的事實」，問題就來了。下面我們來看創造現實的第二大源泉。

日常關係：平凡事物的力量

我剛和我女兒通過電話，我們聊了很多事：家人聚餐、暑假安排、她需要件新大衣、汽車帶來的麻煩等。沒有任何特殊之處，全是日常生活瑣事。但在這幾分鐘的交談過程中，我們又確實超越了日常事件的閒聊。我們維持了一個穩定的事實世界——晚餐、假期、大衣、汽車；並肯定了我們之間重要的關係。我們的言語建構與我們的生活環境緊密相連。我們不僅一同建構，還實踐了這些建構蘊含的意義。關於日常對話中的現實建構過程，社會學家葛芬柯（Harold Garfinkel）出版了一本開先河之作《俗民方法學研究》（1967）。在這本標誌性著作中，葛芬柯重點研究

了人們如何共同達成一致的秩序與理解方式。他特別提出，我們之間的交流深深植根於**俗民方法**（*ethnomethods*），即言行習慣之中，我們依靠這種習慣獲得理性且想當然耳的秩序。俗民方法可以很簡單，比如點頭同意、藏起疑問、別人講笑話時發出笑聲。這些言行為日常生活注入一個共同的、可理解與可靠的世界。

與前面的討論相一致，葛芬柯指出，我們把詞語看成它們指代事物的化身。我們經常借用其他情境下的詞語，將它們簡單地代用到現有的情境下。比如，我們把「車子」一詞看成是指向一個特定的物件。儘管我們使用這個詞來指稱高油耗的大型交通工具、雙車門交通工具，以及小型三輪交通工具；然而這個詞無法精確地描述其中的任何一種，我們只是代用了一個不準確的詞，並相信其他人與我們有共同認知。用葛芬柯的話說，我們像使用索引一樣使用詞語，也就是說，**為了滿足各種現實目的**而指稱某物或給某物定名。實際上，我們視為理當如此的世界能持續存在，只是因為我們沒有提出過多的疑問。當我們不問太多，妥協於事物的不精確，生活也就維持和諧。葛芬柯給了學生一項作業，要他們打破日常生活中不言而喻的規則，並且報告這行為所帶來的結果。具體來講，就是讓他們質疑我們用來創造「常識」的那些約定俗成的慣例。下面是一個學生的報告：他前幾天與一位共車者（A）對話，共車者告訴他（B）說車胎漏氣了。

A：我的車胎漏氣了。

B：你說「車胎漏氣了」，這是什麼意思？

A：（吃驚片刻，略帶不快地說道）你為什麼說「這是什麼意思」？車胎漏氣就是車胎漏氣。這就是我要說的意思，沒什麼

別的意思。你問的問題太奇怪了。

在第二個案例中，與該學生（B）熟識的人（A）向他招了招手：

A：你好嗎？

B：你說我哪方面好不好？我的身體、我的經濟狀況、我的課業、我的心情、我的……？

A：（氣得臉紅脖子粗）瞧你！我只是想跟你客氣點。說實在的，我才不在乎你他媽的好不好。

另一個學生大約每隔一分半鐘就問他未婚妻說的話到底什麼意思。她先是拒絕回答，後來變得緊張，有些發抖，她的臉和手開始失去控制。「她一臉迷惑，責怪我讓她變得緊張，求我『別再問了』……她拿起一本雜誌擋住臉……我問她為什麼看著雜誌，她拒絕再和我說話。」這些小片段表明，一旦我們去挑戰那個理所當然的標識世界的方式，哪怕只是片刻質疑，社會結構瞬間瓦解。

我們再來看個人身分認同的問題。我們一直把某個人看成「同一個人」，儘管他的行為一直在改變。基於現實的目的，我們有了身分，而且我們也因此創建了一個可靠的世界。然而，這樣的世界也帶有局限性。我無法逃離我所成為的那個自我。為了說明，我們引用威利斯（Paul Willis, 1977）的分析，研究英國青年如何確立他們作為工人階級的身分認同。威利斯提出，我們太容易認為改善經濟狀況是一種自然驅力，以為人人都想賺更多錢。有了這個假設，人們通常就會認為工人階級是受壓迫的，他們別

無選擇，只能處於社會經濟的底層。然而，透過在學校和工作場合的深入研究，威利斯對上述這些常見看法提出了質疑。他發現，工人階級的男孩子們一起創建了與上層階級不同並且自認優於上層階級的世界。例如，他們這樣看待學校裡的老師：

喬伊：他們比我們強勢，他們代表更強勢的組織，我們則不然……（我們）要盡力將（屬於我們）自己的拿回來。

埃迪：那些老師覺得自己是個老師就高高在上，其實他們什麼都不是……
（Willis, 1977, p.11）

這些思想傾向也展現在這些男孩的課堂表現上。威利斯寫道：

當這些小夥子們走進教室或到了集會的地方，他們之間相互神祕地點點頭……（他們）擅長暗地發洩仇恨，而經常是在面對直截了當的正面質疑時才停止這種行為……在課堂上，用口形聯想會話來回答課堂提問：「不，我沒聽明白，你C（妓女的首字母）……」「你在說什麼，雙關語嗎？」「F（靠）不可能……」教室後面傳來含混不清、與性相關的吃吃笑聲和嗡嗡的說話聲……如果這些祕密的小陰謀被戳穿，老師背後就會有人豎起「V」手勢（以示慶祝），老師旁邊會有人打響指，老師面前的人則會迷惑而無辜地看著老師。沒人敢跟老師對視，而是看著領帶、戒指、鞋子、手指等處。
（Willis, 1977, pp.12－13）

「我們」與「他們」之間的對立，作為一種實體論存在，背後暗含這樣的信念：「我們和我們的生活方式更優越」。那是一

種和整個群體連繫在一起的自豪心理。

> **喬伊**：……一個人混時間沒什麼好。你和你的同伴一起混時間，你們就會合到一起，你就有了同黨，這樣日子就會好過多了……
>
> **弗瑞德**：我們倆親密無間，那就是他們說的，我們倆黏在一起了。
>
> （Willis, 1977, pp.23－24）

看男孩們如何描述那些世俗看來循規蹈矩的學生，即可窺見他們自己獨特的價值觀。他們把乖乖牌學生叫做「軟耳根子」（把耳朵當成某人被動聽從的象徵），並作為長期嘲笑的對象。來看下面的對話：

> **德里克**：（軟耳根子們）就是那些成績單上有五個A一個B的大傻瓜們。
>
> **斯班克西**：我的意思是，他們的校園生活能有什麼回憶？他們能有什麼值得懷念的？（他們）坐在教室裡，滿頭大汗，你知道，那時候我正在……我是說看看我們幹過的那些值得回憶的事吧，跟巴基佬打架，跟牙買加佬對著幹。我們整老師的有些事，回頭看看，還滿歡樂的。
>
> **喬伊**：（軟耳根子們）還（他媽的）……幼稚，你看他們講話，他們做事的樣子，像什麼一樣……我是說，看看湯姆·布蘭得利，你以前注意過他嗎？我經常注意他，我曾想，呃……我們經歷過人生的快樂，和他媽的不快樂，我們喝過酒、打過架，知道什麼是挫折、什麼是性、靠……什麼是恨、什麼是愛，我們混

過所有這些事，可是他懂個屁。他從沒和女人上過床，從沒去過酒吧。

（Willis, 1977, pp.15－16）

正是在類似這樣的對話中，這些小夥子創建了一個不同的世界——一個由不同的群體和個體組成的世界，並且負載著自己的道德價值觀。看著這樣的案例，乃至在所有的情況下，我們要問的是：有沒有可能不要再被這些現實禁錮？

建構身體

批評者經常指出，世界在我們建構它之前就已存在。社會建構論者同意事物確實存在。但是，當我們開始試著描述這些事物時，我們唯有回到建構的傳統，別無他途。這些建構傳統有很多；拿身體來說，有些東西是存在的，但那是什麼呢？例如，柏拉圖說身體是墳墓，使徒保羅說身體是聖靈的教堂，笛卡爾說身體是機器，沙特說身體是自我。對現今的商人來說，身體，尤其是女人的身體，是廣告的工具。對今天的年輕人來說，身體是用來指向身分認同的文化符號。不管是刺青或穿孔，都是作為一種符號，為了讓其他人一看便知「我屬於哪種人」。建構過程的差異可能有非常關鍵的作用。例如，一位醫生可能將患者的身體僅僅看成「一個需要維修的物體」。從患者角度來說，他覺得自己被貶為一塊肉。出現這樣的落差，可能是源於醫生無視患者生命情境的重要性和完整性。如果在治療過程中出現問題，這件事就有可能成為一宗訴訟案。醫療訓練的進階形式，應該幫助醫生體認到人體的多重現實。

制度化的現實：傅柯論權力

瘋狂只存在於社會中。

——傅柯（Michel Foucault），

《瘋狂與文明》（*Madness and Civilization*）

語言的結構及使用對於創建何謂眞實和良善，是必不可缺的。不過，我們的言語傳統通常鑲嵌於更大的組織中。這類組織具有確立現實、理性和對錯的權威。法庭有從法律角度判定對錯的權威；科學擁有權威在特定的研究領域中認定事物的對錯；宗教在心靈事物方面具有權威；在健康方面，我們依賴執業醫師並把他們當成權威；等等。實際上，這些機構具有極爲重要的作用，確立我們對生活世界的建構。因此，許多人將這些制度看成權力的中心。這麼說來，建構論者的敏銳提醒了我們去關注自由和監控的議題。

這些議題是傅柯著作中的重點關懷；這是位二十世紀最具催化力的社會理論家。在當前的脈絡下，他主要關注人們如何易於屈從種種微妙形式的權力（Foucault, 1978; 1979）。我們這裡所說的並不是法律和軍隊之類的顯而易見的權力形式，而是那種迂迴滲入日常生活中的權力。我們生命中的大部分時光都按部就班地度過——上學、上班、付錢買東西、看醫生等，毫無猶疑。按照傅柯的觀點，在這些我們視爲理當如此的行爲實踐中，我們即屈服於權力。傅柯認爲，「權力是……一個公開的、或多或少經過

協調的……關係網」（轉引自 Gordon, 1980, p.199）。

　　語言是這類權力關係的重要特點，尤其是在知識的論述（discourse）中。傅柯關注的是，那些宣稱自己「瞭解」或掌握了「真理」的群體，尤其是聲稱知道「我們是誰」的那些群體，如何征服我們。比如，想一下諸如醫學、精神病學、社會學、人類學、教育學這類領域。傅柯稱其為**學科政制**（*disciplinary regimes*），它們生成描述性和闡釋性語言，不僅定義了人們是否健康、是否正常、社會階級高低、聰明與否，還解釋了為什麼是這樣。這些學科政制利用各種研究程序，而我們依此成為詳細觀察與分類的對象。實際上，當我們自願接受各種檢驗，不論是醫學檢查或大學的學術評估等等，我們就已屈從於學科政制，以這些政制的術語讓自己被貼標籤、被解釋。當我們將這些術語帶入日常生活中，和其他人談論膽固醇高低、我們的憂鬱症或學歷時，我們已經參與到這種權力關係中，並以這種種方式拓展了學科政制的控制範圍。當我們的學科研究開始影響公共政策和社會實踐時，我們也就更進一步地被置於依這些學科所建立的秩序中。根本而言，我們導致自己陷入這種屈從關係。

　　我們可以通過下面這個常見的例子來理解傅柯的觀點：有一天你覺得心情不好，有些沮喪，或許還有點自我貶低的情緒，朋友問你：「怎麼了？」你可能會說：「沒什麼，我只是有點憂鬱。」儘管在現今社會中說自己「憂鬱」一點也不奇怪，但以前可不是這樣。美國在1840年首次對心理障礙進行分類，當初僅包括幾種症狀，且都和身體器官的機能障礙有關。那時並不存在「憂鬱」（depression）這個詞。到了二十世紀三〇年代，隨著精神病學和臨床心理學的出現，「心理障礙」症狀如雨後春筍。到了

1938年，大約四十種失調症狀已被確定（包括道德缺損、厭世和自慰）。自從《精神疾病診斷與統計手冊》（DSM）這一官方診斷指南問世以來，已歷經五次修訂，心理障礙的名目已達三百多條，包括性高潮抑制、賭博、學習障礙、喪親憂鬱、抵制治療等等。在現今版本的手冊中，「憂鬱」不僅已成為顯著的條目，甚至還被細分成幾類，像慢性憂鬱、憂鬱型障礙、躁鬱症等等。心理健康專家認為，如今有超過10%的人患有憂鬱症。抗憂鬱藥物在二十多年前還沒人聽說過，現在已經成為年產值上百萬美元的產業。現在的人若是發現自己「鬱鬱不歡」，或許就會想要服藥。

　　有趣的是，被確認出的精神疾病種類劇增，而同時心理健康專業也快速成長。二十世紀初，美國精神病協會統計的會員人數不到四百人，現在該協會的會員人數已達四萬人，呈現百倍增長。心理健康方面的投入也以相似的速度增加。截至1980年，精神疾病成為美國花費第三高的健康問題。事實上，我們面對的是一個看上去不斷發展的疾病怪圈。想一想下面這些環節：（1）心理健康專家公開證實存在某種精神疾病並對其加以描述，（2）這個論述在教育、公共政策和媒體的推動下開始傳播，於是我們（3）開始以這些論述的角度來瞭解自己。（「我憂鬱了。」）有了這樣的認知，我們就會去（4）尋求心理健康的專業治療。隨著治療的需求增加，（5）心理健康的專業也就擴張了。（6）專業領域一旦壯大，精神疾病的詞彙就更茂盛成長。這個怪圈持續發展，帶來的影響力逐漸擴大（關於此觀點的詳細闡釋，參見 Gorden, 2006）。

　　這樣以異常狀態作為人口規訓，是否有其盡頭？最近我接到一個會議通知，關於最新的成癮症研究和治療，會議稱成癮症為

「我國現今第一大健康和社會問題」。會議將要討論的各種成癮症包括運動、宗教、飲食、工作和性成癮。如果連上述這些活動一旦以強烈熱情追求時，都會被定義爲需要治療的疾病，那麼我們的生活似乎沒有什麼能夠逃脫心理健康專業及製藥產業不斷擴張的權力範圍了。除非我們能夠攜手抵制。

　　這些批判觀點的目的在於發起反抗行動。傅柯闡述文化規訓的過程，實際上他關注的是，我們該如何對抗正在擴張的**權力／知識**領域（domain of *power/knowledge*）。他敦促讀者通過抵制、破壞和自我轉型來對抗這些力量。然而，在喚醒革命精神的同時，我們也必須瞭解，對權力／知識入侵的反抗，也有其局限。以堅定之姿對抗現存的支配秩序，會遇到兩個基本問題。

　　第一，是有關自由的問題。抵制權力的入侵和影響，就意味著某一天我們有可能擁有自由──到那個時候，沒人會用異化的知識來影響和控制我們。然而，從語言的秩序解脫出來，從所有的傳統或習俗中解脫出來，實際上並不是獲得了自由，而是步入了無意義的世界──那是沒有了任何區分、沒有了選擇的空間，因而也就沒有了所謂的自由。這不是要破壞批判的力道，而是爲了轉移焦點，去期許另一種替代選擇的出現。我們無法離開意義或避開任何形式的秩序。如果想要拒絕某種規訓的形式，我們打算用哪種秩序來替代呢？比如，我們確實有絕佳的理由去限制精神障礙診斷的擴張，然而，我們不會因此而進入純粹自由的世界。這是爲了催生出更理想的替代認識模式。

　　第二，徹底的批判姿態無法考慮到秩序的正面意義。全盤拒絕那些傅柯稱爲「規訓」或「秩序」的東西，實際上也會除去我們認爲有價值的東西。如果不遵從某種社會秩序，我們也就無法

獲得他人的愛；沒有我們所謂的「家庭」體制，父母也就無法給予孩子愛；沒有法律制度，我們也就很難達到公平。因此，需要的是**差別評價**（*differentiating appraisal*）。對於許多業已形成的規訓傳統，我們可以探討其中的積極影響和消極影響。某個傳統透過什麼方式維繫了我們所認可的良善，又以哪種方式造成相反的結果？在什麼情況下，它不再符合那個標準？為什麼不符合？比如，以精神疾病分類和治療的專業實踐來說，它帶來的消極影響有：引導我們將日常生活中的正常問題看成「疾病」，降低了我們自行解決的能力（轉而相信這些是專業人士才能解決的問題），也給我們各種方法從別人和自己身上尋找過錯（比如，「他是個胖子」、「她厭食」、「他是個工作狂」）。不過，「精神疾病」的分類確實也讓許多人瞭解他們的問題不是由自己造成的（「我控制不了，是我病了」），有專業人員可以幫他們減輕痛苦。他們並不孤單，更不會處於絕望中。通過類似這樣的「差別評價」，我們帶來的另一種解決方案則可能保留了傳統習慣中有價值的東西，同時也摒棄了其中我們認為有害的部分。

身分政治：生存還是毀滅

　　像芸芸眾生一樣，我害怕並詛咒分類，及其帶來的死亡，我不會讓死亡的利爪落在我的肩上……
　　——鄭明河（Trin Minh-ha），《女性、原住民及他者：書寫的後殖民與女性主義》（*Woman Native Other*）

本章探討了我們建構眞實和良善的三個主要來源，討論主要圍繞在我們的語言結構、日常溝通的實踐，以及權威制度；這些討論透過各種方式強調了建構物的穩定性。我提到，要摒棄語言結構、逃離那些將我們帶入共同現實的日常對話，以及掙脫各種制度爲了維護自身權威所施展的權力，都不是容易的事。當然，我也強調了批判反思的重要性和抵抗的可能性。前幾節主要將重點放在建構的穩定性上，爲了兼顧平衡，最後一節我們來關注一下建構的流動性（fluidity）。

不管人們身在何處，只要是人和人在交流，建構世界的過程就會發生。在所有關係中，多種傳統相互交錯，產生出新的表達方式。各種不同的傳統之間也有矛盾，不斷危及自身存在。因此，當你從家裡轉身到朋友圈、課堂、運動場、教堂等等情境，你就會不斷地在各種現實和價值觀之間轉換。你也會將某種情境下的現實和價值帶入另一個情境中，從而可能催生出創造性的融合（例如，比賽前球隊一起祈禱、與家人共進晚餐時討論起你在課堂上讀的書）。這也可能會有衝突，朋友圈裡所共享的現實與價值，可能和父母的觀點相衝突，或是某個人的宗教觀點受到朋友圈中友人的嘲笑。因此，社會生活像蹺蹺板一樣，在穩定的力量和變化的力量之間不斷移動。

爲了闡明這種動態變化，讓我們重新回到自我建構上，以及人的身分認同如何成爲政治運動的主體。首先想一想其他人是如何定義我們的。這在很大程度上取決於我們如何出現在他人的交談中，包括他們的描述、解釋、評論或溢美之詞等等。這類言談創造了我們的社會聲譽。但這些用語並不一定是我們想要的，是他人（包括朋友、家人、鄰居、老師等等）使用了這些詞語。這

事關我們的身分認同，但是我們卻無法控制別人如何描繪我們。比如，一個孩子已經成人，但回到家父母還是把他當孩子對待。在公司就職的某位女性發現，她的男同事往往視她爲一個女人，而非一位工作夥伴。

　　現在把這個問題帶來社會的層次：我們所有人都被劃分到一個或多個社會群體中──女人、男人、基督徒、猶太人、黑人、白人、德國人、愛爾蘭人、西班牙人等等。這些群體經常是電影、小說、新聞報導、廣告等媒體感興趣的對象。當我們的群體被展現給千萬人時，我們往往會感到更加孤立無助。當女人被形容成愚蠢和情緒化、亞洲人逆來順受、德國人具有威脅性、愛爾蘭人好鬥⋯⋯我們都被牽連其中。這不僅僅關乎公眾名譽，這些看法還成爲公認的觀點，進而變成理所當然的現實。正是這些現實影響了公共政策、教育實踐、警察行動等等；其中有對黑人的種族成見、對穆斯林的懷疑、對德國人的反感等等情緒。況且，這些描繪爲大眾形塑了被描繪群體的形象；人們或許就透過這些形象來「學習」如何成爲一個女人、一個亞洲人、一個異性戀等等。自此，人們的行爲可能就開始更傾向原有的刻板印象。

　　就現在的討論而言，我們可能會說，我們的身分認同受到媒體制度很大的影響。媒體創造出不同群體的刻板形象後，而我們也就進入了政治的競技場。這些作爲傷害了誰？誰會得到好處？怎樣才能讓事情變得不一樣？這些探問開啓了幾個值得關注的運動。第一個可能是最明顯的：抵抗運動。早先時候，義大利裔美國人對自己在媒體中被描繪成幫派匪徒提出批評，非裔美國人不滿自己在媒體中被描繪成湯姆大叔和黑阿姨傑邁瑪的形象，女性更是抵抗媒體將自己描繪成膚淺的性對象。現在這類抵抗運動成

倍壯大。美洲原住民拒絕博物館將他們形塑成野蠻與原始；男女同性戀者指出好萊塢影片製造了恐同情緒；年長者抗拒老年人被描述成失能者，等等（參見 Naylor, 1982; 1991）。

對於許多涉入身分認同政治中的人來講，這些抵抗形式只是一個開始。更大的挑戰在於如何獲得描述自身的能力。因此開啟了第二波運動：**身分認同激進運動**（*identity activism*）。社會理論家厄內斯托・拉克勞（Ernesto Lauclau, 1990, p.36）認為：「關鍵問題……不在於社會能動者（agent）是誰，關鍵是看他們在何種程度上成功地構造了自身。」或是如黑人女權運動者柯林斯（Patricia Hill Collins, 1990, pp.106－107）所說：「黑人女性對自我定義的堅持，重新框構了整個對話，從爭取自身形象的精確定義，比如駁斥黑人社會母權體制的說法，轉而強調定義過程自身背後潛藏的權力動態……黑人女性對自我定義的堅持，證成了黑人女性作為人類主體的力量。」這樣看來，一個人的種族、族群或宗教認同，是一個鬥爭的場域，爭奪著自我控制的能力，或者落入被他人控制的處境。因此，我們發現電視系統開始擴大節目內容，含納原有被忽視的群體，公正地報導他們的生存經歷。例如，脫口秀主持人歐普拉轉變了婦女和黑人文化在公眾中的形象，因而受到關注（Squire, 1994）。我們還發現，由女性主義者、非裔美國人、男同性戀群體所籌辦的雜誌，以及各種關於這些群體的雜誌，也增加了；電影、戲劇及書籍等等各種媒介，也都出現了被邊緣化群體的經驗自述。

不過，身分認同的激進運動也存在一定問題。以上述的情況來講，如果你拍了一部有關「自己人」的電影，你正在代表他們，而情況依舊不由得他們控制。而且，這些群體內部也有許多

人不認同如此被「自己人」描述的方式。例如，當某位作者想揭示社會上被壓迫群體的不幸，他或許會聚焦在毒品與暴力問題，而被報導的那個群體通常就會感覺被背叛。他們在作品中成了異常、失能的受害者。另一方面，如果作者想要強調傳統之富足、歡愉、社群連結等等，同樣會引發敵對情緒。此時，作品會因為過於陽光而被指責——這樣的畫面無法帶來政治行動，且暗示著現狀（status quo）是美好的。下面是黑人女性主義者bell hooks對黑人電影製片人史派克・李（Spike Lee）塑造的黑人和女人形象的評價：

> 對黑人形象的刻畫很符合白人種族主義者想像中的刻板形象。這些形象不僅沒有對白人觀眾的認知構成挑戰，反而安撫了他們的恐懼。（電影）排除了黑人婦女以及她們在解放鬥爭中的角色……影片中每位黑人婦女的形象，不管是作為母親、女兒還是姐妹，都在某種程度上被建構成性物體（sex object）。
>
> （hooks, 1990, pp.179－182）

因此，我們必須問：是否有任何人可以被信託來代表任何一個群體？答案會不會就是「每個人只代表自己」？團結群體的政治力量不就因此而終結嗎？同時，群體的所謂一致性也面臨質疑。許多被劃分到某個群體內的個人，都不滿意這樣的分類。他們經常在群體內部被要求「和我們在一起，要像我們一樣」，因而感受壓力；他們被期待要「遵從我們的傳統」、「與內部成員結婚」、「像我們那樣投票」等等。但並非所有被認定為某一群體成員的人，都想要擁護這個身分。有許多猶太人篤信基督教，

圖2.5

當世人逐漸聚合，身分政治或許會變得越來越不重要。高爾夫球名將老虎伍茲代表了這樣的未來。他身上有非裔美國人、華人、美洲原住民、泰國與白人的血統，因而對現有族裔分類提出挑戰。他為此新創了一個類別──把「白人」（Caucasian）、「黑人」（Black）、「美洲印地安人」（American Indian）、「亞洲人」（Asian）融合成一個新詞「Cablinasian」。

有許多巴基斯坦人是男同性戀運動者，有許多非裔美國人參與穆斯林事務。這樣的個體可能會遭到嘲笑或排斥。同樣，即便他們生活在群體之外，其他人也可能會將他們看成該群體的代表，人們可能會希望他們為「他們的自己人」說話。他們的身分表徵，像膚色、性取向、口音或宗教符號等，都可能被視為代表他們的身分認同；他們的個體性往往被忽略。

這些議題還引發了另一波的認同政治運動：**範疇解構**（*category*

deconstruction）。這波運動主要批判的是，對於人的描繪，不管是出自於哪個作者或作品，都傾向於**本質化**（*essentialize*）所描述的對象。這裡所謂的本質化，是指將某種社會範疇（如女性、同性戀者、亞洲人），看成是群體成員的本質，即一個人內在固有的品質或特點。進行種族分類時，這個問題由來已久；種族常被用來反映某群體的特殊本質，從而與其他群體區分開來。然而，在人們的膚色、身高、面部毛髮等等「外在現形」的特徵下，並未潛藏著該人的本質，不存在所謂自然本質。正如文化研究學者霍爾（Stuart Hall, 1996, p.443）所說：「問題在於要意識到……『黑人』是基於政治和文化建構起來的分類，而不是基於固定的跨文化或先驗的種族分類，因而也就無法保證它能反映出本質。」這種把人本質化並將其劃分到某一群體的做法，也會引發敵對情緒：相互排斥、互不信任、彼此仇恨。對群體內的人來說，它意味著「我們不一樣，你既理解不了我們，也無法完全融入我們」。對群體外的人來說，每個群體都成了「他者」：非我族類、自私自利，且充滿敵意。美國社會中有許多各異的群體，而且都積極採用政治手段，以至於政治理論家亨特（James Hunter, 1991）在描繪這種現象時使用了**文化戰爭**一詞。

面對這些問題，如何開展政治工作？這裡沒有單一的答案，各種對話仍在進行中。首先，對本質主義的批評，令部分人感到被出賣。他們認為，正當婦女和弱勢群體開始擁有自主意識並開始主導自身，即開始掌握自己的身分認同時，批評界卻開始指責他們的本質主義。這樣會丟失掉社會批判的根基，以及社會變革的理論基礎。例如，如果「婦女」這個概念不存在（只是一種膚淺的分類範疇），那我們如何爭取婦女平權？女性主義者韋斯坦

（Naomi Weisstein）認為，那些視性別和其他分類範疇為社會建構的人代表了「一種對批判的狂熱崇拜」。她為此抱怨道：「有時我想，潮流過後，我們會發現許多死屍，都是被自己的話語淹死的，就像沼澤中的德魯伊教成員一樣。」（Weisstein, 1993, p.244）

也有許多令人振奮的可能性。例如，美國黑人學者韋斯特（Cornell West, 1993）認為，在黑人社區培養**博愛倫理**（*love ethic*）更為重要，因為它能使人們在更高的自尊下進行合作。這種倫理有助於在廣泛的社會內部創建更好的關係。社會學家基特林（Tod Gitlin, 1995）認為，群眾運動與群眾組織可以跨越「身分認同的戰壕」，把原本分散的弱勢群體聯結起來。工會曾實現過這個目標，現在需要創建新的組織。也有些人認為，我們必須激進地推動民主進程，讓社會各部門的成員都能參與對話。為此，部分人提出必須把我們的公共辯論變得更文明，以更不具敵意的方式進行對話（比如，參考Hunker, 1994; Kingwell, 1995）。像巴特勒（Judith Butler, 1990）那樣的理論家，思想更為激進，她主張全面取消諸如男女之間、異性戀同性戀之間的分野；以身為女性而言，這並非「自然事實」，而是一種「文化表現」形式，我們可以自由選擇新的表現方式。在革命風潮中，巴特勒主張取消過去的分野，實行「性別融合」和「雙重性別」。有些人主張採用一種更為靈活或流動的自我概念，不再圍於何種分類範疇，而是隨著時間和環境而改變——作為一種政治立場的選擇，但並非恆固不變（Flax, 1993; Deleuze & Guattari, 1986）。顯然，政治重構行動的挑戰落在我們肩上，作為讀者的你同樣也能為下一步作出貢獻。

小結

　　本章中的許多想法都很令人振奮，對我非常受用。我重新審視生活中那些自認爲理所應當的東西，改變了許多生活習慣，發現每一天都是創新的挑戰。我眞誠地希望大家也能與我共享這樣的歡欣，跟我一起體驗世界的變化。但是，看完我寫的這些文字，或許你會與我深有同感，認爲我太過強調言說與書寫的語言，而幾乎沒有提到我所謂的**物質情境**（*material context*）。畢竟，離開了維繫生命的環境，我們還能如何展開對話？而且，我們建構世界的方式肯定依賴於健康、經濟、政治、世界衝突等等因素。當然，我們對眞實與良善的建構，不可能無視於言語以外的世界。然而，我也意識到了爲什麼我很少提及物質世界及其對社會建構的影響。因爲一旦你進入社會建構論的領域，就沒有了獨立存在的物質世界了。也就是說，我們所說的物質世界本身就是一種建構物。這一邏輯也適用於健康、經濟、政治、世界和平之類的事物。這並不是說我們不應再討論這些問題。完全不是這樣。而是說，當我們談論這些事物時，必須意識到自己正在參與我們文化傳統中的語言遊戲。我覺得，要喚起這種意識，是這本書面臨的一大挑戰。當這種意識就位後，我們接下來就能更加嚴肅地討論關於物質世界的存在，並且完全意識到這只是理解事物的其中一種方式。

第三章 ——————————————— 人文研究
的新視野

　　我的同事對我說，社會建構理論不適合年輕學生。爲什麼？因爲建構論思想質疑眞理、客觀性及知識這些爲人珍視的理想。如果年輕人吸收了這些懷疑思想，他們就會對從事某一領域的研究失去興趣。他們將會質疑所有宣稱是權威的事物。如果「一切都是社會建構」，他們也許會覺得沒有什麼東西值得研究。這種恐懼源於對建構論的錯誤理解。恰當領會建構論思想，不僅會更崇敬前人追求知識的努力，也可開啓鼓舞人心的新視野。建構論警示我們小心對待那些宣稱握有眞理、客觀性或超越人類傳統理解的知識，讓我們面對選擇時更爲謹愼。建構論不是要否定一切，而是邀請我們接受多重觀點。它極大地擴展了對我們有益處的事物，提供更多可能性去創建人類共存的新世界。

　　本章我將重點討論建構論思想如何對人文科學的研究實踐產生革命性影響。在本書餘下各章，我們會探索建構論者怎樣對自我和世界進行全新而更爲有益的闡釋；我們也會探討，在治療、教育、社會組織方面出現了怎樣的革命性轉變；我們還會提到各種化解衝突的人文對話如何取得進展。我之所以在本章中側重人文科學領域的研究實踐，有三個原因。第一，最近在人類行爲科學方面湧現出大量豐富的研究成果。心理學、社會學、人類學、歷史學、政治學、傳播學、社會工作等等領域的成果堪稱卓著。第二，人文科學與一般意義上的文化生活連繫最緊密，它們的研究成果最易爲大眾接受，從而或多或少改變我們的生活。第三，從本書的書名，我們可以預測大部分讀者對人文科學的研究傳統應當有一些瞭解。

　　爲了理解這些領域內出現的新成果，我們首先近距離觀察一下經驗主義研究傳統，看看這一傳統的優勢何在？有何不足？爲

什麼大部分建構論者謀求經驗主義研究傳統以外的替代？然後我們再來考察傳統的研究取徑發生了什麼變化。

爭論中的經驗主義研究

　　二十世紀初，人文科學領域開始模仿自然科學的研究方法。自然科學諸如物理學、化學及生物學都取得了引人注目的進展。人們覺得，人文科學領域一旦改變研究取徑，也可以取得這樣的進步。通常我們把這種研究取向稱爲經驗主義（*empirical*）模式，其字面意義就是「以經驗爲指導」。在第一章論及科學知識的部分，大家已經瞭解到這種研究取向。下面我會列舉出傳統經驗主義研究模式中優質研究的幾條主要標準，同時也會指出其中存在的一些問題，正是這些問題促使建構論者開始探索新的研究取向。

　　盡量精確地測量研究的現象。經驗主義研究方法或多或少都會假設研究現象早已存在。研究者的任務就是揭示這些現象的本質。理想情況是，展開嚴謹的研究方法，包括對現象進行精確測量。例如，研究者可能首先對精神疾病、犯罪、智能、社會階級等問題產生興趣，然後採取各種方法和測量手段去研究它們。

　　建構論者的回應是：研究者在選取一個現象進行研究時，他們即是在回應身處的文化傳統。精神疾病、犯罪及其他議題並非「本來如此」，等著人們去探索發現。它們都是文化建構物，而這些建構深深鑲嵌在文化歷史中，以至於人們認爲它們「眞的

存在」（不依賴人的意志而存在）。因此，我們所說的「測量現象」並不是對客觀世界的反映。毋寧說，它們以一種特殊方式建構了世界。例如，「智力」這個概念是西方文化在特定歷史時期產生的衍生物。智力測驗實際上創造了一個世界，人們在其中接受測量與評判。儘管在作品中表達這種傳統信念本質上並沒有什麼錯，但建構論者認為，重要的是我們要認清這些信念在其時其地語境中的特殊含義。同樣重要的是，還應檢討研究的假設前提讓哪些人受益，又讓哪些人受損了。例如，智力測驗對那些得分較低的人就為害不淺，給他們在社會上謀求發展的步伐設置了重重障礙。

排除個人偏見。良好的經驗主義研究，其目的在於如實地反映世界。因此，科學家必定不允許個人好惡干擾他的觀察。我們的研究預測不應該被個人的期待所污染；科學的重心在於「事實是什麼」，而不是「從研究者的立場會得到**什麼**」。科學家若對研究對象帶有情緒、帶有強烈的倫理或政治動機，或帶有深切的宗教情操，就會受到人們質疑。科學家必須在自我與研究對象之間保持不帶感情色彩的距離。

建構論者的回應是：科學家參與在社會傳統中，他們身為科學家所做的一切都將反映出這種參與狀態。任何社會傳統都帶有某種價值取向。因此，科學家在進行研究活動時所做的一切，都會反映出他所在傳統的價值取向。這種情況在科研活動中到處存在，從框構問題時採用的字眼，到描述人們的行為時所用的詞彙，比比皆是。例如，研究侵略、偏見或壓迫現象的科學家之所以要研究這些問題，是因為他所處的文化不希望出現這些現象。科學家挑選的侵略性、偏見或壓迫性行為，都遭到研究者的道德

譴責。值得注意的是，同樣的行為也可以用別的建構方式呈現，並被賦予完全不同的道德含義。許多被視為侵略的行為也可被視為自衛（想想伊拉克的侵略行動），那些被標示為偏見的行為或許會被當事人視作慎思明辨之舉；壓迫的另一面則是維持了社會秩序。聲稱研究者在道德和政治立場上毫無偏見，是站不住腳且具有誤導性的說辭。

　　預測和控制。大部分經驗主義研究假設自然世界的持續存在。也就是說，所研究的對象會持續保持相對穩定的狀態。這樣一來，隨著研究逐步深入，我們就更能瞭解所研究的事物，相關的知識也會越來越準確而精練。結果就是，我們可以更加精確地預測未來將會發生的事情。知道了「什麼導致什麼」，我們就能適當地控制局勢，從而造福人類。例如，對天花或傷寒的瞭解日益增進，我們因而能控制這些疾病。隨著日益掌握全球暖化的知識，我們就能採取措施平衡其影響。人們經常認為，實驗方法是追溯因果關係的唯一途徑。實驗可以驗證各種預測。

　　建構論者的回應是：假設自然世界持續存在，儘管有利於自然科學的發展；然而對大部分人類行為來說，這樣的假設令人生疑。最明顯的情況就是，如果被研究對象得知正在測試的研究假說（hypothesis），他們可以選擇反其道而行。如果你告訴人們，你預測他們將會配合，或表現激進，甚或給予負面回應，他們很有可能不會那麼做。這跟自然科學迥然不同。科學家告訴你，刀子劃過你會流血，服下毒藥你就會死。在他們的實驗中，你是不允許選擇不流血或不死的。建構論者指出，就本質而言，一切有意義的活動都是被建構出來的，這些建構有很強的可塑性，處於不斷的變化發展中。

　　建構論者還指出，試圖預測並控制實驗的研究方案，貶低了研究對象的作用。那些研究者把自己放在一個比研究對象更高的地位，其實就是在宣稱「我應該搞懂你」。正如評論者指出的，人文科學很大程度上繼承了生物學研究傳統，注重於搜集標本，並將各種動物置於觀察之下。這種試圖預測並控制實驗結果的做法進而延伸到對人類行為的研究中。研究者自己無意成為實驗標本，不想成為被人研究的物件，只有他們的研究對象才有資格成為標本（Argyris, 1980）。

　　量化觀察結果。經驗主義研究者通常會認為，口頭語言難以區分事物之間的細微差別。如果關於世界的描述可以轉化為一套數字體系，其精確性就會大大提高。例如，我們可以將粗略的概念如「更多」或「更少」轉化為高度精確的變數。數字同樣代表著最客觀中立的語言表述。與許多理論術語不同，數字不會帶有微妙的好壞意涵。最重要的是，當觀察結果轉化為數字後，就可以進行精密的統計分析了。我們於是可以大膽評估因果關連的強度與可靠性。在統計結果的支援下，我們可以對未來作出可靠的預測。

　　建構論者的回應是：我們把描述的語言轉化為數字後，並不會因此而變得更加精確。數字並不比詞語、音樂或繪畫更能精確地表現「世界圖像」；它們只不過是表述世界的另一種方式而已。這種量化處理雖然在某些方面堪稱有用，卻也拋棄了我們所珍視的，以及對我們有意義的大部分東西。比如，聽說我們的一個朋友被強暴或被打劫，我們會非常關心他，且會被對方的遭遇所激發並迅速採取行動；一旦此類事件被轉化為犯罪統計資料，受害人被轉移到視野之外，我們也就會跟自己所關心的人遠離開

來。正如某位研究人員所說，「統計資料是擦去眼淚的人類」
（Linda B，轉引自Lather & Smithies, 1997, p.xxvi）。而且統計學
是一種專業語言，掌握這種語言的人會用許多微妙而聰明的方法
使用它。使用這種語言向公眾發佈事實真相時，外行人士只能默
然接受。由於無從得知給出的某個結論是如何操作出來的，他們
也就無法提出問題。因此，統計資料常被用來消滅公眾的反對聲
音，以掩蓋真相。

尋求唯一確切解答。由於經驗主義研究對客觀世界進行的是
現實主義式的觀察，所以會對任何問題力求揭示唯一正確的解
答。良好的科學研究必須把混雜的觀點替換為單一而清晰的解決
方案。因此，研究者的任務就是逐一檢驗各種可能的見解，以決
定哪一個是正確答案。

建構論者的回應是：不論世界的本質是什麼，從來就沒有單
一的詞語、圖表或圖畫能跟它們描繪的事物完全對應。而且，每
種建構都有其潛在的優勢和局限，不管就科學或社會價值而言。
因而，追求單一答案而拋棄所有其他聲音的同時，也就壓制了許
多潛在的可能性。況且，當研究者的聲音最終占據主導時，研究
對象也被消音了。那些在某種程度上被視為有缺陷的人，像精神
病患者、學習障礙者、失明者、失聰者、自閉症患者等等，疾呼
要求人們傾聽他們自己的話語。用一句廣為人知的話來說，他們
宣稱：「我們的事，我們要在！」（nothing about us without us）

經驗主義研究的成果

看到這些針對經驗主義研究傳統的批評，我們可以得出什麼

結論呢？是不是要全盤拋棄科學實驗、資料收集、統計計量等等方法？我們是不是應該全然避開處於支配地位的大量經驗主義文獻，像期刊、手冊以及研究人類行爲的專著？大可不必。回想一下，建構論的目標並不是要創造眞理，讓所有的競爭者（像經驗主義者）都沉默不語。建構論者也沒有宣稱自己發現的就是眞理，所有的傳統或生活方式仍然載負著價值以及實用的實踐模式。經驗主義傳統也不例外。社會科學領域的經驗主義研究模式仍然具有下面這些潛在價值：

經驗主義研究得出的結論，可以為某種觀點提供生動的例證

雖然經驗主義研究自身不能證明（或證僞）某種理論，但其結論卻可以爲人們提供有力的例證。它們可以爲某種思想概念注入生命，幫助我們評估其意義與可信性。就這一點而言，良好的社會科學研究所起的作用，就像攝影之於報導，或目擊者的描述之於電視新聞。我們先是被打動，接著就是接受。我對斯金納強化理論（Skinnerian theory of reinforcement）的介紹就完全屬於這種類型。儘管當我看到斯金納用食物顆粒來全面控制一隻鴿子的隨意活動──整個過程包括偶然性控制、有效回應及類似行爲──我曾試圖從思想和政治立場去抗拒這個理論，但我卻無法回避他所提出的強化理論的力量。它的說服力讓我對其深信不疑。

經驗研究的結果，可以活化道德和政治議題的討論

如果只涉及抽象理論術語，辯論就會變得枯燥乏味而且看起來跟我們的生活毫不相關。然而，經驗研究得出的結果可以發出強大聲響，從「現實生活」的角度具像化了這些抽象議題的討

論。這裡我想起了米爾格倫（Stanley Milgram）1974年所做的經典實驗。實驗者命令被試者電擊另一人。儘管被試者的反應極為混亂，作為對命令的回應，他們大都繼續提高電擊，甚至在受害者貌似已經失去知覺時仍然如此。這項研究並未證明任何普遍現象，但卻在某種程度上回應了納粹集中營裡的殘暴，例如，這項實驗繼續激發人們討論責任的本質，以及如何抵制盲目服從。

經驗研究的結果，可以提供有益的資訊和預測

雖然實驗涉及的往往是些瑣細現象，像人們如何填寫問卷、如何按壓按鈕、如何評估不確定的情況等，但是經驗主義研究方法卻可以提供有益資訊，讓人們作出具有廣泛社會用途的預測。比如，我們需要關於失業、貧窮、犯罪、毒品等等問題的資訊。就預測而言，政黨希望預測選舉結果，保險公司希望評估車禍的發生概率，監獄緩刑委員希望預知可能的累犯情況。傳統研究方法也可用來預測社區的精神疾病醫護需求，或是預測參與某種特殊的教育計畫的學生可能取得的成就。健康心理學家已經提供了許多改善社會環境、延長人類壽命的資訊。當然，人們知道這些預測之後，很可能會改變行為習慣。在這種情況下，預測就可能錯誤。不過，對某些情況而言，提前預知結果十分有益。

轉型中的研究傳統

正如你所看到的，經驗主義傳統貢獻良多，同時也存有一些

局限。在建構論者看來，這些局限即是創新的契機。這些創新大致可以分爲三類。第一類創新旨在修正傳統研究模式，與舊有的方法很像，但卻帶有新特徵。第二類創新源自於建構論者對論述（discourse）的重視，它們帶有傳統經驗主義研究的因素，但有明顯的差異。第三類創新反映了它們與現有傳統研究模式的斷裂。事實上，關於科學研究的基本觀念已經發生轉變。

民族誌與文化理解

在長達一個多世紀的時間裡，學者們帶著濃厚的興趣研究了世界各地不同族群的人們。這類研究大都是在文化人類學這個學科內進行，研究方法主要是民族誌，通常要求研究者居住在他希望研究的群體中，詳細地作筆記，參與當地日常事務，返回祖國後做出深層而翔實的研究報告。這種研究取向看起來非常合理，直到有人開始考慮從「當地人的眼光」去進行研究。例如，想像一下，一個富有的外國人坐在你房間的一角觀察你的一舉一動，目的是回到他的群體中講述你所屬族群的故事。對這種「他者研究」模式的抵制可以追溯到薩伊德（Edward Said, 1978）經典著作中關於「東方」概念的學術建構。幾個世紀以來，歐洲人關於「東方人」的描述（其風俗、習慣、信仰及東方文化傳統）日積月累，成爲二十世紀所有學術機構研究東方學的基礎。然而，正如薩伊德指出的，「東方」這個概念其實是一種「歐洲發明」，是歐洲人按照自己的興趣創造出的形象。薩伊德認爲，這些興趣並不僅僅是滿足好奇和娛樂。他把東方主義（Orientalism）看成「西方主導、重構及實踐主權於東方的形式」。在研究「東方

人」時，西方人微妙地產生一種優越感，並且尋得政治統治的合理化。例如，一位非洲「原住民」認爲，人類學「不過是白人實現其使命的日記，是白人在主導歷史的歐洲思想支配下對人類持有的獨特看法」。

　　此類批評對民族誌研究實作產生了強有力的影響。人類學家對於他們描繪「他者」的時候無可避免的政治和道德偏見，進行了實質的探索。這些批評也激勵著人類學家從傳統的研究方法探尋新的變體；其中最重要的一項變體就是**協作民族誌**（*collaborative ethnography*）。盧克‧拉斯特（Luke Lassiter, 2005）研究美國西南部地區基奧瓦族（Kiowa）印第安人的歌曲，是協作民族誌研究的一個極佳案例。拉斯特跟基奧瓦人建立友誼，一起參加族內會議（pow-wows）。最終他掌握了在這些儀式上唱歌的本領。他深感於音樂的力量，決定寫一部相關專著。拉斯特請來他的基奧瓦朋友和其他一些人共同參與寫作，因此這部作品不是他的獨白，而是包括基奧瓦人自身見解的合作結晶。

新史學

　　在經驗主義傳統中，歷史研究的首要任務就是去探尋過去的眞相，看看在現有的證據條件下，我們所能描繪的古代歷史可以精確到什麼程度。隨著建構論思想的發展，這種觀點難以爲繼。著名歷史學家海頓‧懷特（Hayden White）指出，歷史學只是一種寫作類型（genre of writing）。因爲歷史學家不只是被手中的證據所引導，還受制於文學規則。若歷史只是「那些該死的連串事件」，大概沒有人會有興趣；當歷史學家使用像「理性時代」、

「工業化時期」或「冷戰」這樣的隱喻時，一切才變得有意義。
懷特還稱歷史學家是道德論者，因為他或她在敘事時往往帶有先
入之見，從而寫出皆大歡喜或悲劇性的結局。例如，大部分西方
歷史教科書都把二戰看成一個正義戰勝邪惡的事件，把史達林看
成一個危險人物。實際上，歷史敘事並非秉持價值中立。敘事結
構會指引歷史學家選擇哪一些事件作為事實。正是後面這一點，
激怒了為數眾多的弱勢群體，像非裔美國人、拉丁裔美國人、亞
裔美國人、女性主義者等，他們憤憤不平，因為多數美國歷史都
是依照中上階級白人男性的價值觀寫成，他們在這種歷史中基本
上是缺席的。

　　此類省思首先催生出了格外關注弱勢群體與普羅大眾的新
史學。此外，許多「做歷史（doing history）」的實驗都已開花
結果。正如一些學者指出的，如果歷史是一個故事，為何不讓
它成為一個好故事呢？歷史學家娜塔莉・大衛斯（Natalie Davis,
1983）以十六世紀一個法國農民為個案進行研究。這個農民因自
稱馬丁・蓋爾而被處死（人們以為馬丁・蓋爾早已去世）。這個
人跟蓋爾的妻子同居了好幾年，過著波瀾不驚的生活。然後蓋
爾回來了。大衛斯重構了農民的日常生活、當時的宗教，以及
法庭審判程序，令馬丁・蓋爾的故事栩栩如生。這部作品激發
出我們對那個時代的豐富想像。另一個例子是艾德蒙・莫里斯
（Edmund Morris, 2000）所寫的雷根回憶錄，書中引用了大量公
共檔案，並從雷根的私人檔中取材甚多。不過，莫里斯不僅是以
第一人稱撰寫了雷根的回憶錄，而且是以虛構的第一人稱寫作。
實際上，他是從自己虛構的個人角度進行寫作。下面我們轉向語
言學領域，看看建構論者完成的研究創新。

論述研究：探索被建構的世界

　　正如建構論者指出的，我們的生活方式源於相互協作的人際關係，並靠這種關係得以維持。這些關係的關鍵在於我們共同的說話方式，也就是我們關於眞實、理性與良善的論述。建構論者的研究開啓了語言學研究的新視野。某種程度上，上一章已經初步探索了論述研究的成果。不過，由於該領域十分寬廣，研究方法眾多，目的也不盡相同，因此我們有必要在這裡深入討論。

　　論述研究主要有兩種取向，一種注重內容，一種注重過程或功能。內容研究傾向於揭示人們對世界的特定建構，而第二種研究取向則傾向於探討論述的功能及其在關係中取得的成效。此類研究顯然是經驗主義的，因爲它以觀察結果來支持研究結論。論述研究主要在兩個方面有別於傳統經驗主義研究。第一，它並不依賴傳統主義者所主張的縝密方法，不太依賴大樣本、數值測量或統計分析。研究者往往從具有豐富特徵的案例著手，以此提出研究結論。某種程度上，這種靈活自由的研究方法已被廣泛採用，因爲研究者明白，資料從來不會自己說話。相反的，研究者常常需要作出解釋，也就是建構出資料的意義。傳統研究方法的縝密性不足以保證資料得到正確解釋。論述研究者通常對預測和控制不感興趣。他們知道論述模式會隨著時間變化，有時變化還很快；所以，當下「把事情弄對」並不重要，因爲明天可能就不一樣了。網路上的溝通習慣就是一個很好的例子。論述研究與傳統主義研究的第二項差異，與第一項密切相關。摒棄了預測和控制，大部分論述研究者有另一種替代的研究目的。受建構論思想

啟發，他們明白所有的研究其實都摻和了價值取向。因此，他們通過研究進一步支持其價值取向。他們可能會把研究結果作為**社會批評的手段**。例如，研究者會指出學術論述如何排除了低學歷者的理解。或者，研究者可能會為我們闡明論述中慣常的語言規約，因而讓我們從中解放出來。針對常見卻隱晦的種族主義與性別歧視的研究，就是此類研究的例子。

對許多人來說，論述研究最激動人心的，在於挑戰了人們長期以來視為理所當然的現實。這些研究指出，我們平時認為客觀或明顯正確的事物，只不過是人們協商的結果。這種研究撤去了自稱掌握真相的權威，鼓勵為尋求替代而展開對話。因此，在諸如性與性別、種族與族群、貨幣價值、社會偏差、精神疾病、自然、國族認同等等領域，都冒現大量的著述（Holstein & Gubrium, 2008）。因為我有心理學知識背景，我發現關於人類文化建構的研究特別有趣。在西方，我們理所當然地認為我們的行為主要受心理狀態影響。我們相信思想、情緒、動機、記憶等等，對我們的幸福生活至關重要。然而，其他文化中的研究結果告訴我們，所有這些假設都只是西方特有的。我們認為「對人類普遍起作用」的事物，其實只是一種在地論述。

不自然的情緒

在西方，我們通常認為人類有幾種自然的情緒，包括恐懼、憤怒、悲傷、厭惡等。我們也認為，這些情緒是內建於我們的生理系統；而人類是經過進化才有產生這些情感的能力。現在考慮一下

建構論者的論點：西方世界對情緒的建構，並不是因為這些情緒確實作為可觀察的事實存在於世界上。西方人描述情緒的詞彙，為西方特有的。人類學家盧茨（Catherine Lutz, 1988）花了大量時間在南太平洋地區的伊法魯克人中進行研究。研究伊法魯克人語言當中我們認為可作為情緒指標的用語，我們發現這與西方人的情緒分類幾乎沒有關聯。例如，盧茨發現伊法魯克人經常使用「法古」（fago）一詞。該詞在英語中沒有直接對應的詞彙，因此盧茨所能做的只有觀察他們使用這個詞的方式或場合。有時「法古」的意思看起來像是西方人所謂的「憐憫」。例如，伊法魯克人通常會說，他們「法古」那些沒人照料的人。有時，卻像是西方文化中的「愛」。一個女人說：「我『法古』我兄弟，因此照顧他的孩子。」或者，在訓斥一個攻擊自己兄弟的小孩時，她會說：「難道你不『法古』你兄弟嗎？」同時，伊法魯克人也用「法古」一詞來表達西方人稱為悲傷的情緒。例如，一位婦女說：「我最後一次『法古』，是在我們的母親兩天前去世時。」更複雜的是，伊法魯克人景仰某人時也使用「法古」。他們有時用它來表示西方人所稱的「鄉愁」，有時用來為某個人唱了首好歌而喝彩。實際上，我們發現西方人的詞彙中沒有哪個可以對應伊法魯克人所說的那種感情狀態。正如盧茨指出的，「情感意義是一種社會結果，而非個人所完成，它是社交生活的突生產物」。　　　　　　　（Lutz, 1988, p.63）

敘事：探索生命建構

　　純粹的非故事（unstoried）行動、純粹的非故事存在，是不可能的。

——威廉・蘭德爾（William Randall），

《我們自身的故事》（*The Stories We Are*）

　　最活躍的內容取向研究之一，關注的是那些用來建構我們生命的敘事。這種研究與傳統研究模式中的假設檢驗大相徑庭。在驗證假設的過程中，研究者掌握著話語權，其他人的聲音被制止或被定為謬論。因而，被研究的對象無法就研究結果提出任何解釋。許多敘事研究則相反，與其由專業人員把持話語權，這些研究採用的是研究對象本身的第一手描述。他們的聲音受到尊重，經由研究者傳達給大眾。

　　各種敘事研究有很大差異，並且橫跨不同的學科。個人敘事一直被研究者所使用，以避免經驗研究的操控性和異化研究對象的傾向。女性主義作家的作品，如吉利甘（Gilligan, 1982）的《在不同的聲音中》，和貝蘭基等人（Belenky et al., 1986）主編的《女人的認知模式》，都是充分使用第一手口述資料的經典。在這些作品中，女性的敘事被用來揭示她們面對道德選擇以及知識生產的普遍模式。也有一些研究者著重於人物傳記，希望通過一些人生故事來探索經濟和政治因素對社會的影響；還有一些研究者則使用家族故事、口述史、日記與書信等資料，來讓我們更好地瞭解先前歷史上的時代風貌（Bertaux, 1981）。

一些更積極取向的敘事研究往往嘗試為被忽略與被邊緣化的群體發聲，希望通過分享第一手經驗來增進人們的相互理解。研究者鼓勵人們用自己的方式「講述他們的故事」（Josselson, 1995; Rosenblatt Karis & Powell, 1995）。他們試圖以此增進公眾對這些人的瞭解，知道其他人正在面臨怎樣的挑戰。他們的最終願望是拉近社會各群體間的距離，而這通常會激發出社會或政治行動。例如，學者們記錄了墨西哥非法移民在美國的經歷，以及這些移民進入新國家時處理身分認同問題的方式。也有人披露了亞洲女性難民的極端孤寂狀況；這些難民在全世界多達數百萬，她們背井離鄉，輾轉各地，卻發現自己很少能跟他人建立關係。美國印第安人及紐西蘭毛利人的敘述，已經引起人們關注這些族群內部的緊張與受壓迫狀況。在所有這些案例中，相較於抽象的學術課題，研究者更關注社會議題。

救贖性敘事

敘事研究或許也能刺激我們反思自身的人生。心理學家麥克亞當斯（Dan McAdams, 2005）進行了大範圍的研究，得出一個結論：美國人對自己人生的主要敘事方式可以稱為救贖性敘事（redemption narrative）。救贖性敘事，就其本質而言，是把自己的人生故事看成從消極開端走向積極軌道的歷程（請看第二章有關循進式敘事的討論）。救贖性敘事有多種方式：從起初的原罪走向後來的寬恕與救贖；從貧窮到富有且地位顯赫；從不成熟到自我實現；從體弱多病到身心康健；從愚昧無知到見識廣博。此類故事在

我們身邊比比皆是。曝光率最高的那些人，像運動員、政治領袖、娛樂明星與知名學者，經常如此講述他們的故事。你或許也以救贖性敘事來說自己的故事。麥克亞當斯指出，此類敘事具有悠久的歷史淵源。他在研究中發現，對於那些成就卓著的人來說，此類敘事給他們的成就賦予了關鍵意義。這些人樂於為別人犧牲自己的利益，因為這樣才符合他們人生故事的主旨。

其他一些研究結果顯示，救贖性敘事並不僅僅局限於成功人士。在研究改過自新的罪犯時，人們發現救贖性敘事起著關鍵作用（Maruna, 1997）。罪犯經常把他們的境況歸因於兒時的不幸。他們很少使用積極語言來描述早年歲月。走向犯罪有多種原因。他們認為犯罪是個人獲取權力和控制力的一種途徑，是跟其他人建立交情的一種手段。成為幫派中的一員，用財富或膽識取悅他人，對他們來說都很重要。不過，對改邪歸正的罪犯來說，總有一個轉捩點，可以讓他們「認識到自己的錯」，看到重新做人的機會。當然，並非所有人都能維持「正當」生活，而這通常都是因為缺乏社會支持。這項研究的政策用意十分明顯：如果我們不希望看到有前科的人再次犯罪，就有必要採取各種措施將他們重新接納到社會中。

敘事研究也有其批判性與創造性的作用。瑪麗‧格根（Mary Gergen, 1992）關注企業、政府、大學等部門中的高層人員的性別失衡。為什麼領導階層中的女性人數較少，哪怕她們有機會擔任要角？她分析道，如果我們都生活在敘事之中，那麼，處於優勢地位的男性的敘事會不會有異於女性的敘事呢？在故事中，男性

可能會將自己的未來預設成某種欲達成的成就（「生當如此，夫復何求？」），女性則極少會給自己這樣定位（「我為什麼要那樣做？」）。女性需要擴展人生故事的可能性嗎？為了探索這些可能性，瑪麗考察了高成就男性和女性的自傳，結果讓人不安：成功男性確實以不同的方式描述自己的人生，但是看來像是無人情味的狹隘敘事。他們很少談及家人、朋友、感情或自己的身體。例如：

● 諾貝爾物理學獎得主費曼（Richard Feynman），在他妻子去世後返回阿拉莫的工作崗位時稱：

　　「我回到這裡（路上另一個輪胎也爆了），他們問我發生了什麼事。『她死了。項目進展如何？』他們立刻都明白我不想多談這件事。」

● 福特與克萊斯勒公司首席執行官艾柯卡（Lee Iacocca），回憶他妻子因心臟病而去世時說：

　　「糖尿病患者必須避免壓力過大。遺憾的是，在我選擇的這條路上，這卻是不可能的。」

● 約翰 ‧ 保羅‧蓋蒂（John Paul Getty）描述他鑽得第一口巨型油井時說：

　　「欣喜若狂的成就感……源自一個人得知他發現並掌握了最令人費解（通常也是危險而有害）的手段，從而可以戰勝變化莫測的自然。」

　　與男性相比，女性的人生目標似乎更加分散，且更加依附於在他人的關係之中。例如：

● 歌劇明星貝佛莉・席爾絲（Beverly Sills）回顧她早期的舞臺生涯時說：

「我開始重新思量，我是不是真想成為職業歌劇演員。我決定放棄⋯⋯那時我已二十八歲，我想要一個孩子。」

● 網球明星納夫拉蒂洛娃（Martina Navratilova）描述她首次獲得溫網女單冠軍時說：

「有生以來第一次成為溫網冠軍，我圓了我父親多年前的夢想⋯⋯我能感到他就站在我身邊拍著我的後背，微笑著向我祝賀。」

● 英國殼牌石油公司業務經理鄭念（Nien Cheng）回憶文革期間她在獄中與一隻蜘蛛結下的不解之緣：

「我這個小小的朋友看起來非常脆弱。牠每磕磕絆絆走上幾步就要停下來歇一歇。蜘蛛會生病嗎？牠真的只是個冷血動物嗎？⋯⋯每次用馬桶我都會小心翼翼只坐半邊，生怕驚動牠的蛛網。」

女性的故事是如此動人心弦，以至於瑪麗・格根原來所抱有的「成就」概念開始動搖。女性為什麼要套用男性關於成功的敘事？如果男性可以擴展他們認識自我的模式，這個世界或許會因此獲益良多。

行動中的論述：在對話中形成的自我

到目前為止，我已經介紹了主要以口述文字或書面文字為內

容的論述研究。另一種論述研究的取徑則側重語言的功能，具體來說就是研究話語在人際關係中所起的作用。回顧第一章，建構論者強調語言在處理事務時的功能。如果有人告訴你她很憂鬱，這裡其實包含著重要內容，這些內容或許是在要求你關注或支持她。對建構論者來說，重要的是**傾聽兩次**。第一次是傾聽人們所說的內容，第二次則是要聽出這些內容的實際用意。為了理解這個觀點，我們以身分認同為例。傳統看法是，每個人都有一個根本或核心的自我意識。正是這種根本的自我意識讓我們覺得自己是「純正」的。要加強個人的身分認同意識，就必須完全的融入。對於這一問題，我們將會在第五章詳細討論。這裡我們分析一下可能的相反情況：我們的身分認同意識是脆弱且不斷變化的。比如，我們會永遠受某種動機支配嗎？我們真的是以自己的能力而不是靠運氣，就能有根深柢固的價值信念、有安全性取向、有穩定的愛情嗎？試想一下，如果朋友告訴你「你今天看起來氣色不大好」，你早上的情緒會發生怎樣的劇變。許多論述研究認為，自我意識主要在對話中產生。人們確實給人際關係注入了自我意識，而且持續如此。然而，這種堅定的自我意識在很大程度上是從上一個關係延續而來；會延續多久並無法預知。自我意識是一個持續在運作的過程。

　　接下來，我們從兩個不同的研究取徑來看自我意識的論述建構。首先是**社會問責性**（*social accounting*）過程，再來是**社會定位**（*social positioning*）。試想一下，你會對下列語句作何反應：

　　　「你怎麼可以那樣……」
　　　「你這笨蛋……」

「你難道忘了我們說好的嗎⋯⋯」

「你就是不聽我的話⋯⋯」

這些語句顯示我們在對話中可以有許多不同的方式來糾正別人。小時候受過訓斥，成年後則遭遇冷眼，我們不斷被改正，不過是為了融入社會秩序。這些批評、攻擊、冷眼，都是為了維護所謂的**道德秩序**，這是人們所珍視的生活方式。當然，從來就沒有單一的道德秩序。我們參與在多重關係中，每種關係都會發展出特定秩序。某個關係中被視作道德良善的事物，在另一種關係中可能並非如此。社會生活複雜多樣，結果我們常常達不到別人眼裡的「好人」標準，因而出現種種糾正手段。理論家約翰・肖特（John Shotter, 1985）用「**社會問責性**」（*social accountability*）一詞來指稱這些糾正手段的運作。從本質上來說，糾正的過程要求我們對自己負責、為自己的行為解釋。成功做到這一點，我們就可以維持人際關係所界定的良好的自我。

例如，被矯正時，主要有兩種處理方式：**找藉口與合理化**。找藉口與合理化依據的邏輯不同，操作也不一樣。試析下面這些常見的藉口：

「我不是有意的。」

「這不是我的錯。」

「我當初沒考慮周全。」

「我太衝動了。」

「我喝多了。」

「他們要我這麼做。」

　　上述句子包含的訊息是：「這不是真正的我。」這些詞語都力圖還原道德秩序。但請注意，藉口並未挑戰秩序，它首先傳達給批評者的訊息是：「你也許認為我越軌，但其實我並非如此。我還是老樣子。一切都跟往常一樣。」

　　相比之下，再來看下面一些常見的合理化說辭：

「他活該那樣。」
「事情本該如此。」
「那是在自衛。」
「我們生活在自由的國度。」

　　這些合理化說辭承認存在多重道德秩序，說者使用其中一種來認定自己終歸是個好人。違規可能受到責備，但違規行為還是符合某種道德秩序；違規者認為批評者必須認可這套秩序。這些合理化的說詞傳達給責備者的訊息是：「我知道你為什麼責備我，但你應該認可我合理化我的行為所用的方式。」

　　另一種在對話的語境中研究自我的取徑，是**社會定位**的概念（Harré & van Langenhove, 1999）。要理解這一概念，想像一下你面對一位嚴厲的老師以及面對一個四歲孩子時不一樣的表現。在前一種情況，你可能會彬彬有禮，對老師的話洗耳恭聽；在後一種情況，你可能隨意放鬆盡情嬉戲。社會定位提醒你時刻注意，與不同的人打交道時要把握好自己的定位。前者你被定位成一個學生，後者則是一個玩伴。你的身分取決於你如何給自己定位。這意味著你必須首先承認別人的既有身分，例如，他是個值得尊敬的老師。而且你還必須願意接受你被賦予的身分。因此，當你

被人控訴時，你就被定位成那個要為自己的行為辯護的人。根據慣常的做法，你可以為自己找尋藉口或是合理化行為。然而，你可能不願承認那個被定位成控訴者的人有權指責你。例如，我們有時會問：「你算老幾，竟來教訓我？這是你的錯。」此時你已取代了控訴者的位置。當我們從社會定位角度看問題時，就能不斷以各種定位和被定位的角色去看待社交生活。下面我們來看建構論思想所激發的第三種研究轉型。我們將會在這裡發現最激進的研究趨向。

行動中的想像：質性研究

　　過去二十多年，社會科學領域悄無聲息地發生了一場方法論革命。
　　——諾曼・丹欽和伊瓦納・林肯（Norman Denzin & Yvonne Lincoln），
　　　　　《質性研究指南》（*Handbook of Qualitative Research*）

　　正如我早先時候指出的，社會科學領域的經驗研究傳統既有其重要性，也有其局限性。它是一種研究問題的路徑，但從建構論的角度來說這不該是唯一的路徑。這個想法在社會科學領域成千上萬的研究者當中令人耳目一新。新的思路邀請人們尋找新的起點。既然經驗研究傳統存在缺陷，人們可以打開什麼樣的新視野呢？可以如何想像新的實踐呢？就在這一刻，可以看到處處都有新進展；甚至就在我寫下這句話時，都在不斷湧現出各種成

果。通常這些成果會被列入**質性研究的範疇**——這是依據原有的區分方式，以系統性、觀察與統計分析為主的研究被稱作**量化研究**，而較為個人化、主觀及以詮釋為主的研究，則被稱作**質性研究**。按照現實主義者的觀點，世界有待測量和控制，質性研究因而被看成低等的研究。然而，在建構論者看來，所有的研究都在按照自己的方式來建構世界。關鍵並非客觀性，而是實用性；研究結果是為了何種目的？質性研究正在往許多不同的**趨勢**發展。下面我要談及三種極其振奮人心的研究模式。

自我民族誌

大多數研究中的研究者與研究對象都是分離的；其本質就是：「我們科學家在研究你」。因此，研究報告所用的，是研究者群體的語言（以及依據這個傳統的理解模式和價值觀）。敘事研究代表了一種為研究對象發出更多聲音的重大努力。許多研究敘事模式的人都盡力想讓社會上被遺忘和被冷落的人發出聲音，通過分享其第一手經驗來真正理解他們。研究者希望能加深人們的理解，引起共鳴。然而，研究報告及其應用範圍仍然掌握在研究者手裡。許多敘事研究報告都被「遺落在剪報室的地板上」。**自我民族誌**（autoethnography）的出現，突破了研究者與研究對象之間傳統的分離狀態（Ellis, 1995）。在自我民族誌的研究中，研究者同時也是研究對象。研究者以自己獨特的生活經驗為優勢，與讀者一起分享。通常此類研究報告可以揭示事情微妙而私密的細節。例如，梯爾曼–希利（Lisa Tillmann-Healy, 1996, pp.79－80）在其文章〈我在纖瘦文化中的私密生活〉中，講述了身為食

欲過旺的貪食症患者在成長過程中的恐懼和痛苦；她用了三種不同的敘述口吻，描述了她首次試著告訴伴侶自己生活時的場景：

> 「道格拉斯？」我從嗓子裡擠出這幾個字。
>
> 「嗯……」
>
> 「有件事我得告訴你。」
>
> **這句開場白可能沒說好。**
>
> 「什麼事？」他問。
>
> 「我知道其實我本該早點告訴你，不過我希望你別因此而不高興。」深呼吸。咽口氣。
>
> **還行。你做得還可以。**
>
> 「什麼事？」他問，這次的語氣更加堅定。
>
> 漫長、漫長的等待。「麗莎，什麼事？」
>
> **他緊張起來。語氣很急促。**
>
> 「呃，天啊，道格拉斯。我不知道……我……靠！」
>
> 你有點過了。不要慌張。有話直說，麗莎。說出來吧。
>
> 「……我有……貪食症……」
>
> **靠！我恨死那個詞了。**
>
> 「……從我十五歲起。」
>
> **終於說出來了。你說出來了。**
>
> 道格拉斯問了幾個問題，諸如還有誰知道這事，然後又問：
>
> 「現在情況怎樣？」
>
> 「更糟了。」
>
> 「我問的不是這個問題。」
>
> 「不算太糟。」

說謊。

「你認識我之前就有了嗎？」

你當然不知道。

「有過兩次，可我不想讓你太擔心。」

哦，拜託，擔心擔心我吧。

「你必須清楚這種病對你的身體有什麼危害。」

相信我，我懂。我什麼都懂。

「我真高興你能告訴我。」他說這句話的時候我開始哭了起來。

「我愛你，麗莎。告訴我該怎麼幫你，求你了。」

你已經幫了我。你無法想像你已經幫了我多少。

他抱緊我，輕撫著我的頭髮，不知什麼時候我睡著了。

我二十二歲。

在這些語句中，作者把讀者帶入了她自己的生活體驗，從內在揭示了貪食症；她也給其他處於這種境況的人帶來了希望。她在「纖瘦文化」的脈絡中討論她的經歷，可以幫助我們把她的個人問題看成是我們文化的產物。就這一點而言，我們作為讀者必須再三反思我們抱有的偏見。我們有許多人不是感情微妙地欣賞身體纖細的人，同時厭惡肥胖者嗎？如果是這樣，我們難道不就是作者的加害者嗎？

自我民族誌是一種珍貴的新研究實踐，它使學者們可以直接分享他們的體驗以讓讀者受益。但與所有的研究實踐一樣，它也有所局限。並非所有研究者都有獨特經歷可以分享，他們的寫作能力也未必足以傳神描繪自己經歷或打動讀者。自我民族誌也傾向於只強調「我的體驗」的個人主義傳統。我們將會在下一章討

論這種傳統。

協作研究

　　在經驗主義研究模式中，研究者要與研究對象保持距離。研究對象的生活展示給研究者，但對研究對象來說，研究者是一個高深莫測、晦澀難懂的角色。這種研究模式的最高要求是，研究者不與研究對象發生任何接觸，因為他或她的出現可能會讓研究對象的行為出現偏差。例如，通過使用觀測鏡、研究助理、不帶個人情感的問卷，皆有助於研究者保持與研究對象之間的安全距離。許多建構論者都質疑這個傳統，因為所謂「不帶偏見的研究」這個想法在根本上是具誤導性的。關於認知的模式也存在問題。那種模式主張，認識他人的理想模式是與他們保持距離、不動感情、不與之接觸。想想用這種認知模式去認識你的家人和朋友會有什麼結果。有別於這種遠距離研究取向，一種鼓舞人心的替代方式就是加入研究對象中一起完成研究。通過協作，研究者與研究對象相互依賴，每個人的聲音都會發揮作用。由此或可開啟一種以多重視角來觀察問題的做法。知識也被視為協作的成果。

　　此前我曾提到合作民族誌的研究進展。這只不過是一個開端。側重合作研究的方法已經引發了調查研究方面的一些新探索。這些探索多種多樣，由於研究過程取決於共同的目標及參與者的意願，因此並不存在固定規則。例如，一些中年婦女跟心理學家合作，探討關於更年期的傳統建構與她們生活的關聯（或無關聯）（Gergen, 1999）；治療師和他們的病人一起撰寫

專業文章，探討他們應對的病症及治療的有效性（或無效性）
（McNamee & Gergen, 1992）；女性主義學者與婦女合作，共同
探索如何建構情感在她們生活中的意義（Crawford et al., 1992）。

　　予人印象深刻的協作研究作品，可舉拉瑟和史密西斯（Patti
Lather & Chris Smithies）合著的《給天使找麻煩》為例。這部作品
是她們與二十五名愛滋病婦女合作研究的結果。這項工作持續了
幾年時間，其間這些婦女聚在一起討論她們的個人生活，共同面
對的問題，以及如何使她們的心得體會對別人有所助益。她們不
單是希望通過交流互相尋求幫助，探索一條在面對持續威脅時能
讓生活變得有意義的道路，更希望最終能給其他愛滋病婦女提供
支援和資訊，鼓勵她們的朋友和家人予以支持。該書引人入勝，
是多重視角作品的典範。書中最重要的部分是婦女自己的心聲，
例如，琳達·B對一位小組成員說：

　　現在我的孤獨感要比以往任何時候都強烈得多。部分原因是
自己受到了打擊，另一大部分原因則是害怕被人排斥。在獨處和
悲傷時，我已經好多了。被人排斥是一個人必須經歷的最艱難的
事情。

　　洛里立即作出回應：

　　我認為建立連繫也是有可能的。做好準備後，你就會試著與
別人溝通。

（Lather & Smithies, 1997, p.103）

接下來是一大段有關女人之間分享故事和經驗的談話，大家相互交流如何告訴某人你受了感染、開始談戀愛、安全性行為等等話題。參與者學會並分享關於患病機率、危險性及如何繼續生活等方面的經驗。

在這些聲音之外，每位研究者都要就別人的理論觀點講出自己的感受、疑慮、參與的願望、有時甚至還會吐露一些個人問題。這些談話也會涉及一些科學方面的資訊，比如關於愛滋病的研究和統計報告。最後，通過個人總結，參與者要回顧他們的工作，並點評得失之處。在這個案例中，研究者並不具有最終的發言權，他們與研究項目裡的其他參與者一起工作，旨在創造一個五彩斑斕的可能世界。

協作精神現在已經擴展到許多領域。當研究者在一個專案中互相協作時，他們就可能會建立起一個交流平臺，分享他們對各自負責部分的看法，分享他們的疑慮以及意見。有些研究者則納入同事的協助，讓他們帶入不同的價值與假設。編寫個案研究的治療師，則可邀請他作品中的治療對象加入協作。在各個案例中，都出現了更多的聲音、更多的價值觀、更加豐富的成果。這種鼓勵協作的做法，在參與式行為研究的領域尤為突出。

行動研究：動態的社會變革

預測未來的最佳方法就是改變未來。

——艾倫‧凱伊（Alan Kay）

　　經驗主義研究旨在預測和控制結果，所以通常假設世界是固定的。今天只要精細觀察，就可以預測人們未來的行為。建構論者則認為，現實或許總是可以再協商的；很少有什麼事情是我們非做不可的；變革到處都有可能發生，研究者可以積極參與社會變革。此類研究中最常見的一種就是**參與型行動研究**（*participatory action research*）。對許多人來說，行動研究是在二十世紀六〇年代的政治風潮中開始走入人們的生活；然而其類型非常多元，在不同的國家與族群中涉及各種目標和意識形態。行動研究的普遍共識是，必須採取協作形式，而研究的終極目的是協助這些參與協作的群體去改善生活境遇。研究者通常以特定的政治理念或目的進入協作研究，且在研究中試圖拓展這些議程。用法爾斯–博達（Fals-Borda, 1991, p.3）的話來說，「這一研究方法強調嚴肅與可靠的知識取得，以讓窮人以及被壓迫、被剝削的群體和階級得以建構權力或對抗權力。」

　　這裡有一個可供參考的案例。哥倫比亞鄉間小鎮維拉利卡（Villarrica）的一群非裔村民，生活方式越來越依賴電力供應（de Roux, 1991）。但在經濟衰退時期，村民發現電價漲得離譜，負責電力供應的公共服務機構則從中得利。有人向這些機構投訴，結果沒人理會；而且收繳電費時，這些機構還常常以斷電威脅，村民日益感到絕望無助。在外來行動組織的協助下，村民成立了維拉利卡用戶委員會。委員會發起一系列村民大會，人們在會上盡情表達心聲，變得更加團結。大會進一步搜集資料，從而充分說明被剝削的情況。接著，基層民眾被組織起來收集各戶電費帳單的影本，記錄在案。在接下來的一些會議上，人們制定出具體行動策略。村民要求與電力公司談判；這一要求被駁回

後，村民威脅拒繳電費，於是雙方開始坐下進行談判。最終結果是，電力公司大力改善了服務品質，更開創了草根民主的政治力量。

行動在哪裡

　　行動研究現已成為成長最快的質性研究形式之一，部分原因是許多年輕人把充滿熱忱的理想主義帶入社會科學研究中。許多人是為了要創建一個更美好的世界，而成為社會科學家；然而傳統研究實踐很少能實現他們的夢想。那些研究的目的首先是謀求發表，研究者的目標是給期刊和書籍撰寫論文。這些研究成果最終或許對人們有所助益，但是這種情況既少見，效果也不明顯。相反的，行動研究讓研究者得以與他人連結，直接創造改變。誠然，期刊發表能讓研究者分享他們的成果，但發表本身並非推動研究工作的動力。專業研究工作者協助推動社會變革，這樣的需求日益廣泛。研究者既不需要巨額撥款和實驗設施，也不需要輔助人員和大型資料設備。行動研究參與協助各種社會變革，下面列舉的僅是其中的一部分：

● 幫助監獄中的婦女創造受教育機會；
● 組織貧困社區抵制毒品並提升教育和經濟水準；
● 幫助校園兒童發展決策能力；
● 幫助尼泊爾婦女發展草根企業；
● 幫助馬雅地區的村民創建醫療衛生體系；
● 幫助東帝汶的家長和教師改善雙方關係；

● 幫助北愛爾蘭的新教徒和天主教徒消除分歧；

● 幫助糖尿病患者和醫生建立更有效的醫病關係；

● 幫助改善荷蘭的老年人照護；

● 幫助辛巴威的教師研究更加靈活的教學策略；

● 幫助伊朗農業工人建立更具合作性的連繫。

如上所示，行動研究的潛力是無窮的，只有想不到，沒有做不到。

作為研究的舞臺表演

現今研究領域中最激進也是最激動人心的開端，或許應屬舞臺表演研究（Carr, 1993; Bial, 2003）。儘管有些出人意料，但在社會科學領域仍有許多很好的理由來探索表演的潛在意義。比如，人類學家長期以來認為外來文化的書寫形式不足以使人理解其內涵。書面文字很少能傳達戰舞的意涵，以及諸如炙烤動物之類的儀式所蘊含的意義。為了真正理解此類活動，人們必須親自演示一下。這也就像是：閱讀一本講解空中跳傘的書跟親身體驗跳傘之間必然存在差異。因此，文化知識引導人們去表演他們想要理解的東西。有些人認為表演強調了人類行為的可塑性。傳統研究模式假設人類行為模式歷久不變，科學研究在很大程度上致力於考察行為模式並預測未來。然而，人們建構和重構社會現實的方式有很多種維度，我們沒必要明天依舊重複今天的行為。看著某些東西被表演出來，我們也就能夠意識到改變的可能性。此外，

圖3.1

正如安東尼亞（左）的照片所示，戲劇表演是兒童探索多重世界的重要途徑。瑪麗
（右）將此類研究引入專業表演領域，探索舞臺表演對建構性別特徵的影響。

表演也可被用來展示替代選擇。

　　為了揭示表演的潛在意義，羅斯和辛丁（Gary Ross & Christina
Sinding, 2002）與身患乳腺癌的婦女一起創作出一部舞臺作品。他
們想要展現這些婦女在與醫生、家人及朋友交流和治療過程中遇
到的複雜問題。例如，這些婦女有時會因疾病而被冷落；或者，
有些人與她們交往時只看到患病的面向，無視於病痛之外豐富而
複雜的生活。一些婦女則困於向別人表達她們的恐懼，人們不想
聽她們訴苦。這些婦女不僅撰寫劇本，還與專業演員一起上臺表
演。演出的初衷是教育醫院職工，希望他們能更瞭解癌症患者作

爲普通人的一面，以此改善治療情況。沒想到演出大受歡迎，後來成爲公共論壇，患者家屬和公眾廣受教益、爲之感動。

這些大膽嘗試：自我民族誌、合作研究、行動研究及表演藝術，只是近幾十年來各種研究實踐爆炸性增長的幾個案例；這些研究實踐極大地擴展了人文科學研究的範圍，讓科學家更貼近社會。這些研究不僅直接關注社會議題，而且所使用的語言也能被該學科領域外的人所接受。因此，我們有理由對未來抱有樂觀看法。

小結

對我來說，建構論者眼中的科學研究，其最鼓舞人心的成果之一就是，它去除了傳統科學研究中必須使用「正確方法」的要求。我讀研究所時，我們要上各種方法論和統計學的課程。研究方法有好有壞，一流期刊只承認前者。實際上，如果一個人想要對知識「眞正有所貢獻」，他就只能採用好的方法。這樣的觀點持續主導著社會科學研究。往往當我對某個議題感興趣而開展科學研究，等到齊備了所有縝密的研究方法與統計分析工具之後，卻早已了無趣味。連最簡單最基本的命題通常都要花一年時間去檢驗，再花一年時間等候專業期刊接受論文，然後再等上一年才會發表。我覺得這簡直就是蝸牛賽跑。建構論者認爲，根本就沒有什麼「優越的方法」；透過研究方法取得實相，這樣的觀念持續受到挑戰。不同於以往，人們開始考慮科學研究結果的多重

目的，並開始爲達到這些目的而探索最佳方法。本章我們已經看到，科學研究可以服務於社會批判，使人們從過去不容質疑的傳統中解放出來，挑戰我們關於社會生活的假設，並且鼓勵探索新的生活方式，服務於直接的社會變革。我們已經看到，爲了達到這些目的，人們的想像力不斷高歌猛進。科學研究邀請所有的後來者爲決定未來的文明對話作出貢獻。

第四章 ——————————關係中的
自我

太初之時，關係已定。

——馬丁·布伯（Martin Buber），《我與你》（*I and Thou*）

最近的一部電影《盲視》（*Blindsight*）中，講述了六個西藏盲人學生歷盡艱辛登上珠穆朗瑪峰北側拉克帕日雪山頂峰的故事。在埃里克·韋恩梅耶（Erik Weihenmayer）這位第一個登上珠穆朗瑪峰的盲人陪伴下，六名少年成功克服了嚴寒、缺氧、雪崩、致命的冰隙隱患等一系列困難。這部影片消除了人們通常印象中盲人可憐無助的形象。盲人登山者不僅展示出卓越的技能，而且成功完成大多數視力健全者都無法完成的任務。這部影片重新建構了公眾對盲人的認識，扭轉了他們看待盲人的態度。正是由於有這一些轉變，社會建構的思路才被引入學術研究中。學者的任務不是「正確地認識」世界的本質，而是要幫助人們學到改造世界的新途徑。讀過本章你將會明瞭這是怎麼一回事。有關轉變的議題跟我們每個人都密切相關，因為這即是關乎自我意識。在探討改變我們理解自我意識的諸種嘗試之前，我們應該較為全面地考察一下理論方面的挑戰。

生成理論

科學家傳統上一直把理論作為歸納和整合已知世界的方式。達爾文的進化論或愛因斯坦的相對論都是這方面很好的例子。但對建構論者來說，關於理論的這一看法有其局限。沒錯，在生物

學或物理學之類的傳統研究中，理論可能很有幫助。然而，它們主要是用來支持某種已知的研究傳統，而不會用來創建各種可行的生活方式。在社會科學領域，我們描述和解釋人類行為的方式可能直接進入文化對話中。當科學家把人們描述成有偏見、墨守成規、有認知缺陷、智力不高、有精神疾病、暴虐、貪婪、強大時，他們的敘述可能會被周圍的文化迅速吸收，進而影響我們理解和對待他人的方式。在這種情況下，我們可能會問：現有理論是否有生成性的特質？**生成理論**（*generative theory*）在某種程度上描述並解釋了那些被視為理所當然的傳統所面臨的挑戰，同時邀請我們進入意義和行動的新世界。佛洛伊德的理論肯定是生成理論，它挑戰了諸如人類意識是人類活動的中心、性行為是人類功能的次要方面、道德是本質的善等等的傳統假說。馬克思主義理論也具有生成性，它質疑經濟上階級差別的「自然性」，質疑管理者與勞工之間的工資差別。斯金納的行為主義理論同樣具有生成性，它認為個體活動是持續強化的產物，這與廣為接受的人類主體（自由意志）觀點明顯相悖。這些理論都產生了極大影響：創立精神病學專業、爆發俄國革命、改造教育實踐等。這並不是說我們一定要贊成這些理論所引發的後果，也不是為了要認定這些理論到了今天仍然具有生成性。然而我們必須承認，大膽地提出理論，是社會變革的重要途徑。

認清此處建言的激進性質非常重要。從傳統現實主義角度來看，學者的任務是準確描述現實，按照世界本來的面目進行繪圖或描畫。受這種傳統影響，研究過程中存在一種強烈的動機，即要使用那種得到廣泛認可的客觀性或現實主義的描述性語言。因此，如果我們面對的是犯罪問題，就要從預防犯罪的政策方面展

開研究。從傳統標準來看，人們理所當然地認為犯罪必有其因，應該加以預防。所以要**務實**地解決問題，就要使我們的傳統與相關的生活方式保持一致。實際上，這一理論從社會角度來看較為保守，並未帶來什麼變化。作為對比，生成理論則邀請我們擱置傳統方法，進而探索描述和解釋問題的新方法。例如，若是把街頭犯罪看成社會疾病的表現，或是增強自尊的手段，或是某個階級為懲罰該階級以外的人而建構出來的行為，結果將會怎樣？每個替代的看法都會打開研究問題的新途徑，探索改變現實的可能性。某種程度上，生成理論是一種**富有詩意的行動主義**。它要求我們用詞語來冒險，撼動傳統，創建新的認識模式以及新的想像。

本章是一次通向生成理論的遠征。我希望通過重點研究一個案例，來說明創新變革的可能性。我著重研究的是自我意識；自我意識讓我們認識到自己單獨存在且獨立自主，擁有推理能力及與生俱來的激情。我們認為，正是這些個體的自我組成了社會關係；事實上，社會自身正是由各別自我所構成。我們如何才能改變這種歷史悠久的傳統？我們還能建構出何種替代的模式？更重要的是，你或許會問：我們為什麼要開始探問這一切？在上路之前，我們先來討論最後這個問題。

質疑自我

我們都很愜意地相信自己是清醒的決策者，作為個人能夠而

且應該顧全自己。然而，即使在西方，我們熟知這個觀點也不過才幾百年時間。直到十七世紀初，笛卡爾才自信地宣稱「我思故我在」。從那以後，人們才開始把自己建構成有「感受」的個體。幾個世紀以來，我們不斷地豐富和發展著精神世界的內容。現在我們已有超過兩千個用來指涉自己精神世界的英文單詞。我們很清楚每個人都有思想、情緒、動機、欲望、念想、需求、想法、意志力及記憶。如果缺乏這些思想元素，我們就會變成不完整的人類。我們現在感覺到必須發現自我，界定自己的需求，知道自己真正的感受。教育系統致力於「提升思想」，民主制度的根基則在於人人「為自己著想」。

我們相信自己在行動中有思考和感受的能力，然而，儘管這種觀點看起來完全合理，仍有許多學者對此繼續抱持懷疑態度。看看以下這些從我們的共同信念中所引伸出來的問題：

● 思想活動如何導致身體的物理運動？如果我們決定採取行動（一種思想活動），這一思想過程是如何刺激神經細胞的？能對我們的神經系統產生影響的「思想過程」是什麼？
● 我們如何才能認識世界？如果我們生活在自己的精神世界，我們如何確定在它之外存在著什麼？我們或許經驗到某種被稱為世界的東西，但是那會不會只是我們在精神上創建了這種經驗？
● 如果我們假設「外在」存在一個物理世界，它又是如何進入我們「內在」世界的？
● 我們如何得知存在別的思想？是否有可能我們只是為自己建構了這個思想？

不過，我這裡關注的並不是傳統上私我意識的哲學缺陷。沒有哪個假說會沒有缺陷，也沒有哪種信念會有終極的正當性。如果必須爲我們的生活方式選定一個毫無瑕疵的基礎，很可能什麼事也辦不了。更重要的問題在於，我們以當下這樣的方式來創建我們的文化生活，這當中意味著什麼？或者，在當前這個案例中，如果我們支持傳統觀點，把私密、個體的自我意識看成是行動之源，那麼我們將會得到什麼？又將失去什麼？我估計大多數人都會同意這一概念曾對西方文化帶來積極作用。正如前面提到的，個體思想的存在是民主制度的根本預設。我們相信公共教育的價值，因爲我們認爲教育將培養獨立思想，這跟民主理念緊密相連。正如人們經常談論的，個人思想越強大，民主進程就越有效。況且，若不信任個人能動性（agency），則我們的道德義務制度也將崩潰。如果我們沒能力作出個人選擇，就沒有理由要求每個人爲自己的行爲負責——不論在日常生活中還是在法庭上。顯然，我們非常依賴這種**個人**主義傳統。我們不太可能會想摒棄這一切；然而，必須考慮到它的陰暗面。

個人主義：分離，及其不滿

> 沒有人的生存能夠脫離一種想像的獨一性，即我們所謂的自我。
> ——保羅・史密斯（Paul Smith），《辨識主體性》（*Discerning the Subject*）

近些年來，人們對個人主義（及有關個人主義思想的話語）

的不滿與日俱增。作爲生活在西方傳統中的人，我們不僅宣稱個人主義爲眞理，還宣稱它具有普世意義。然而，隨著全球化時代的到來，各種挑戰日益增多，西方文化的適用範圍到底有多廣？誰從中獲利，誰爲之破產？個人主義能保證我們成功度過二十一世紀嗎？我們還需要尋找別的出路嗎？很多人認爲個人主義是危及當今世界的文化意識形態。雖然它在歷史上曾有積極作用，但是這種主張獨善其身的意識形態現在必須改變。看看以下幾種批判。

孤立自我的問題

如果對我來說最核心的是內在之物——我的，而且只有我的——我該怎麼看你？從一開始，你基本上就是一個「他者」——獨立於我之外的異類。我在本質上是孤獨的，作爲一個孤獨的生命來到這個世界上，離開人世時也是孤單一人。進一步而言，你永遠也搞不懂我的內心世界，因爲它永遠不會完全對你開放，永遠不會吐露全部實情。同理，如果那些對你而言最重要的東西——啓動你行爲的那一切——總是「藏在面具之後」，我也永遠理解不了你，永遠不知道你向我隱藏的祕密，不知道你內心眞正的意圖。甚至在我們關係最親密時，我也不知道你的眞實感受。我們相互間的孤立狀態使彼此互不信任。因爲我們無法確定實情，沒有什麼話語或行爲值得完全相信，所以人與人之間充滿猜忌。如果這主導著我們的生活，親密關係的承諾將會落得何種命運？我們又如何建立全球範圍的合作關係？

自戀，以及作為工具的他者

> 我崇拜我自己。
>
> ──惠特曼（Walt Whitman），《草葉集》（*Leaves of Grass*）

　　孤獨、異化、互不信任等現象，也使個人主義意識形態產生第二個問題。如果自我是人們存在的中心，人們又永遠不能互相理解或信任，那麼，我們的首要任務就必須是「追求第一」！於是我們便花費大量時間來提升自己、獲取聲望，確保我們在某種程度上比他人更優秀。這很正常，耗費精力幫助別人才叫不正常。看待別人時必須不斷地問：「他會如何幫我，這得花多少錢？」廣義上說，這種心態可稱為工具主義（或實用主義）。以此看來，別人都不具有內在價值；只有那些可被用於滿足自己需要的活動才是合理的。我們仍可能會幫助別人，但那只是由於利他主義將會帶來回報──讚美、感激、改善社區等等。拉什（Christopher Lasch）的《自戀主義文化》（1979）是批判個人主義者提倡的「自我至上論」最有力的作品之一。拉什指出，當我們以工具主義為導向，便會把情感和親密關係貶為微不足道的瑣事。如果只是為了自我滿足才戀愛或做愛，這些活動的傳統價值即蕩然無存。同理，如果從事學術研究只是為了「事業有成」，參與政治只是為了「當選」，深層價值統統被掏空。

人為的關係

　　看看這些常見的說辭：「我們需要增進關係」，「這關係正

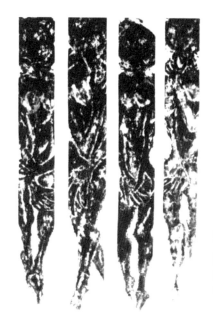

圖4.1

畫家雷金‧沃爾特（Regine Walter）認為，
如果要從獨立的個人角度理解世界，就必須
引入一種排斥外人的生活方式。

在瓦解」，「我們必須有更好的團隊精神」，「他對組織工作確
實很有幫助」。所有這些語句都以個人主義爲前提：如果我們相
信自我是第一位的（社會由個體行動者所組成），則社會關係
就必定是有待「建立」、「製造」或「維護」。實際上，自我是
最根本的現實，社會關係是人爲的、暫時的，而且只有當個人無
法自存時，才需要建立關係。貝拉（Robert Bellah）及其同事在
合寫的名著《心靈的習性》（1985）中認爲，在強調自我表達、
個人自由、自我發展及自我實現時，今天的個人主義削弱了社會
穩定所必要的一些制度。例如，「如果愛情與婚姻被視爲旨在滿
足心理需求，就可能無法繼續發揮其古老的社會功能，給個體
提供穩定而相互承諾的紐帶關係，將他們與更大的社會連繫到一
起。」（Bellah et al., 1985, p.85）按照個人主義者的說法，如果人

們發現婚姻無法滿足自由或自我表達的願望，那就幾乎沒有理由維持婚姻。自我是最基本的單位，如果婚姻與之不協調，就應解除婚姻。貝拉及同事還探討了社區自治的潛力，人們參與公共生活、自願服務或社區政治活動的意願。由於這些活動必然花費時間和精力，可能看起來不利於自我的發展和個人利益。因此，個人主義者傾向於「把契約看成束縛，把價值觀和習俗看成強制」（Wallach & Wallach, 1983, p.1）。

所有人對抗所有人的悲劇

十七世紀哲學家霍布斯（Thomas Hobbes）在其名著《利維坦》中，介紹了一種實行強制民法及強勢中央政府的設想。在他看來，人類生來就希望凌駕於他人之上。因此，人類生存狀態的本質就是一場「所有人對抗所有人的戰爭」。在這種情況下，人的生命是「孤獨、貧窮、骯髒、野蠻、短暫」的。因而，民法和強勢的中央政府，對於維持我們的福祉至關重要。霍布斯對社會的看法成為今天個人主義的基石——無論是在日常生活中，還是在我們的政府機構、教育體系及商業領域都是如此。人們普遍認為我們的根本狀態就是孤獨與互不信任。「臨到緊要關頭」，除了「先為自己著想」，還能做些什麼？不能完全相信任何人，所有人基本上都是受個人利益驅動。

個人主義通過略為不同的方式導致我們採取一種競爭的姿態。我們走進大學教室，開始捲入典型的競爭狀態：只有少數幾個人能獲得高分。我們走進職場，同樣發現自己處於傳統競爭狀態：只有少數幾個人能升到高位。教育體系和工作場所都代表了

運轉中的個人主義。我們進入經濟世界，發現這個體制也是由各個致力於最大化利益、最小化損失的個人所組成。這就意味著在一個資源有限的星球上，我們都是在一個人吃人的世界中你爭我奪。難道這種不斷鬥爭的觀念還要繼續下去嗎？難道我們還要繼續建立以這種思想爲導向的制度嗎？如果這種觀念延伸到全球的國際關係，我們還能期待什麼樣的未來？

剝削自然

對自我的崇拜也影響到我們對待自然的態度。如果把自我擺在第一位，也就會用是否有利於（或有害於）「我」來評估自然界。很多人都認爲，正是這種現已擴展到商業和政府機構的利己心態，爲世界帶來災難。自然資源（煤、鐵、石油）被掠奪，森林變成一片樹樁，淡水資源遭到污染並日益減少，多種野生動物滅絕——所有這些都是爲了增加個人的利益。除非我們從追求個人利益（更高的增長、收穫、利潤、福利）的姿勢轉向永續發展，否則這個星球將會被消耗殆盡（參考Meadows et al., 1992）。

權力問題

不合則亡⋯⋯　　　　　　　　　——派翠克・亨利（Patrick Henry）

我們很大程度上沿用了霍布斯關於政治體制的觀點。由於我們把自己看成是孤立、不可信、自私自利且互相競爭的，我們才

創建各種制度來制衡自己，像監察、評價、懲戒、監獄等等機構。然而，一旦這些機構開始運轉，就會自成一體，不再受創建者的監督或制衡。前蘇聯的國家安全委員會（KGB）和美國中央情報局（CIA）就是好例子，連政府官員都因不受限制的權力而讓人心存忌憚。這裡不僅僅是對個人的不信任造成這種境況，而是支配一切的權力正在透過個體化（individualizing）的過程取得更大的控制力。傅柯指出，在西方歷史早期階段，書籍並不會掛上單一作者的名字。寫作並不被看成個人思想的表達。傅柯認為，「作者」這個概念是當法國王室害怕政論作品危及自身的統治時，才開始變得重要。政府宣布不署作者姓名的出版物為非法，以此來加強管制。同樣，許多人當下關注的議題是：個人資料的量化（quantification），以及這些資料可以在網路上被搜集和利用。正如斯通（Rosy Stone, 1996）指出的，我們已經成為承載著數值的個體，並且需要隨時接受辨認並回答問題。只有抵制個人主義，才能維護一個自由的社會。

理解範圍的窄化

由於我們相信個人自成一體，相信個人能夠思考、感覺、權衡實據和擁有價值觀念，並相應行事，我們同樣也繼承了看待諸如怪癖、犯罪、騷擾、偏執等等不良行為的方式。我們趨於去相信這些情況都是由個人內在的機能失調所致。怪癖被歸入「心理疾病」，犯罪現象被視為顛倒「是非觀念」，騷擾和偏執則被看成「深懷偏見」等等。個人引起問題，因此個人需要通過治療、教育、監禁等等措施予以矯正。

　　但請重新思考一下：個人行為難道都源於自我的內在，一點也不受歷史或環境影響嗎？如果我有偏見，難道這種偏見是從我心裡天然滋生出來的嗎？很難想像會有這種可能。然而，如果我們深陷於人世、社會關係、工作、身體狀況等等當中，那麼我們為何還要把個人思想作為行為出錯的根源？如果我的工作很無聊、老闆很專橫，為什麼我需要因為情緒憂鬱而接受治療，而不是改變工作環境？廣義而言，個人主義是個盲目的觀點，以簡化且粗暴的方式處理問題。我們未能考慮個人行為所處的大環境，只注重眼前的個人自身。個人主義不僅有所限制，若無法認知個人生命更廣大的面向，個人主義還會帶來災難性的結果。

　　這僅是對西方個人主義文化傳統的部分批判。儘管有其價值，個體自我（individual self）是一個有嚴重缺陷的預設。如果個人是最基本的社會單位，我們將會發現人們彼此孤立、互不信任、自戀、相互競爭；關係成為操弄與狡詐之物；人類面臨的問題因被過度簡化而無法得到改善。面對所有這些問題，我們可能希望找到更可行的解決辦法，重新定義自我也許可以令社會少一些冷漠，進而在全球創建一個更有希望的未來。我們並不主張拋棄傳統，社會建構論也不主張完全去除傳統，我們提倡的是發展可以引領我們走向未來的新思想，我們現在努力追尋的，也正是這種新的可能性。

作為關係的自我：第一步

　　能夠包容並願意鼓勵流動且多元的主體性形式，是一種必要，而且完全合乎道德的立場。

　　　　　　　──簡·弗拉克斯（Jane Flax），《多樣性》（*Multiples*）

　　我先澄清一下我的觀點：如果我們視個體自我爲現實——一個能夠感覺、思考、感受並直接採取行動的個人——而且發現這種對人的建構存在缺陷，那麼我們能用不同的方式重新建構社會嗎？我們該朝何種替代方向努力？我們該如何對人賦予新的概念，讓個人主義的弊病不再，並且開啓更有希望的社會生活形式？儘管我們不應提前否定其他的改革方案，但是我們相信，只有從社會建構論者的對話中才能發現可行的出路。

　　如前面的章節所闡述，社會建構論視社會上關於眞實與良善的信念，皆來自於社會過程。我們對世界的認識源自社會關係，這些知識不是來自個人的思想，而是源於某些知識傳統的詮釋或交流方式。在社會建構論者的對話中，確實存在這樣的認知方式：擁抱關係而非個人、彼此連繫而非相互隔絕、注重交流而非彼此對抗。然而，問題依然存在：我們能否強行重新建構「人」的概念，打破個人主義的前提而轉向關係式的社會？此舉並非易事，部分原因在於我們從過去繼承的語言已深深鑲嵌在個人主義之中。前面提到，英語中有超過兩千個指稱（「具體化」）個人心理狀態的單詞，卻很少有指涉社會關係的詞彙。就連「關係」這個概念本身，如同我們繼承的那樣，也認爲關係是由更基本的

單元，即個人，所組建而成。這種情況就像我們熟知各個棋子的特徵，卻鮮少談論象棋這遊戲。手上連備用的詞彙都缺乏，我們如何能夠著手創建新的理論？

由於我們無法從傳統之外倉猝起步，或許我們可以從歷史中得到幫助。縱觀歷史傳統，我們能夠發現可供未來利用的思想資源嗎？我們該如何利用這些資源？它們在哪些方面存有缺陷？下面我們就來分析一下通往關係式社會的三條主要路徑：符號互動、擬劇論、文化心理學，同時也會分析一下我們希望超越這些傳統的其他路徑。

符號互動：互為主體的自我

> 自我只能存在於與其他自我的關係中。
>
> ——喬治·米德（George Mead），
>
> 《心靈、自我與社會》（*Mind, Self and Society*）

二十世紀三〇年代以來，社會心理學研究大部分採用了個人主義觀點。研究者用實驗室試驗來操控環境中的條件刺激，個體基於認知過程、動機、情感等因素對其作出回應，帶有或多或少的挑釁、利他主義、偏見、吸引力等。按照這種說法，關係是獨立的個體走到一起之後所出現的副產品。因為關係是個人思想的衍生物，它們極少引起社會心理學家的興趣。個體運作不僅是研究課題的核心，社會心理學的大部分理論還隱晦地對某個人侵入他人生活的行動帶有偏見。所以，他者通常被視為個人發揮最佳

狀態的障礙。這個傳統認為，「他者」導致個人成為順民、服從命令、引誘爭鬥、削弱思想（例如，「團體思考」）。

　　社會心理學這個學門，不僅在研究主題上，而且在生活中我們賦予他者的價值，本有可能走上另外的發展道路。1934年，隨著米德的經典之作《心靈、自我與社會》出版，社會心理學研究發生了重要轉向。正如米德指出的，根本就沒有獨立於社會過程之外的思想或者自我意識。米德認為，我們生來就具有一種互相調整的基本能力，主要在回應各種肢體語言，如手勢、聲音、面部表情、眼神等等。正是通過判斷他者對我們肢體語言的反應，我們開始掌握辨別心靈符號的能力；於是，我們的肢體語言，以及他者對我們肢體語言的反應，都成了心靈符號。當人們共用一套心靈符號時，即對話雙方所使用的詞語指向相同的符號時，語言才成為可能。

　　我們共享符號的能力，也來自我們內在的**角色取替**（*role-taking*）功能：看到別人對我們的肢體語言作出回應，我們就會取替他們的角色；開始在內心體會他們的反應，從而知道別人的肢體語言給予他的符號意義。例如，小時候當我生氣地喊叫，父親揚起手掌嚇唬我，我就會害怕得停止喊叫。在這個過程中，我得知父親不能接受我大喊大叫。通過取替他當時的角色，我認識到在他的符號世界，他無法容忍我的叫嚷。

　　米德還指出，正是通過角色取替，我們才有了自我意識。當對方回應我的行動，我取替他的角色，從中認識我是誰、我是什麼。長此以往，我就發展出一種**概化他者**（*generalized other*）的感受，即在各種情境中他人對我的反應的概括。正是有了這種概化他者，我才發展出連貫的自我意識，也就是「**真正的我**」。

　　米德的作品雖然在社會心理學領域幾乎被忽視，卻也掀起了一場小範圍卻極其重要的運動：**符號互動論**（*symbolic interactionism*）。符號互動論者對研究社會秩序和社會偏差的產生方式特別感興趣。其重要貢獻之一就是提出了**社會角色**（*social role*）的概念。符號互動論者認為，社會生活即是在演出種種我們獲取、發明或被強加的角色。因此，如果你展望未來的生活，就會看到在你面前列出一系列角色：教師、經理、治療師之類的，或是妻子、父親、情人等等。就連偏離主流社會的人，像吸毒者、竊賊或「精神病患者」，也可被視為正在演出一個在他出場前即已寫好的劇本。

　　顯然，符號互動論確實強調了人類的相互依存。由於我們都是從別人那裡獲取自我意識，因此我們都是相互關聯的。對米德來說，「在我們的自我與別人的自我之間無法劃出確切的界線，因為我們的自我存在並進入我們的經歷中，正如別人的自我也存在並進入我們的經歷中一樣。」（Mead, 1934, p.164）同樣，根據角色理論，我們需要別人的認可方能扮演某個角色。如果你扮演醫生的角色，別人不認可你，你就可能會蹲監獄。

　　儘管符號互動論有其學術貢獻，但卻未能深入下去。這理論有幾個問題。首先，雖然符號互動論強調關係性，卻也保留了鮮明的個人主義元素。米德認為，人是作為私主體（*private subject*）來到人世的，因而必須「體驗」他人，然後從精神上「取替他人的角色」，從而發展出自我概念。溝通終歸還是發生在兩個主體之間。再者，符號互動論無法解釋一個人如何能從別人的肢體語言判斷他們的心智狀態。如果我是個小孩，看到父親揚起手掌，我從何得知這個姿勢對他來說意味著什麼？這又是

「理解他人心智」的問題。最後，符號互動論帶有濃厚的社會決定論色彩。米德認為，「社會過程在時間上與邏輯上皆早已存在，而個體的自我意識從中冒現」。也就是說，我們如何思考世界和自我，最終都取決於他人；如果沒有他人的看法，我們就不會有自我的概念。這種決定論同樣籠罩著社會角色的分析：我們難道註定只能扮演早已安排好的角色嗎？我們真的希望擁有這種把我們界定成他人行動產物的理論嗎？

擬劇論：舞臺上的自我

人就像演員一樣，扮演著各種角色，這一思想至少從莎士比亞的時代就有了；莎翁寫道：「世界是個大舞臺，所有男男女女都是演員。」進入二十世紀，這種觀點在高夫曼（Erving Goffman）的作品中獲得新生。正如高夫曼在他最重要的作品《日常生活中的自我表演》（1959）中所討論的，我們不停地發出訊號向別人定義我們是誰。就像舞臺上的演員一樣，我們選擇自己的服飾、髮型、首飾、手錶等等，以此創造一種公開的身分。我們通過行動（話語、臉部表情、手勢等等）邀請別人把我們看成某種類型的人。用高夫曼的話說，「當一個人扮演某種角色時，他無疑是想請觀眾記住他在人們面前的形象。」高夫曼精心挑選的一段引文，小說家威廉・桑塞姆（William Sansom, 1956）關於英國人普里迪在西班牙夏日旅館海灘首次亮相的描寫，可以生動地說明這一點：

在所有場合他都盡力避免讓人認出來。首先，他要讓那些度

假的潛在夥伴明白，他對他們毫無興趣……要是偶然有一個球滾
到他面前，他要表示吃驚，然後臉上露出一種快樂的笑容（和藹
的普里迪）……漫不經心地掃視一下海灘上的人們，微笑一下，
把球扔回去……此時正是微微展示一下完美的普里迪的大好時
機。每逢有人走近，他就調整拿書的姿勢，好讓人看清書名——
荷馬作品的西班牙譯本，雖是經典，卻不突兀，而且人人愛讀
——然後收起沙灘浴巾，把它放進一個精緻的防沙旅行包中（有
條不紊與明智的普里迪），緩緩站起身，慵懶地伸展他魁梧的身
軀（健美的普里迪），把涼鞋扔到一邊（無憂無慮的普里迪）。

　　高夫曼認為，我們在創造公開的自我時，也在所謂的後臺
（back region）躲避他人。如果看到一個人的後臺生活，可能
導致無法再接受這個人原有的身分。例如，大學生和家長在一
起時，他們的後臺可能就是週六晚上跟朋友們相處時的樣子；
如果家長看到兒女的後臺生活，就會不再相信兒女在自己面前
表現出的乖巧形象。不過，對家長來說，他們的臥室生活可能
也是一種後臺區域；他們不希望把自己在那裡的樣子暴露給子
女。其實，家長和子女在一起時，他們創造了一套在地的身
分（local identity），並且要求每個人都認真以待——但在某種
程度上，這都是逢場作戲。高夫曼的研究方法被稱為擬劇論
（dramaturgy），他把社會生活描畫成一個舞臺，我們都在為彼
此表演，同時心裡明白我們永遠不會跟人們看到的完全一樣。

　　如你所見，擬劇論認為人基本上是一種社會動物。我們的一
舉一動都是給別人看的。擬劇論也認為人是自己行動的代理人，
而非別人的副產品。這一學說也產生了令人不安的後果。如果當

眞，這將會對我們的關係產生怎樣的影響？高夫曼認爲，我們很像詐騙的藝術家，嘗試讓別人相信我們確實就是所呈現的那個樣子。我們的表演就像面具，但在面具之後還有另外的面具。眞摯本身就是一種欺詐，甚至會成功地欺騙演員自己。接受這種觀點意味著要深度懷疑他人和自我，對所有的支持、感恩或關愛產生質疑。最後，我們也無法信任或認可自己。因此，儘管這一學說很迷人，而且見解深刻，但卻很難成爲個人主義以外的替代。

文化心理學：繼續前行

> 講話／思考……是社會文化活動。
>
> ——路易士・霍爾茲曼（Lois Holzman），
>
> 《成長的校園》（*Schools for Growth*）

正如我們所見，社會心理學領域本有可能走上強調社會關係重於個人的發展道路，但卻未能實現。發展心理學領域的情況也是這樣。研究者完全可能認識到人類本質上是一種社會動物；然而，他們卻大都遵循了社會心理學家的研究路數，從獨立的個人角度來界定人類的發展。發展心理學家大致上以一兩種對人的隱喻來作爲他們研究的基礎：機器或花朵，也就是人們常說的**機械論**和**有機論**的發展概念。就機械論而言，嬰兒被看成一台可以輸入輸出的機器，其發展（或稱行爲輸出）很大程度上是由外界環境（輸入）所塑造的。例如，研究者可以追溯早期刺激對嬰兒智力的影響，或不同育兒模式對兒童的依賴性或自尊心產

生的影響。兒童的行爲是機器接受（外界環境）輸入後重新輸出的結果。對人的發展持機械論看法的人常被稱作**行爲主義者**（*behaviorist*）。有機論者則強調基因對個人發展的基礎作用。就像水仙花一樣，人的發展方向和階段是預先確定的，那是一種與生俱來的有機本能。皮亞傑（Piaget）的作品可以說明這一點，他強調兒童的思考能力會以自然的方式發展──從嬰兒期基本的感官反應到成年後的抽象思維能力。不論機械論者還是有機論者，都認爲兒童根本上是與周圍的環境相分離的。

我們該如何在這兩個隱喻之外思考呢？俄國心理學家維果茨基（Lev Vygotsky）提供了一個新答案。維果茨基認爲，不論隱喻作機器或花朵的個人，只能在理論上與其周圍環境相分離，在實際生活中則是不可分的。維果茨基的特殊興趣在於「高級心理功能」，例如思考、計畫、參與及記憶。心理學家通常認爲這些功能源於生理結構，因而有普世性。研究主要致力於普遍的「個體認知的本質」，卻幾乎不碰觸內部的認知模式，比如因不同族群或宗教傳統所形成的差異。然而，對維果茨基來說，這些高級功能全都附著在社會關係上：「社會關係或人與人之間的關係蘊涵著全部高級（心理）功能及它們的關係。」心理功能反映了社會進程，嚴格來說從來就不存在獨立的思想。思想往往鑲嵌於社會生活，並對之作出反應。沒有任何思想內容是先於社會而存在的。

維果茨基的理論引發了一場文化心理學（cultural psychology）運動。這場運動的主將之一布魯納（Jerome Bruner）認爲，大眾用來解釋人們日常行爲的說法，即我們所稱的**常民心理學**（*folk psychology*），反映了思想中的基本要素。例如，我們用欲望、

信念、目標及念想等詞彙來解釋人們的行為；我們會說「他想要獲勝」或「她相信那是真的」。正如布魯納所言，這種講話方式（常民話語）反映了我們的思維方式。如果不是共用一種常民心理學的話，我們幾乎無從建立關係，而我們所知的社會就會走向末日。布魯納認為，常民的信念透過敘事傳達，也就是說，我們通過敘事的思考來理解他人。例如，我們會想，「張三很生氣，因為他想拿獎，卻被李四拿去了，於是他就不理李四了。」布魯納進一步指出，這種思維的敘事組織了我們認識世界、表達感情的方式。由於我們掌握了敘事的知識，知道在何種場合下應該表

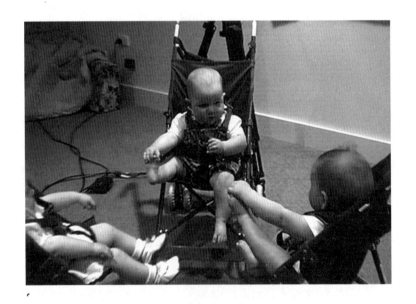

圖4.2

發展心理學專家布蘭得利（Ben Bradley）認為，人的社會協作能力在很小的時候就已表現出來。圖中有三個不滿一歲的嬰兒，正在參與布蘭得利的一項研究。注意他們將身體朝向他人的方式。這種協作能力或許可以為思想感情中的文化相似性提供依據。

達或抑制何種情感。「事實上，人生的具體狀態——我們思想當中不斷修改的自傳草稿——只有通過（我們的）文化解釋模式才能被自己和他人所理解。」（Bruner, 1990, p.34）

　　文化心理學不僅在知識領域是一項重要成果，在實踐方面也很重要；其文化視角對於教育實踐具有重要意義（Moll, 1990）。傳統教育模式注重培養每個學生的思考能力（推理、認知、理解）。學生接收教育材料，被期望去學習這些東西。然而，從文化視角來看，教育的重點要從學生個人的思考能力轉到師生關係及學生之間的關係上。維果茨基認為，關係才是學習的場域。與別人共處時，每個人似是踏出自我，同時接收他者的某些面向。這種思想對那些有學習障礙的學生產生了有趣的影響。針對這些學生的傳統教學方法是給予格外關照，包括密切監護和監督。這種方法其實限制了他們的學習。學生必須根據自己的需要和發展階段來與同學及周圍世界互動。因此，必須重視集體活動，也就是說，學生一起學習和遊戲，才能加速他們的成長。

　　儘管文化心理學對社會作出了重要貢獻，我們仍需質疑這是否是令人滿意的終點。你可能早已質疑它的局限，其中的原因在符號互動論的討論中早已預見。與米德一樣，文化心理學家也要面對如何解釋文化知識進入個人思想的問題。如果精神世界一片空白，他如何能夠理解別人的話語或行為？就像嬰兒一樣，不理解任何語言或行為，那我們又如何能夠理解父母的言行？如果我們生來就俱有高級思維的能力，那文化心理學所告訴我們的就不是完整的故事了。再者，這裡還有社會決定論的問題。如果所有的思想都是文化環境的產物，人跟社會塑造的機器人有什麼分別？難道我們的思想只能承載過去的傳統嗎？難道就沒有可以改

變傳統的辦法嗎？如果文化滋生個人思想，那文化的源頭又在哪裡？這些問題都有待進一步深究。

作為關係的自我：新興視野

> 我在探尋
> 事物變化規律……
> 不太注重其形狀
> 如其所示
> 它們可能
> 變化多端
> 此非我之所見
> 乃我們之所見

> ——A. R. 阿蒙斯（A. R. Ammons），《詩學》（*Poetics*）

　　上述關於符號互動論、擬劇論、文化心理學的討論，在某個重要面向有其相似之處：它們都假設心靈世界源自人們對社會世界的參與。所以請注意，這些學說都認為社會世界先於心靈世界而存在；實際上，是心靈經歷了社會化。縱使這些說法引導我們注視自我的社會性，但卻依舊留下未解的困境。這不僅是因為我們不容易看到社會世界如何「進入」，或如何在人的意識中留下痕跡；而是說，我們仍把心智看成是腦中的東西，獨立且不可知。如果我們想要成功超越個人主義，就要採取一種更激進的方

法。我們必須更加徹底地否定個人與世界、個人與他人、個人與
社會之間的分離；我們必須把自我理解成社會進程的參與者，而
正是在這個進程中自我和世界的概念才變得有意義。那麼如何才
能認知到這一點呢？我們先來仔細分析創造意義的過程，然後再
來看人類的全部行為是如何由社會關係產生的。

關係中的意義

　　畢竟，他不是第一個演講者，不是那個首次打破宇宙沉默
的人。

——巴赫金（Mikhail Bakhtin），

《語言類型及其他近期論文》（*Speech Genres and Other Late Essays*）

　　傳統上，我們一直認為意義蘊含在個人思想中。因而認為，
我們說話或寫作時，就把自己的意思轉化成了詞語。或者如我們
所說的，「我努力把自己的意思講明白。」如果你搞不懂，你就
會問我：「你到底是什麼意思？」你希望我能更好地描述自己頭
腦裡的圖景。由此看來，先有個人意義，後有公開表達。詞語、
手勢及臉部表情都不過是我們藉以向別人表達自己想法與感受的
工具。意義源於心靈世界。語言不過是向別人傳遞意義的載體或
管道。下面我們就來檢測一下這樣的看法。

理解「他人心理」
假設你正坐在心理醫生的椅子上，聽你的病人弗雷德說話：

　　自從我父親去世，我便感覺不太對勁。我什麼都做不來。我似乎無法去做任何事。我感受不到動力。工作對我來說毫無吸引力。我不知道自己這是怎麼了。

　　弗雷德的話已足夠清楚，但他這些表述告訴你的是何種心理狀態？從根本上說，你所遇到的困難和挑戰在於，如何透過表層話語看出其深層意義，從表面現象進入隱含的內部實質。現在有趣的事開始了。顯然，你無法直接理解一個人的心理。你永遠無法看出隱藏在他眼睛裡的東西。這樣一來，你將如何判斷他的內在世界？他的真實動機是什麼？他的真實感受是什麼？他想表達什麼？你該如何繼續？你該如何解決這個有關理解的難題？如果說你對如何解析弗雷德的思想猶豫不決，許多人都會跟你一樣。幾個世紀以來，如何解讀別人的心理成為西方一些頂尖學者探討的課題。這個挑戰的深度猶如解讀上帝通過《聖經》傳達的用意、透過《古蘭經》的詩句理解先知的箴言，或是透過一首難解的詩來理解詩人的思想。許多事情都依賴於我們能做到「準確解讀」（許多人因為別人對他言語的解讀而死）。在三百年左右的時間裡，**詮釋學研究**（*hermeneutic*）一直都在致力尋求詮釋事物的合理依據。重要的是，並不存在廣泛認可的解決方案。

　　你也許會說，大部分時候我們確實看似能互相理解，所以顯然我們擁有解決問題的豐富資源。我們的文化傳統就是重要資源。在上面這個例子中，你可以援引精神病學的傳統。作為這個傳統的參與者，你可能會猜測弗雷德的話表明他正陷入低自尊、憂鬱、慍怒，或是認知系統功能缺失的狀態。這些假設與精神病學研究者的專業判斷是一致的。但是，這個專業社群是如何知道

那些事情的？「自尊」、「憂鬱」或「認知系統」這些概念，是不是前輩專家的直接觀察而來？他們如何掌握這門技藝？我們該如何在相互競爭的各種認知傳統間作出判斷？神父可能會認爲弗雷德的問題源於信仰的缺失，神經科學家則可能認爲弗雷德在敘述他的大腦狀態。

你可能會再次反對，你說你可以根據自己的理解向他提問，他的回答將會判定你的解釋是否合理。你暗示他或許精神憂鬱……他點頭承認。現在你感到自己找到了正途。但是，這當中到底發生了什麼事？他是否在考慮你的暗示後，試圖將「憂鬱」一詞跟自己的精神狀態連繫起來，從而判斷你是否正確？「噢，是的，現在我發現自己確實精神憂鬱……我怎麼會忽視這一點呢……你說得很對。」不太可能！

你再度否定，畢竟你不必盡信他所說。你可以觀察他的舉動，像他的飲食和睡眠情況，他有多少天沒去上班，他如何安排休閒時間等等。他的行爲將會給你提供一些線索，從而判定他是否憂鬱，或是有別的什麼問題。如果不能直接觀察這些行爲，你可以依據嚴密的憂鬱症心理測驗進行判斷。通過這些測驗，可以計算他有多長時間或多少次「感到疲倦」、「睡眠品質不佳」或「精力不濟」。可是你對這些測驗有完全的把握嗎？人的行爲眞能反映內心？透過身體活動來判定心理狀態，原則上無異於通過語言來判定。在這兩種情形，我們都是通過看得到的外在來判斷看不到的內在。如果我露出笑容，你能從外在的表情判斷我是快樂、滿意、癡迷、驚訝、發呆？抑或是憤怒、愛慕或輕率？依據什麼標準可以排除這些判斷？就憑我所說的話嗎？我又是從何知曉的？如果我依據的是一組測驗結果，顯示我經常感到疲倦，或

者睡眠與飲食狀況不佳，你又該如何判斷這些表現反映精神憂鬱？歸根結底，我們憑什麼判定人的精神中存在憂鬱症狀？就憑觀察嗎？事實上，我們的行為，不論是觀察的還是根據心理測驗得出的報告，並不比我們的話語能更清楚或明白地描述心理狀態。

顯然，我們無從瞭解一個人的思想活動，甚至無從得知人們到底是否有思想。不論一個人以多少種方式告訴你他感到憂鬱，也不論他有什麼樣的表現，你都無法從傳統解釋模式之外對之予以判定。你可能堆積了大量證據以得出結論，但最終你還是無法超越認知習慣的界線。

讓我們再來看看關於意義存在於腦中的假說。這真的有說服力嗎？本章開頭提出的那些問題肯定會讓我們猶豫不決。在那裡，我們遇到一大堆棘手問題，都跟那種認為人的頭腦中存在意識的傳統觀點有關。如果我們假設人的頭腦中存在意義，那麼問題就更複雜了。若必須接觸彼此的私密意義，才能理解，那麼我們就永遠也理解不了別人。稍後我們會轉向關於理解的討論，現在先來分析一下另一種關於意義的解釋。

互為行動中的意義

回想一下本書第一章的內容。我曾在那裡提出一項建構論的基本假設：世界因關係才變得有意義。從這種觀點來看，我們可以把關係當成意義的源泉。假設我們是朋友關係，派對的第二天早上我對你說：「嗨，派對很棒，是吧？」你會作何回應？有可能你正戴著耳機聽音樂沒聽到我的話，所以沒有回應。或者，你會笑著說：「是啊……的確很棒。」或者，你也許會說：「說

實話，我覺得沒幾個人會像你那麼想。」現在試想一下這些回應會對我說的話產生怎樣的影響。如果全無回應，你就把我的話當成不存在。我可能也會保持沉默，可能因某些現實因素而緘口不言。如果你說聚會很棒，你就肯定了我的判斷。最後一種回應則對我的判斷提出質疑。其實，我的判斷本身並無意義；它有意義與否取決於你如何看待它。我需要你，這樣我才變得有意義。通過肯定我的判斷，你讓我的話有了意義；否定它，你就把我的話變成謬誤。與此同時，如果沒有我的判斷，你的回應也毫無意義。只有當我作出判斷，你才能表示同意或不同意。如果我未下判斷你就走過來對我說「我覺得沒幾個人會像你那麼想」，那就沒什麼意義了。如果沒有我，你的回應一樣沒意義。你也需要我來讓你的話變得有意義。現在我們就可以看出，意義的產生取決於相互協調的行動，即**互為行動**（*co-action*）。就像跳薩爾薩舞或盪鞦韆一樣，我們誰都無法單獨完成。

　　互為行動的過程並不僅限於話語交流。當我們彼此協同行動時，我們也在共同創造意義。因而：

如果我伸出手來

　　　　　　……你伸手握住

我跟你打了招呼

　　　　　　……你擠過來擁抱我

我低估了我們的友誼

　　　　　　……你跪倒在地，吻我的手

我顯示了我的權威

　　　　　　……你轉過身去

我受到冷落

　　　　……你給我的指甲作護理

我是你的顧客

　　互動過程也可以有無限延伸的解釋。如果你送花給我，我很快樂，我就認同了鮮花是表達眞誠的禮物。如果我後來發現你想讓我爲你寫封推薦信，我可能就會把鮮花當成操縱別人的工具。從這個意義上來說，意義總是處於變化中；沒有什麼話語或行動是清晰可辨的。每一次澄清意義的嘗試，都賦予它們新的意義。所以，意義永遠都取決於下一個回合的談話。

　　現在我們把這些分析的含義推向更廣的範圍。正是通過這種互爲行動的過程，我們界定了任何對我們有意義的東西。當話語和行動在我們的關係中起作用時，它們就變得有意義。通過這樣的協調過程，我們賦予某些話語和行動正面價值，同時鄙視另一些話語或行動。我們走路、講話、發笑、哭叫、崇拜、參戰及採取所有其他行動的方式，都只有通過互爲行動才能判定有意義與否。

關係式的心智

　　在我看來，事物的意義並不是產生於人的心智中，而是產生於建立連繫的過程中。如果這觀點看起來是合理的，我們就有了一個令人振奮的新思路：所有我們曾認爲屬於個人「心智中」的

東西都源於關係。正如我們所見，心理的語言在我們的日常生活中極其重要，像「我感覺……」「我認爲……」「我需要……」等等。然而，我們不要再把這些話語當成內心世界的反映或報告；我們應該把這些言說看成社會關係中的行動，這些行動通過社會協作來獲取意義。這些觀點合理嗎？我們先來分析一下通向這個結論的兩個步驟，然後再來討論一些具體案例。

作為表演的精神對話

　　這裡的第一步是接著前面的討論而來的。如前所見，像「我愛你」或「我很生氣」之類的話語，不能理解爲內心世界或神經活動的反映。但「我愛你」這樣的話語在社會關係中則有可能成爲一種有力的聲明，拉近一個人與另一個人的關係，或是讓人作出承諾，或是在某些情況下讓另一個人落荒而逃。話語在社會關係中起著重要作用，它可以幫助一個人與另一個人建立獨特的關係。就這一意義而言，「我愛你」的類似表述，像「我很在乎你」、「愛你唷」、「你讓我瘋狂」，說的都是一回事，表達的都是同一種情感。然而，這幾種表述的社會作用卻有一點差異，以微妙的方式塑造或調整關係。例如，「我很在乎你」表示的是從熱戀關係轉向可能是朋友關係。「你讓我瘋狂」這句話更有個性，很像電影或舞臺上的臺詞，因而少了「我愛你」這句話中蘊含的某種誠意。「愛你唷」則是更爲隨意的表述，多見於朋友之間或更重要的關係中。

　　如你所見，我們這裡處理的並非「純粹的話語」。表示熱愛、憤怒、希望、欲望等的詞彙通常體現爲完整的表演，包含相

應的手勢、眼神和身體姿態。例如，在語氣虛弱、眼睛盯著地板、面帶笑容的姿勢下說「我很憤怒」，並不會被人視爲你在發怒。此時人們無法賦予你的行動任何意義。在西方文化中，若要準確表達憤怒，就要提高聲貝和音量、表情要嚴厲、身體姿勢要強硬。所以，有必要將私人「感受」的印象替換成公開行動；與其說我們有情感、思緒或記憶，還不如說這些都是我們做出來的（Schaeffer, 1976）。確定的是，話語並非必要。甜蜜的笑容、禮物和金錢資助有可能替代甜言蜜語，一聲歎息或怒目而視同樣可以表達批判的意味。

　　有必要指出的是，當我們說心智狀態是一種表演的時候，並不是說我們的情緒表達是膚淺或經過算計的。試想一下你在激烈

圖4.3　奇蹟來自相互之間

體育賽事中的表現——奔跑、跳躍、心情激奮、全力以赴。你幾乎不會說自己的行為是做作、膚淺，或是嘩眾取寵。然而體育遊戲本身就是一種文化創造。從這個角度來說，我們可能會把日常生活中的許多內容都當成嚴肅的遊戲，我們在「表達心聲」時也是如此。在表達憤怒、愛意、懷念等情感時我們可能會無所保留，會「真情流露」，儘管這些做法衍生自關係的歷史中。

關係式的表演

　　所有的舞臺表演都是社會性的，它們是為了向社會呈現而準備的。心理對話以及相關行動的表演也是如此。首先，通過關係的歷史，我們的表達具有了各種可能的意義。情感表達的意義往往在幾百年來的互為行動（co-action）中早已形成。一個世紀前，丈夫有可能會因妻子不忠而「勃然大怒」，然後「天經地義」地把她和情夫殺掉。久而久之，這種怒火得到控制，殺人行為也逐漸被治療或離婚所取代。心理表演同樣面向觀眾；當我們在講述心理時會說「我想要……」「他感覺……」「她認為……」，不論明說還是暗示，我們總是會提到某種關係當中的某個人。我們說表演是面向觀眾，就相當於說內容會配合觀眾而調適。例如，面對自己的孩子與面對同輩或家長表達憤怒時，就會採用不同的方式。他者以獨特的模式進入我們的心理表述。

　　所以，表演由社會關係決定，而非個人心智。表演不僅取決於社會關係的歷史，還取決於關係所指涉的對象。我們在此踏前兩步，第一步先把心理對話看成表演，第二步則再把表演放入關係中，我們就能準確地看到，人腦中的關於心智的詞彙，都由關

係所構成，且居於關係之中。從來就沒有傳統所認為的那種完全屬於私人的自我。相反，存在的是具體行動，這些行動只有在社會關係中，並且因社會關係才具有意義。

下面我們來看如何把這些思想用到日常生活中。我會重點分析理性思考、記憶及情緒。

作為關係的理性

讓我們回到笛卡爾，因為到了十六世紀，理性思考的概念才成為西方文化中自我意識的核心內容。笛卡爾發現他可以質疑所有事物的存在，但卻無法對質疑的行動產生質疑；因為質疑本身就是一種人類理性的活動，理性是人類的主要特徵。但是我們要問：笛卡爾如何知道他在理性思考？是因為他窺視了自己的頭腦，然後發現：瞧！這個角落有一種思想，那個地方有一種情緒？這很難讓人信服。相反，為了寫作有關理性思考的作品，笛卡爾必定早就在自己的詞彙中掌握了那些術語。如果情況是這樣的話，他就是靠別人的關係才有能力寫作關於理性的作品。事實上，人類理性這一概念並非對人類本質的揭示，而是一種社群建構。

同時，我們也與笛卡爾一樣，說話時像是我們真的擁有理性思考的能力。比如，我們常說「讓我想想」、「我的理由是」、「你算錯了」，或是「你真無理」。現在看來，這些都是社會表演，它們支撐著傳統的社會關係模式。例如，如果我在評價一篇學生的文章時在旁邊寫上「想法不錯」，我評價的不是學生頭腦中的思維過程，而是在評論他遣詞造句的方式。正如有些學者指出的，理性與有效的修辭是分不開的（Myerson, 1994）。在學術

活動中，良好的理性論述指的是依照學術規範展開討論的基本能力（Billig, 1996）。如果在森林中迷路，良好的思考能力指的或許就是使用指南針的技巧；如果在操場上碰上惡霸，能夠想辦法避免打架的小孩就是有「好頭腦」的小孩。所以說，理性是一種獲得社會獎賞的行動。

　　你現在可能疑惑了：這不就否定了我們的主觀性、否定我們私下單獨所做的一切活動嗎？當然，在我們準備寫課業報告或琢磨某個字眼時，我們私下的所作所爲不會超出自己可視的範圍。這些活動爲何不屬於**內在心理**的過程？它們並未公開展示。比如，我們準備寫報告時，實際上涉入了怎麼樣的過程？難道我們不是在準備把有意義的論點寫下，藉此參與一項社會行動嗎？同樣，被一個朋友拒絕，也是在特定的關係傳統中才會有意義。因此，我們或許私下行事（可以稱之爲推理、琢磨或感受），但以目前的觀點來看，這一切只不過是私下在進行本質上屬於公開的行動。爲了說明這一點，可以看一下演員準備臺詞的情形。臺詞一旦離開劇本，本身毫無意義；也就是說，臺詞只有在關係中才得以理解。然而，演員可以私下排練那些臺詞，在房間裡高聲朗誦，或靜坐默想。在後一種情形下，我們可以稱演員在「想像」，或「參透臺詞」。但是，演員本質上在進行一項公開行動，只是缺少觀眾以及完整的表演。想想你在寫報告或準備發言時的情景，就不難理解這種情況。你靜靜地坐著，卻可以「聽到」別人的聲音，聽到同事、老師、朋友等人的讚許或異議。每種聲音都能以文字形式浮現：「我不該那麼說……」「我確實應該提到這一點」「克里斯會喜歡這個……」等等。正如現在許多人認爲的，思考並非一種獨立意識的表達，而是一種私下進行的

公開對話（Hermanns & Kempen, 1993）。

下面我們以記憶和情緒的實踐為例，進一步擴展關係型自我（relational self）的概念。

集體記憶

「你還記得當時……？」

「直角三角形的斜邊平方值怎麼算？」

「你能描述一下三月五日夜裡發生的情況嗎？」

有關記憶的問題時常困擾著我們，有時對它的反應可能會改變我們的人生歷程。許多心理學家認為，「記憶」一詞代表個人頭腦中的一種獨特經歷，以神經學為依據，因此有其普世作用。對於這種個人主義觀點，有沒有一種側重關係的替代選擇？首先，以「我記得」這樣的話語來報告特定的心理或精神狀態，這似乎不太合理。我們報告的，是何種狀態呢？我們如何能「往內看」然後分辨得出這是記憶，而非「想法」或「欲望」？相反的，如肖特（John Shotter, 1990, pp.122－123）所言，「我們談論自身經歷的方式，並非表達那些經歷本身的本質，而是為了能夠按照建構並支援某種社會秩序的標準來表達它們。」

就此而言，我們可以說記憶不僅僅是個人活動，而是集體活動。下面的對話片段記述了一群英國學生回憶他們一起看過的一部電影（《外星人》）時的情形：

戴安娜：太悲傷了。

萊斯利：那個小孩演技很棒。

戴愛娜：他很出色，真的很出色。

蒂娜：尤其是片尾，當他……

卡倫：他在發抖，是嗎？

約翰：好多人都忍不住哭了。

萊斯利：（強調）我就沒哭，我覺得還蠻自豪的。

戴愛娜：我跟你講，最打動我的地方是開頭他沒趕上飛船那幕……故事情節其實很悶，對嗎？

卡倫：對。

萊斯利：對，悶得要死。

蒂娜：都是那些特效造成的。

保羅：他喝醉的時候就有點意思了，有些地方也比較搞笑。

萊斯利：對。　　　　　　　　　　（Middleton & Edwards, 1990, pp.31—32）

　　描述電影的方式可以有無數種，可以談論彩色、不同場景的長短、角色發展、道德意義等等。但是我們這裡發現的是學生們的描述開始趨同。他們在談話中對「正在發生的事」進行了描述。當他們開始就影片的悲劇色彩、精湛演技，以及沉悶情節達成共識時，他們也就創造了值得記憶的內容。日後有人問起「你看過《外星人》嗎？你覺得電影怎麼樣？」他們就會從這些達成的共識中抽取答案。同樣，當一個孩子在學校被問到「三乘三等於多少」，她回答「九」，此時她並非在報告自己內在心智的狀態，而只是在依照傳統的社會慣例，「牢記乘法表」。一家人聚在一起時，關於過去的故事並非「心中的電影」，而是各種談話形式，各種早已在漫長的談話歷史中形成的談話形式。我的西班

牙同事研究過人們如何回憶戰爭或革命之類的政治事件後得出的
結論是，「不論什麼樣的記憶，哪怕是對那些私人經歷，完全是
個人的、從未與別人分享過的經歷的記憶，都存在於它與他人所
一直共用的，像語言、成語、事件和所有形塑社會（個人僅是其
中一部分）的因素的關係中。」（Iniguez et al., 1997, p.250）

分散式認知

　　要突顯記憶及其他心理活動具有關係性，有另一種談論的方
式，即是把它們看成分散在社會當中。這是什麼意思呢？試想一下
教小孩學字母表的情形。母親問：「蘿拉，F後面是哪個字母？」
孩子沉默了一會兒，母親說：「good……goos……gravy……」蘿
拉眼前一亮，「G！」在這個案例中，「精確記憶」其實分散在母
親與孩子之間；孩子負責回答，但是母親的提示也是關鍵。正如
學者們指出的，記憶通常是以這種交流的方式分散存在。例如，關
於某個國家的歷史人物或重要事件的記憶，可能不僅分散在一系列
對話中，也分散在教科書、報紙、電視節目及電影中（Schudson,
1992）。從這個意義上來說，國家歷史是一種社會建構，而且正如
每個精明的政客所知道的，國家歷史總是可以重新建構。

　　我們同樣可以說理性也是社會性分散的。瑪麗‧道格拉斯
（Mary Douglas, 1986）指出，由於理性決策源於組織內部一系列
談話，我們有理由稱其為「組織思考」。愚蠢的決策並非任何個
人的思考結果，而是整個團隊的產物——包括他們一起討論的方
式，以及談話成員中包括了誰或排除了誰。在這個脈絡之下，曾有

重要研究探索了大型客機上的工作人員如何密切協作以制定「明智決策」，包括航線、氣候狀況、著陸點等等問題（Engestrom & Middleton, 1996）。顯然，這是生死攸關的決策。正如研究結果所示，相當一部分空難的原因是副手的提議被機長忽視。這是集體決策的缺陷，會導致惡果。

情感場景

我們傾向於認爲情緒「與生俱來」，是人類天性的一部分。母親通常以爲自己的孩子生來就會表達各種情緒（Gergen et al., 1990）。嬰兒的啼哭被認爲是生氣的標誌，微笑則表示快樂。科學家支持這一觀點，並找到了人類情緒變化的基因依據。心理學家試圖界定人類情緒變化的心理學依據，主張人類普遍擁有「基本情緒」（Lillard, 1998）。這一傳統觀點不僅認爲情緒存在於個人頭腦（及身體）中，而且暗示我們對諸如憤怒、嫉妒或仇恨等情緒幾乎無所作爲；我們會順著基因的本能行事。然而，我們並不能把西方的「天性」看成普世皆準。比如，伊法魯克人所說的「*fago*」或日本人所說的「*mayae*」，顯然都不在西方人所認爲的「基本情緒」之內。從這個角度來說，我們很有可能犯下文化帝國主義的錯誤，把其他文化理解爲「純然的民俗信仰」。

把情感表達看成一種文化建構和表演，不僅可以避免概念僵化和文化帝國主義的問題，還能開闢出一條新思路。試想一下，儘管主流觀點認爲人類情感是一種生理機能，但在表達情感的時機和場合方面卻存在著複雜多樣的社會規則。你不能走到大街上對著一位陌生人大喊「我愛你」，更不能在葬禮上表達自己的欣

喜之情。如果你違反了這些規則，你就得付出代價。此類情感的
表達方式也有許多傳統規定。如果你在表示憤怒時露出笑容，那
就算不上憤怒。你在表達某種情感時，別人如何回應也有明確的
社會規則。如果我告訴你我害怕什麼東西，你就不能在那裡上躥
下跳；如果我告訴你我很難過，你就不能在那裡歡呼雀躍。若是
這樣行事，你就不再是文化中的一員。

　　現在來看一下這些遵守規則的正面案例：你告訴我，你對即
將到來的考試感到恐懼，我問你爲何對這次考試如此恐懼；我
「做對了」符合文化的事。現在輪到你來說了，而你也同樣受制
於文化規約。如果你像小鳥一樣扇著胳膊，你就犯規了；如果你
告訴我你沒時間複習，你就做出了符合規約的事。現在輪到我，
同樣的，我也只能在有限的選擇裡說對的話，才顯得有意義；比
如，我可以附和你但不重複你說的話。由此我們可以看到情緒表
演其實是更大範圍的交流模式中的一部分。在這裡，有必要使用
場景（*scenario*）這個概念，也就是說，類似於我們在劇場中所看
到的一系列相互關聯的行動（Gagnon & Simon, 1973）。劇場中的
每個場景都爲下一個情節作了鋪墊，下面的場景也要接應前面的
場景。其實，每位演員的表演都必須讓演出保持內在的統一；每
項表演是否能被理解，取決於他人。就此而言，我們可以把情感
表達看成劇場演出的組成部分，需要其他演員的參與。這就意味
著怒吼或愁容只有在情感場景（emotional scenario）才有意義。而
且，與一部好戲一樣，許多情感場景也**有始有終**。如果深夜你的
屋裡突然停電，這正好是表達恐懼（而非妒忌或狂喜）的情感場
景的開始。相反的，如果某人告訴你她感到悲傷，你可以持續給
她安撫與支持，直到她露出笑容。這時，悲傷的場景結束了，你

可以開始隨意開開玩笑，或是談談你的假期。

痛苦的可塑性

痛苦不是屬於生物學範疇嗎？畢竟，生物學研究清楚表明，神經系統中存在著疼痛神經末梢，當這些神經末梢受到刺激，人們就會相應感覺到疼痛。同理，由於不同社會中人類的生理結構幾乎一樣，痛感也就普遍存在。遭到電擊或是碰到火爐，任何人都會感覺到痛。然而，若是從社會建構的角度來看，就會發現這種觀點的局限性。比如，歷史上就有許多反例。歷史學家柯恩（Esther Cohen）研究發現，十七世紀以前，很少有人描寫疼痛的體驗；中世紀作家極少記錄他們的身體感覺，那些傳記作品更多是在探討精神痛苦，而非身體痛苦。十三至十五世紀，人們認為痛苦並非源於身體，而是源於靈魂。這樣一來，痛苦的體驗就被當成一種精神問題。由於耶穌基督曾代人類受苦，很多人就認為疼痛既是分擔基督痛苦的方式，也是得到救贖的途徑。自撻、齋戒，乃至以身殉道都充滿宗教熱忱。與柯恩作品相似的是，莫里斯（David Morris）在他的小書《痛苦文化》（1993）中也描述了各式各樣的痛苦體驗。例如，在戰爭中，遠古時期受傷的士兵可能會感到欣慰，因為受傷意味著他們將會遠離死於沙場的命運。密克羅尼西亞婦女在分娩時極少表現出痛苦，以至於西方的醫生判斷她們是否有宮縮時，還需把手放在她們的腹部上感知一下。

因此，對建構論者來說，問題就變成：在何種程度上那種通常被稱為痛苦的體驗得以重新建構，從而使痛苦程度降低或完全

消除？職業拳擊手、足球運動員及摔跤手很少談及疼痛體驗。然而，若體會到他們所受到的那種打擊，絕大多數人可能都會痛苦不堪。更有甚者，有些人透過被鞭打得到性愉悅。弗蘭克（Arthur Frank）在其經典《受傷的講故事者》（1997）中，將痛苦跟我們解釋痛苦的敘事方法連繫到一起。他指出，人們看待疾病的方式主要有三種。第一種是簡單地把疾病理解成脫離了正常健康狀況，患者所要做的就是**恢復健康**。人們只希望消除疾病，繼續生活。第二種是較為極端的**混亂**敘事，患者陷入一種無力或無助之境。面對這種情況，沒有什麼明確的對抗或治癒方法。第三種不太常見，是一個關於**探索**的故事。人們把患病理解成一種探尋如何實現生命意義的重要歷程。對本章的主旨而言，關於病痛的這些不同解釋有重要意義。在康復型敘事中，人們承受痛苦，滿懷恢復健康的希望。在混亂型敘事中，人們對毫無意義而又無止境的痛苦顯露憤怒與失望。在探索型敘事中，則有一種尋求生命及人際關係深層意義的味道。依據弗蘭克的說法，在這種情況下，痛苦也就減輕了。

　　從這種觀點來看，情緒並非個人心理的產物，而是不斷變化的人際關係的產物。「你的快樂」不是你的而是「我們的」，「我的憤怒」不是我的而是「我們的」。這樣的轉向對我們的認知模式產生了實質的影響。就拿憂鬱症來說，據說十個人中就有一個人患有這種「精神錯亂」症。依照當前的立場，憂鬱症並非一種個人精神錯亂現象；個體在關係中以一種符合社會文化的方式「表現憂鬱」。因而，診治的重點就該從個人精神問題（「他有什麼病？」）轉到個人所處的關係場景中：是在什麼樣的關係

中、跟誰的關係中，以及在哪一種情境下，引發了憂鬱症？在現今西方文化中，遭遇失敗後患上憂鬱症是合理的。但是我們也許會問：難道這就是唯一的結果嗎？失敗並不規定憂鬱作爲對它的生理反應。我們是否有可能通過冥想來逃脫憂鬱，或者尋求新的方式來重新體會失敗？同理，虐待配偶也並非憤怒的「自然爆發」，而是鑲嵌在微妙的互動形式中──涉及家庭成員及局外人，或是連結到陳年舊事。曾經在某些年代或地方，這是「正常的」，但我們現在可以改變這樣的場景。如果配偶對我生氣，我的生理系統並不會規定我去辯護或還擊。難道我們不能「改變規矩」嗎？

從積極的方面來看，關係取向告訴我們，所有的愉悅感包括味道、色彩、性愉悅等等，皆非個人生理系統的反應，而是源於自己所處的關係中。我以前並不喜歡歌劇，直到遇上雪利；我以前也未覺得蘇格蘭威士忌有什麼好喝，直到遇見邁克；我過去一直不喜歡棒球，直到認識了斯坦……我還可以舉出許多例子，也許你也可以。

小結

我對關係型自我這個概念頗感振奮，這一點或許表現得太過明顯。我之所以振奮，部分原因在於，未來有望更加注重社會關係的改善而非單一個體的進步。在建構論者看來，正是通過社會關係我們才建構出善與惡、喜與悲、福與禍的世界。果眞如此，

那麼也正是通過社會關係，我們才能實現個人的福祉。如果我們希望有更美好的世界，就該在關係上下工夫。如果我們在意關係，就容納不了排外、自戀、爭權奪利，以及那些導致流血犧牲的仇恨。不過，我同樣意識到，就本書而言，我只分析了人與人之間的關係，這是有局限的。長遠來看，關係的概念必須擴展到可以囊括我們身處其中的自然環境。如同我們把人類視爲彼此隔絕的個體，我們也如此看待人類與自然環境的關係，由此導致災難性的結果。就像人類之間的交往一樣，我們異化於自然環境，把自然視作改善自己福祉的工具，以及受我們統治的領地。我們亟需「關係」這樣的概念。我們必須認識到自己不過是自然環境的內在組成部分，必須學會與自然和諧共處。長此以往，我們或許就可改變過去以個體單位（個人、社區、教派、民族等）爲本的做法，變爲以促進社會關係的改善爲本，就像我所喜歡的拉科塔族印第安人祈禱時的開篇祝詞：「所有與我連結的……」

第五章 ———————————— **對話：**
衝突與轉化

對話抵制一體獨大或教條化，它歡迎新思想並對它們一視同仁……它拒絕審查「危險」思想，它珍視並保護其學習和成長能力，像珍視寶物一樣維護自己愉悅與歡笑的權利。
——羅伯特・格魯丁（Robert Grudin），《論對話》（*On Dialogue*）

我們現在面臨著當今世界最深切的問題之一：在分歧中共存；或者像有人所說的，「在分歧中奄奄一息」。本書第一章我們認識了關於真實與良善的社會建構所具有的重要意義。當我們成功協同彼此的行動時，就進入了一個有意義的世界，在其中有個人的身分認同，有是非對錯的標準，也有了生存的目標。通過協作，我們建立生活中最重要的關係——那種相互信任、相互珍視、相互扶持的關係。不過，這裡也存在一個根本上的反諷。那些帶給我們價值、快樂、舒適等等在傳統的關係中被珍視的一切，往往也是許多痛苦的泉源。世界上許多流血事件都可以追溯到這些問題上。這是怎麼回事呢？

在建構論者看來，原因有多方面。首先，當我們共同建構一個值得嚮往的世界時，同時也建構了另一個我們所不太想要的世界。因為我們每珍視某樣事物，就存在另一種處於對立面的厭惡之物。我們厭惡的世界都由外人居住，他們不是我們的成員。不論我們說的是伴侶、小圈子、俱樂部、小組、團體、宗教還是民族，都有一種強烈傾向認為「我們較優越」。**自我**褒揚總伴隨著對**他人**的誹謗，因此彼此憎恨、迴避，甚至互相「妖魔化」；而且在取笑、謾罵及對他者施以身體暴力時，還會獲得某種快感。除此之外，所有這些行動還可能會得到同伴的肯定和讚揚。

這裡我們就進入了社會群體間彼此敵視的熟悉場景。正如大

量研究及千百萬人的犧牲所證明的，群體內的堅定信仰者對其群體外的人可能構成威脅。在這些群體中，人們製造了憎恨言論、種族隔離、監禁，甚至最終消滅他們眼中的邪惡他者。我這裡所講的並不只是世人公認的那些惡行，像大屠殺、侵略、種族滅絕、恐怖主義之類的，而是包括我們日常生活中圍繞著朋友、球隊、兄弟、社區、族群、經濟階級、政治運動、宗教以及國家所豎起的壁壘。所有這些可能都值得珍愛，但卻也都因此而播下了隔離與仇恨的種子。

我們現在處在一個關鍵點。人們一直都在致力於建構一個真實、理性、良善的世界。當我們建立起和諧、互信、滿足、愉悅的人際關係時，我們會非常開心。然而，這些成就同時也播下隔離、自殘、敵對及互相仇殺的種子。在我看來，如今的世界正冒現種種力量推動著全球範圍的爭端，乃至醞釀戰爭。通訊技術有助於原本散布在各地的個體更有效取得連繫，並且聯合起來推動他們的議程。例如，有了廣播和電視，一個原教旨主義者就能在短時間內獲得意識形態和情感方面的支持。有了網路，白人至上主義者就能得到適合的婚姻介紹服務，終生獻身理想。有了手機和網路，恐怖主義者能策劃和執行全球範圍的破壞活動。連繫與合作已不再受地域限制，把大篷車圍起來（circling of wagons：白人從美國東部向西部移民時，路上常會遇到印第安人襲擊，於是把大篷車圍起來自衛）也無法阻擋異族入侵（Hunter, 1991）。

面對這些挑戰，我幾乎無法提供一種切實可行的解決方案。不過，建構論的取徑強調一個迎接挑戰的重要資源：對話。如果協作關係是群體內部的靈感與行動的來源，那麼這樣的關係也該用來緩解群體之間的衝突。如何開展此類對話呢？本章接下來

的部分所要解決的就是這個問題。首先我會討論建立有效對話的兩個關鍵問題。第一個是有關理解的問題。我們常說有效的對話可以促進相互理解；但是，理解另一個人到底意味著什麼？對話的成功取決於我們如何回答這個問題。第二個問題是關於對話中的參與者。我們通常以簡化的方式看待彼此，對於設定的議題不是**贊成**就是**反對**；雙方進行對話的可能性因而大大降低。我們必須探索替代的新視角，或可稱其為多元存在（multi-being）的視角。討論過這些問題，我將觸及一些透過對話來解決問題的傳統方法。從社會建構的角度來看，我們會發現這些傳統方法存在缺陷。這些討論為所謂**轉化型對話**（*transformative dialogue*）的探索創造了基礎。這種新型對話致力於在參與者之間創造更具希望的新關係。

在關係中達成理解

「你就是不理解我⋯⋯」

「你不會知道我的感受⋯⋯」

「我不明白你的意思⋯⋯」

「我看你就是不想聽我說⋯⋯」

這些常見的怨言說明日常生活中有關理解的難題。如果我們想要和諧共處，就有必要相互理解。但我們往往無法做到。我們怎樣才能互相理解？為什麼會有那麼多誤解？有沒有什麼方法可

以增強我們相互理解的能力？這些問題都很重要，但從社會建構的角度來看，我們發現處理這些問題的傳統方法正在誤導我們。

傳統上，所謂的理解他人，是當我們知道了「他腦子裡在想什麼」、「她心裡在想什麼」、「她在思考什麼」。而根據上一章內容，如果理解別人意味著走進他人的思想，我們就永遠也理解不了他人。如同黑夜裡彼此經過的航船一樣，我們都生活在自己的世界裡。因此，讓我們換個視角來看這個問題。先來看一下維根斯坦的這段話：「不要把認識過程當成一種『心理過程』，正是**那些**東西在迷惑你。問問你自己：在面對什麼事情、在何種情境下，我們會說：『現在我知道怎麼做了。』」（Wittgenstein, 1953, p.154）正如維根斯坦所言，我們應該停止把意義看成理解他人私密意圖的途徑。

意義產生於互為行動；所以我們可以說，當我們能夠**有效協調行動**時，即從某個傳統中尋得讓雙方都滿意的行動方式，我們就算是理解了對方。為了說明這一點，可以來分析一下我們如何理解別人的感受。如果情緒是藏在眼睛後面的私人行為，那我們就永遠也無法理解彼此的感受。你明白我的眼淚代表我正在悲傷，並不是因為你走進了我的內心世界後得知我很悲傷，而是因為你處在一個把「流淚」視為表達悲傷（及其他情緒）的文化之中。而且，在西方文化中，對眼淚表示同情是恰當的態度。如果你哭著來找我，我表示了同情，那就證明我理解你。然而，如果你流著淚來找我，我卻笑著說：「這是什麼玩笑？」你會認為我一點也不理解你。我之所以未能理解你，並非因為我無法領會你的內心想法，而是因為我破壞了我們共有的協調模式。如果你的朋友來找你，她受了老闆的氣而向你傾訴；原本應該讓她升職，

結果老闆卻提拔了她的助理。你的回應是：「呃……不過，你看，我真想跟你談談我的長假計畫。」如果你這麼回答，你們的友誼大概會受影響，因為你沒有表示出對她的理解，反而只關心自己。相反的，如果你對她表示關切，為她出謀劃策，你們的友誼就會延續下去，因為你展現了貼心的理解。你需要做的，就是讓你的行動與那些按照傳統標準被視為展現理解的方式一致。相互理解對方，就像彼此協調共舞、接住對方拋來的飛盤，或者節奏一致地划船。

這種說法能夠用來說明我們無法讀懂的深奧書籍或詩篇嗎？我們往往誤以為作者頭腦中有某種意圖，而我們卻理解不了。若放到關係的框架裡思考，我們可以拋棄這種看法。作者從事的是一種社會表演，而非揭露大腦中的內容。同樣的，對作者來說，作為讀者的你也是社會表演的參與者。你之所以不能理解，是你尚未融入那個被視為理解的慣常協調模式中。在哲學課上，理解黑格爾或海德格意味著你能夠使用目前被接受的方式來書寫或講述他們的作品。在某些哲學流派（歐洲大陸學派），要花上幾年時間才能掌握它們的寫作規範；而對其他一些哲學流派（邏輯經驗主義學派）來說，那些作品則被當作笑話。

多元存在：我們如何在一起？

為了準備有關對話的討論，我首先提出理解並非個人作為，而是在關係中所達成的結果。為了進一步認識這一點，有必要提

醒大家，我們都處在多重社會關係中。我們有各種各樣的朋友，這些朋友通常彼此之間有很多差異之處。我們的社會關係還包括家人、鄰居、老師，以及各種宗教組織、體育組織、政治組織的成員。除了這些進行中的關係，我們還保留著舊有的關係所形成的痕跡，像兒時的夥伴、一年級的老師、校園惡霸、初戀情人等等。在每一種關係中，我們都發展出獨特的理解模式。用社會建構論的話來說，我們創造出了許多不同的現實，以及相應的價值觀、合理性和彼此連繫的方式。儘管這些現實可能交叉重疊，它們卻都各具特色。結果，我們學會了在多重世界中生活的能力。我們跟父母或神父談話時，彼此認同的眞實、合理與良善的標準，也許會跟我們與派對或球賽中的夥伴所認同的大不一樣。我們跟弟弟妹妹所創造的世界，可能跟我們與老師或祖父共享的世界完全不相同。因此有人可能會說我們是**多元存在**（*multiple-being*），能夠同時成爲各種各樣的人。圖5.1說明了這種多元存在的情況，圖中每個橢圓都代表一種既定的關係。與上一章的主題相呼應，我們可以把個人看成多重關係的交叉點。

　　讓我們把人的這一意象擴展開來。當我們與某人共享一個特定的世界時，也就同時確認了那些「不屬於這個世界」的事物。如果我們共享一個有神存在的世界，我們也就會知道無神論是什麼。如果我們共享民主的價值，也就會知道這不是極權主義。其實，我們每擁抱一種世界觀，也就同時知道怎麼樣的行動意味著反對這個世界觀。這並不是說我們有必要採取相反的立場，而是說我們應該大致知曉反對的方式是什麼。在這個意義上，我們是有能力採取多種立場（及其反向立場）的多元存在。想想我們通常都是如何共處的。或者像圖5.2一樣，當我們作爲多元存在一起

圖5.1 單翼　　　　　　　　　　　圖5.2 雙翼

生活時，我們會變成怎樣？

　　人們在一起所經歷的重要過程之一，就是**協商出共同的現實**。我不可能全知全能，你也一樣。如果我們總是變化多端，一下嚴聲厲語，一下嗲聲嗲氣，或是甜言蜜語、慷慨激昂等等，彼此之間就無法和諧共事。或者，接著前面的話來講，我們也就無法理解對方。實際上，我們確定了共同認可的現實，其中有我們一起珍視、一起談論的事物。通常這種共同現實是表面的，我們毫不費力地認同天氣情況、油價高低或是某支球隊的勝利。然而，如果想要維持長久的關係，比如同處一間教室、一個隊伍或在同一個組織工作，協商問題就會變得更複雜。我們必須學會哪些話該說，哪些話不該說，哪些因素可以鞏固我們的關係，哪些因素會給我們惹麻煩。我曾是名海軍軍官，我們在船上用餐時不准談論政治或性，因為關於這些話題的分歧可能會影響我們之間的合作關係。這不過是我們在日常生活中必須學會的一種規矩。

　　現在來看看協商共同現實所帶來的結果：我們賦予了關係更強大的生命力。但是當我們協調了行動之後，也就限縮了其他可能性。於是我們有了**特定的身分**，而且有義務維持這個身分的純正。在他人眼裡，我們成了秉持某種政治立場、信仰某種宗教、

獻身於某種事業，並堅持某種價值觀念的人。一旦不符合這些身分特徵，我們可能遭人譴責；如果我們採取多重立場，從「兩面」來看待世界，則會被批評為虛偽、善變或靠不住。因此我們發現，跟同儕在一起時，我們可能完全融入特定的現實、價值觀及生活方式。然而，這種共識同時也阻止了我們發揮更大的潛力，包括去否定這些共識的能力。帶著這些想法，我們再來看看對話所面臨的挑戰。

對話與差異

　　當我們建構出某種在地（local）的現實，且認同當中的價值時，同時也就埋下了衝突的種子。我們開始將那些生活方式跟我們不同的人視為有某種缺陷，像沒品味、好狡辯、愚昧落後、缺乏良知、能力有限、不夠聰明等等。當我們抓緊了這些現實與價值，即提升了衝突的隱患。現在，那些生活方式跟我們不一樣的人成了威脅，可能很危險，可能需要被監控、囚禁乃至消滅。於是，對我們大家來說，他們就被視為頭腦不正常或邪惡之人——你可能會稱其為新納粹、3K黨、黑手黨或恐怖組織。這種異化概念其實是社會生活不可避免的結果。這難道不是一種諷刺嗎？在關係中，我們創造了生命的意義、確立了真善美的標準；但也在同樣的關係中，衍生出了分歧與異化。

　　因此，偏見並不是一種有瑕疵的性格特徵，並非因為思想呆板、認知缺陷，或思想偏激。相反，只要我們不斷針對真善美的

標準達成共識，便同時建構出令人厭惡的事物。無論在何時何地，當我們趨向統一、凝聚、友愛、信義、團結或一致時，便是在製造異化。實際上，我們誰都無法避免地成為某個（或是某些）群體討厭的對象。所以，我們面臨的重大挑戰不是建立溫暖舒適、沒有衝突的社區或是和諧的社會秩序；而是，當社會矛盾隨時蓄勢待發，我們該如何前進？我們是否能防範不斷冒現的衝突，避免釀成鎮壓、恐怖襲擊、戰爭或種族屠殺；或者說，我們如何避免世界瓦解？正如我此前提到的，二十一世紀面臨的重大挑戰是：**我們如何在地球上共同生活？**

我們在面臨這一挑戰時可以求助哪些資源？至少建構論提出了一項重要的可能性：既然矛盾從對話的過程中孕生，那麼，處理各種相互衝突的現實，對話或許還是最好的手段。越過敵意展開對話，是為了尋求新的協調途徑。接下來我將首先分析一些應對衝突時的傳統對話模式；它們有可能奏效，但受到其現實主義的預設而有所限制。然後我會轉向我稱之為**轉化型對話**（*transformative dialogue*），這是一種從關係的視角發展出來的對話取徑。

從辯論到調解：希望與躊躇

> 這杯敬我，這杯敬你，
> 要是我倆不一心，
> 願你早日下地獄！
>
> ——古代祝酒詞

如果我們價值觀不同，又想避免雙方之間發生致命的衝突，顯然需要坐到一起「來商談」。然而，就我們所知，此類商談總是充斥著誤解、托詞及狡猾的政治策略，通常跟理想目標相距甚大，還常常導致關係緊張或破裂。對話破裂的重要原因之一就是，與會者深陷於現實主義和個人主義傳統。也就是說，在現實主義方面，他們預設了一個有明確損益的世界；問題涉及的是真金白銀、領土、石油、自然資源、宗教傳統等等。在個人主義方面，他們傾向於把個人看成獨立的行為主體，可以通過嚴密的推理來實現既定目標。他們認為形式化是解決這些問題的方案之一；綜合各方觀點，就有可能找到一個絕佳的邏輯（理性程序）來消除各方的分歧。把**辯論**（*argumentation*）作為解決衝突的手段，即是明顯的例子。「爭議各方必須為自己的觀點進行辯護和反駁……在辯論中，與會者竭力證明其觀點的可行性，從而說服對方接受自己的觀點。以這種方式來贊成或反對某種觀點，是為了讓聽者感到滿意。」（van Eemeren & Grootendorst, 1983, p.2）因此，具體的辯論規則被應用到廣闊（幾乎是普世性）的範圍。司法程序是辯論取向的極佳案例，控方與辯方都用理性和證據來擊敗對方。然而，雙方不太可能會同時認為辯論結果「伸張了正義」。

有一些實踐者採用**談判取向**（*bargaining orientation*）的方式，這與辯論取向有許多共同特徵。衝突的各方計算出各種解決方案的成本和收益，然後展開談判，試圖以最低的成本取得最高的收益（利益最大化）。正如一位談判經理人指出的，由於各方往往帶著「互相抵觸的喜好」，認為「談判是為了透過調節取得優勢」（Lebow, 1996, p.1）。在談判過程中，理性非常重要；最佳的談判策略可以最大化收益，並最小化損失。好的談判策略是

利用對方的弱點；一旦掌握對方弱點，就可施以威脅。談判目的是爭取最多的利益而做最少的讓步。談判程序通常用於商業和政治領域中的重大衝突。

你可以想見，談判過程可能很殘酷，每一方都竭力維護自己的收益，完全不顧對方死活。為了緩和關係，解決衝突的專家發展出**協商取向**（*negotiation orientation*）的對話模式。在這裡，重點從單方利益最大化轉向多方的共同收益：「當前條件下我們雙方能取得的最好結果」。在諸如《達成共識》（1992）之類的暢銷書中，費希爾（Roger Fisher）、尤里（William Ury）和巴頓（Bruce Patton）列舉了談判各方可以用來達成雙贏的策略。每一方都要認清自己的基本利益，明白自己要從談判中得到什麼，以及這些利益對自己的重要性。他們在談判桌上逐條列出願望，從中找出各方的共同願望。有哪些目標（比如安全、和平）是他們雙方都在謀求的嗎？這樣，雙方就能找出大家都能接受的解決方案。協商的實踐常見於商業與政治領域，尤其是當競爭各方都能理智地互相信任的情境。不過，那種雙方之間存在根本分歧的感覺依然存在。

儘管與協商取向頗為相似，我們還是可以區分出另一種對話模式，即**調解取向**（*mediation orientation*）；這個取向更加強調消弭各方之間的敵意（Bush & Folger, 1994; Susskind & Cruikshank, 1987）。在調解模式中，對話旨在將各方的敵對關係轉化為建設性的合作關係以解決問題。各方傾聽並理解他者對於所面臨情境的想法與感受，提出多種選項，並且共同努力以確立各方皆同意的方案。此類調解取向適用於解決人際矛盾，如離婚或孩子的監護權之類的案例。有效的調解能讓人與人之間的關係變得更密切。

敘事調解

　　調解專家通常尋求比談判或協商來得更「溫和」的方法來緩解衝突，這方面最領先的方法就是敘事調解（narrative mediation）的實踐（Winslade & Monk, 2001）。從一開始，調解人就明白衝突乃是源於人們在各自世界裡的不同建構。他們帶來各自的故事，故事中自己總是正確而別人總是錯的。事實上，衝突存在於不同的敘事建構之間，因而我們相信這些敘事能夠透過對話來改變。調解人因此帶入動態形式的對話，引導各方做出對彼此更有利的替代敘事模式。例如，爭議雙方被引導以置身事外的心態談論衝突問題，進而展開協商。他們可能會認識到，「這個難題正在消耗我們，我們必須想辦法解決。」通過這種方式，他們就可以不再像過去那樣互相指責（比如「全是你們的錯」），然後攜手應對共同的危機。

　　調解人可能也會請參與者回憶過去雙方關係良好時的情景（例如，「跟我講講你們相處很融洽時的事情」）。講述此類故事時，參與者往往能夠發現對方值得讚揚之處，進而認識到他們過去的關係有多珍貴。結果不僅降低了雙方的敵意，更建立了一個基礎去建構新的敘事。調解人也可以邀請其他人加入對話，如家人、朋友、同事。衝突中的受害者及竭力探尋化解衝突的人，對調解過程尤其有幫助。這些人可激發、鼓勵並幫助參與者找到新的視角去看待彼此以及彼此所處的情境，由此發展出新的敘事建構。當參與者的家人和朋友都加入這個共同建構，原來的衝突就會被卓有成效的協作所取代。

　　所有這些實踐，辯論、談判、協商、調解，都是化解矛盾衝突的好辦法；從國際衝突、勞資糾紛，到社區和家庭矛盾，這些實踐都證明奏效。不過，我們仍需要進一步探討。此前我曾提到，除了某些調解的形式，大部分對話實踐都深陷於現實主義和個人主義傳統——事情就像你所看到的這樣，而且只要透過個人的理性，一定能找到最佳的解決方案。然而，從社會建構論的角度來說，所謂的眞實與理性都是社群關係的副產品。建構論者認爲，我們信以爲眞實的事物（比如「這個問題」、「我的利益」、「最佳解決方案」），都嵌入在我們的論述傳統中。所以，若要確切定出「這個問題」、「我的利益」等等，意味著要爲它們劃出明確的範圍，然後在這個範圍內進行對話。如果我們同意「這是一個問題」，那麼根據傳統慣例，我們就得轉向「解題討論」；其他方面的討論，縱使有用也會被排除在外。一旦我們認定了「你的利益」跟「我的利益」相悖，我們就不會去進行有關「義務」、「正義」、「精神」之類的對話。我們也會忽略了其他的可能性去建構當前的情境，而那些可能性或許能產生更協調的結果。同樣，在建構論者看來，「好的理由」是一種文化創造物。理性並不是較爲高級的思維活動，而不過是對傳統的維護。因此，雖然傳統是珍貴的，然而它把對話限制在單一形式，儘管「合理」，卻限制了我們建構世界的可能性。例如，當我們加入理性辯論時，便創建了一個有贏家與輸家的世界；可是，你什麼時候見過有誰「輸掉」辯論的？

　　強調個人理性也會帶來問題，因爲這樣意味著建構一個由獨立行動個體組成的世界，每個人都爲實現自己的最大利益而絞盡腦汁。當我們把對話定義成獨立自主的個體之間的關係，各人都

有自己的利益、認知與理性，我們實際上創造了鴻溝。即便可以暫時達成協議，我們骨子裡仍然認爲，他者終歸是外人，既不可知，也不可信。我們建構了一個「所有人反對所有人」的世界。相反的，如果我們把意義看成關係的結果，就能開闊思路，找出更有益的對話模式。

走向轉化型對話

> 如有必要分享意義與真相，
> 我們就必須換種方法做事。
> ——大衛・波姆（David Bohm），《論對話》（*On Dialogue*）

現在，讓我們把對話當做意義的共同創造，其間各方都採取傳統做法，但卻創造出新的現實、建立起新的連結方式。因而，當我們面臨敵對的傳統時，就可以探尋或創造一種**轉化型**（*transformative*）的對話模式；也就是說，這樣的對話模式會讓參與者達成一種新形式的協作。這種新模式可能從傳統而來，卻能使參與者建立更接近雙贏的現實。他們將會一起建構世界，而不是單獨行動。當然，你也許會說：「想法不錯，但是你到底要怎麼樣開展這種對話？」作爲一名學者，我的第一反應可能是從理論來衍生實踐。不過，抽象的觀點永遠無法交代具體環境所發生的事。因此，若要從理論中尋找行動方案，人們難免會趨向「跟我們一樣的人」所喜好的實踐，因而也就無法反映其他文化

背景的利益和傳統。總而言之，任何個人或群體都很難在完全沒有偏見的情況下，制定出有效的對話守則或規定。像一些批評所指出的，就連法庭判案時，本該維護「法律面前人人平等」的嚴格控辯規則，往往也偏頗經濟優勢者（Hunt, 1993; Griggin & Moffat, 1997）。

還有一種開展方式，或許前景更加光明。與其「自上而下」開展對話，由權威者爲全體制定規則或程序，我們或許可以反過來採取「自下而上」的方式。也就是說，我們可以首先進入行動的場景，去看看那些正在爲彼此矛盾的現實而奮力爭奪的情境。考察那些矛盾衝突，我們可以從中找到一些正在幫助人們跨越意義界線的具體行動。我們並不是要建立一套轉化型對話的規則，而是要爲相關的行動建立一套詞彙（*vocabulary*）。這套詞彙並非不可更改；意義隨時間改變、加入新的聲音，因而這套詞彙必將隨時代發展而變化。轉化型對話不存在普遍意義上的規則，因爲隨著時間變化，對話的特徵也跟著改變。

公共對話計劃

爲了進一步討論這個問題，我們來看一個實踐案例，該案例所採取的辦法已被許多團體證明非常成功。我們現在可以回顧一下這種實踐的一些特徵：它的哪些環節在起作用？爲何能收到實效？還有哪些不足？1989年，麻薩諸塞州水鎮（Watertown）公共對話計劃（Public Conversations Project）的查欣夫婦（Laura & Richard Chasin）、羅斯（Sallyann Roth）和他們的同事們，開始使用家庭治療中的技巧來解決公共領域的激烈爭端（Chasin &

Herzig, 1992）。他們的實踐持續了數年，取得令人矚目的成績。我們可以在此分析一下他們處理墮胎議題的嘗試，讓對此意見分歧的社會運動者互相接觸。這是一個爭論永無休止的課題，因為分歧的雙方以完全不同的方式建構了各自的現實和道德標準。一方認為胚胎是人類，另一方則認為不是；一方認為是謀殺的舉動，另一方則認為不過是醫療程序。雙方都很堅定，彼此充滿敵意，甚至還可能引發毀滅性的衝突。

　　研究者把那些願意與對立者進行討論的社會運動者分成幾個小組；計劃負責人保證不需要參與任何令他們感到不安的活動。會議以自助餐會開始，主辦者邀請參與者分享各自有關墮胎議題立場**以外**的生活面向。餐後，小組引導人邀請參與者加入「各種不一樣的對話」。他們被要求以獨特的個體，而非代表某種立場發言；他們訴說自己的私人經歷與想法，分享感受，並且提問一些他們所感到好奇的問題。活動一開始，參與者對以下問題作出回應，他們依序發言，過程中不受到任何干擾：

1. 你是如何觸及這個議題的？這跟你的個人關係，或個人生命史，有什麼關係？
2. 對於與墮胎問題相關的事情，我們想聽聽你特定的信念或立場。對你而言，其中真正重要的是什麼？
3. 跟我聊過的人當中，許多人覺得他們面對這個課題時，其實存在一些灰色地帶，他們對自己的立場感到困惑，甚至有些矛盾……你有沒有經歷過無法確定或不太確定的情況，還是感到不安、價值錯亂或經歷複雜的情緒？你願意分享嗎？

前兩個問題的回答通常展現出參與者豐富的人生經歷，往往是傷痛、失去與苦難的故事。參與者也會拋出許多疑慮，而在得知對立者也正經歷無所適從的情況時，他們常會感到詫異。

回答完三個問題，參與者有機會相互提問。他們的問題不能「隱藏著挑釁」，而應該提出這類問題：「你真正關心的是什麼……我們想知道你自己的經歷和個人信念……」討論完一系列參與者覺得重要的問題後，會有一個最終討論，讓參與者表達他們的感受，以及說出他們覺得自己為了「讓討論順利繼續下去」所做出的努力。幾週後的電話回訪發現，這些會議產生了持續而積極的影響。參與者對課題的爭議有了更複雜的認知，對「他者」也有了更正面的看法。不，參與者並未改變自己的基本立場，但已不再像先前那樣採取非黑即白的態度，或是將異議者妖魔化。

公共對話計劃的成果確實引人注目，而且引領人們進行了許多新實驗（www.publicconversations.org）。不過，我們現在必須回答一個問題：這種對話的何種特質使它如此有效？我們該如何將這些特質加以概念化，從而能夠應用於其他脈絡？這裡的實踐經驗無法應用到所有的衝突或分歧的情境；但是，如果能夠從中提煉出要點，我們就能想像這些實踐如何可擴展到其他方面。我們還應注意到這些實踐活動的不足之處，思考如何才能使之變得更加有效。下面我們就重點研究一下轉化型對話的五個重要元素。

從責備轉向關係性責任

> 我們要責備的只有一個人，那就是「他人」。

——紐約遊騎兵冰球隊隊員
巴里・貝克（Barry Beck）在一次賽後爭執中說的話

　　在西方傳統中，我們普遍認爲個人應該爲自己的行爲負上道德責任。我們把個人建構成行爲的主體（道德主體），因而要爲其錯誤負責。我們大部分人都很認同個人要爲自己負責的傳統；就是這樣的論述傳統，才讓我們認爲人們需要爲搶劫、強姦、謀殺等等罪行負責。同樣，我們也因而讚揚某人，獎勵其個人成就、人道主義與英雄壯舉。然而，這種責備個人的論述同樣會造成分化。在挑別人的毛病時，我們開始在彼此之間築起一道牆；我感覺自己比你更聰明、更正直，而你則劣跡斑斑，需要接受我的審判。你成了被訓斥的對象，需要糾正，而我則值得表揚且握有權力。就這樣，我將你異化，並且敵視你。這樣的問題在群體之間表現得更嚴重，各方都認爲對立的群體需要負責任：窮人譴責富人剝削他們，富人則認爲窮人好逸惡勞，咎由自取；宗教保守分子譴責同性戀者敗壞社會風氣，同性戀者則譴責保守主義者不寬容，等等。因此，各方都認爲對方有罪並推卸自身責任。敵意不斷加深，譴責個人的傳統習慣阻礙了轉化型對話的可能。

　　在這種情況下，我們或許可以借鑑一下**關係性責任**（*relational responsibility*）的概念（McNamee & Gergen, 1999）。如果我們認爲眞實和良善的標準都源於社會關係，尤其是源於集體意義建構的過程，我們就應當爲這個意義建構的過程本身負起責任。所

以，有必要維持一種交流過程，讓其間的意義永不凍結或終止，而且不斷發生變化。相互責備顯然是關係性責任的絆腳石。那麼，如何在實踐中達成關係性責任呢？在公共對話計劃的案例中，責備是嚴禁的。對話中不允許責備性的言語，甚至掩飾成提問的責備也不行。然而，在一般的情況下，我們不太能控制對話的規則。我們在日常生活中如何能從責備個人的話語轉向突顯關係性責任的話語呢？雖然這個問題尚無最終答案，但是我們可以從現有的文化實踐中找出幾種辦法，轉變對話趨向，不再責備個人。

內在的他者

如果我在談話中滔滔不絕、大聲喧嘩，阻礙了對話，你就有充足的理由責備我。然而，如果你直接攻擊我，我就會反擊，我們的關係也就降溫。面對這種情況，你可以在我的身上找到另一個正在說話的聲音。例如，如果你說，「你說話的方式讓我想起你父親專橫的口吻……」或者，「你說話的口氣真像你的老師……」事實上你表達了不滿，而且讓我站在「自己」以外的位置去評價自己的行為。在這裡，我們所認為的「核心自我」，也就是那個誓死捍衛的「我」，並沒有成為辯護對象；相反的，你把我建構成一個承載著多個他者的個體。正是那些他者化身為我所不喜歡的行為。

連帶關係

如果你在激烈的辯論中侮辱了我，我自然可以譴責你的行為，於是我們的關係就會受損。然而，我也能夠搞清楚，其實該

受責備的不只是你；問題在於我們之間特有的關聯方式。並不是你或我，而是**我們**，共同創造了引發問題的行為。我們可以這麼看：「看看我們現在如何對待彼此……」「我們怎麼落到這種地步？」或者，「我們這樣下去肯定是死路一條，為什麼我們不換種談話方式呢？」這些想法都讓我們脫離對個人的責備，轉而意識到彼此相互依存的關係。

群體現實

愛麗絲覺得特德非常惹人生氣。他邋裡邋遢，從不收拾房間，只為自己著想，很少聽她的話。特德則很難容忍愛麗絲總是乾乾淨淨，對他的工作漠不關心，說話帶有孩子氣。他們經常激烈地指責對方。不過，這裡或許可以換一種表達的用語，從而改變對話的形式和方向。具體來說，我們可以把自己看成某個群體、傳統或家庭的代表，而非單獨的個體。我們可以分析群體間的差異，這樣就能避免總是把問題歸咎於個人。例如，如果特德和愛麗絲能多談一些性別差異，把他們惹人生厭的行為歸結到不同的性別傳統中，他們或許就能更好地彼此相處。如果我們把重點放在群體差異上，對個體的歸咎就變得不太重要了。

制度的迷霧

麥克維（Timothy McVeigh）在奧克拉荷馬市政大樓製造了爆炸案，奪去許多人的性命，因而被判死刑。人們對此感到一絲安慰：正義得到了伸張，可以回去正常生活了。然而，請重新考慮一下麥克維所參與的軍事行動邏輯。在他們看來，聯邦政府正在破壞美國的傳統，踐踏人民的權利，掠奪他們的土地；只有起

來反抗這個邪惡勢力，正義才會得到伸張。事實上，不論是麥克維的罪行還是我們對他罪行的反應，都採取了同樣的邏輯。換言之，我們必須看到，麥克維的犯罪行動，依循的正是我們所支持並且維護的傳統。這並不是說我們要寬恕犯罪行為，而是要意識到責備個人的做法是不充分的。我們可以擴大眼界，看看我們身處其中的系統，正在創造出我們所厭惡的結果。強姦、搶劫或謀殺，並不僅僅是個人的罪行，我們都參與在這個系統之中，共同創造了這些行動。

自我表達的重要性

如果我們成功做到了不去責備個人，又該如何使對話具有轉化的效應呢？如公共對話計劃所顯示的，表達自我的感覺極為關鍵。在對話中，每個參與者都有機會分享自己認為最重要的看法。某程度而言，自我表達的重要意義可以追溯到西方個人主義傳統。作為這個傳統的一員，我們認為自己擁有內在的思想和感受，這對我們的性格形成極為關鍵，實際上界定了我們的自我。因此，如果要成功展開對話，就必須讓另一方理解我們是誰、我們的立場是什麼。而且，一方不可忽略另一方所講的內容，而是要傾聽和理解。其中的邏輯就是，「如果你無法理解我的立場（我的所想所感），那就無法對話」。

不過，公共對話計劃中所鼓勵的自我表達，是具有特殊性的。這個計劃要求參與者具體地訴說他們個人與墮胎之間的故事，而不是進行抽象的辯論。採用講故事作為途徑，具有重要意義。轉化型對話需要採用**說故事**的形式，我們至少可以列出三個

理由。首先，故事**易懂**：我們從小就接觸故事或敘事文體，講故事比抽象論據更易讓人理解。其次，故事比抽象概念**更能吸引聽者**。聽故事時我們會進行聯想，跟講述者產生共鳴，同喜同悲，甚至同哭同笑。最後，個人的故事更易於**讓人接受**而不是被排斥。如果那是「你的故事、你的經歷」，我就基本上不能說「你錯了」；然而，如果你講的是抽象原則，根據西方的辯論傳統，我就會準備予以駁斥。透過大道理壓我，你把自己放在某種聖賢的位置，居高臨下地對我發號施令；我則會通過反擊來表達自己的不滿，令你感到被冒犯。「你算什麼？居然跟我說顯微鏡下才看得到的受精卵，也有『生命權』？」「你又算老幾？居然跟我講女人有權謀殺自己的胎兒？」於是談話就會陷入僵局。

認可他人

　　講述個人的情感或人生經歷是一回事，獲得聽者的認可則是另一回事。因為意義源於關係，個人的單獨表述往往只會流於空洞。若要使其有意義，必須獲得別人的認可。比如，如果你不認可我說的話，或者我認為你曲解了我的故事，那麼我等於沒有表達出任何思想。因為只有獲得你的認可，我的話語才會產生意義。得到你的認可，意味著你對我的言語有所感受。理想情況是，你在我的表述中找到部分你可以認同的內容。此類認可之所以重要，部分原因在於個人主義傳統認為思想感情是個人行為。比如我們常說「根據我的經驗……」或者「我相信這些東西」。如果你挑戰這些話語的真實性，就相當於在**質疑我的存在**；相反的，如果你認可這些話語，就表示你重視我、尊重我的經驗。進

一步而言，如果一個人所認同的現實受到別人的低估或輕視，他們之間的關係大概也會受損。如果你作為讀者，把社會建構論斥為謬論，你就在貶斥我所涉入的一系列關係。接受某種思想就等於擁抱了某種關係；拋棄一個人的想法也就貶低了他所屬的社群。

　　當然，你也許會感到奇怪，如果人們生活在相對立的現實，又該如何獲得對方的認可呢？不贊同如何認可？公共對話計劃的結果對此具有啟發意義。對話的有效安排可以促進各方相互欣賞。那樣的對話引發好奇心，而令人們產生興趣即是認可的前兆。同樣的，傾聽對方的故事，即表示了一種認可，他們對那些故事有感受。被別人的痛苦「所打動」，則是一種更高形式的認可。治療師安德森（Harlene Anderson, 1997, p.153）認為，傾聽時的認可態度非常重要。她認為在下列情況下治療方法會發生轉化作用：

　　治療師的態度很誠懇，很大度，其特點是敞開心懷去接受另一個人的意識形態基礎──他／她的境遇、信仰和經歷。這種傾聽的態度表明治療師尊重他人、態度謙遜，相信案主所說的話值得一聽。

分享圈

　　這裡描寫的對話實踐顯然源於西方傳統。在面對全球差異時，我們必須在現有關係的語彙中，找到適當的方式融入非西方的實踐

模式。其中一種實踐模式是分享圈（circle for sharing）。這實踐以各種變異形式出現在世界各地，包括在非洲和美洲印第安人的部落關係中。分享圈可能以宗教儀式作為開始，賦予活動某種價值。儀式可能是祈禱、誦詩或靜默。參與者圍圈而坐，強調平等而非層級。為了更加強調這一點，所有成員輪流發言。每個人的發言都將對群體的共同意識有所貢獻。雖然西方的對話強調互動，但在分享圈內部，每位成員可能只會「表達心聲」。每個人都要對某個共同關注的主題（例如社群內的矛盾衝突、衛生設施、共同威脅等）發表感受與看法。通常，某個物件由發言者傳給下個發言者，有時可能是一支煙管，或是手杖。當某個人手持那個物件時，他就掌握了話語權，其他人則要保持傾聽和思索的姿態。在整個過程中，人們也欣賞靜默。握有發言權的成員可以用靜默取代發言。如果不同的發言者之間在分享過程產生緊張矛盾，全體成員可能就進入靜默狀態。分享圈對於知識、觀念和感受的分享，非常有效。圈內成員被鼓勵以整體身分（我們）來界定自己，而非看成彼此敵對的獨立個體。在許多情況下，分享圈都成功地減弱了成員之間的敵對。

協調行動：相互呼應的挑戰

在我看來，公共對話計劃取得成功的最大原因，在於會議從分享食物開始。一開始，參與者相互寒暄、微笑握手。他們以未經計畫、隨興的方式談起孩子、工作、體育等等，然後逐漸發展出談話的節奏，包括眼神交流、講述與傾聽。我認為，轉化型對話正是要通過這種方式促進相互協作。這主要是因為意義創造

本身就是一個協調行動的過程。因此，如果我們想要共同創造意義，就必須找到流暢可靠的交流方式，和諧共舞。

　　或許最重要的互動模式是相互呼應（co-reflecting）。假設對話中的成員是一面鏡子，這些鏡子可能會彼此對照，或彼此反射。當每面鏡子都能反射出其他鏡子的內容時，我們就具備了相互呼應的條件。這種情況在實踐中具有什麼意義呢？它並不意味著要完全重複或同意別人的所說所為。而是說，一個人的話語應該包含別人所說的某些成分。

　　如果我告訴你，我覺得有必要對大排量汽車徵收重稅，你卻說「明天天氣如何？」你就沒把我放在眼裡。如果你表示關注全球氣候變暖，你就能呼應到我的話題。你不必同意我說的話，但我可以在你的回應中發現「我」的存在。通過呼應我的話語，你不僅完成了與我的互動，還拉近了我們之間的距離。相互呼應不僅僅限於言語表達。從最基本的層面來講，以微笑回應微笑（而非面無表情）、模仿別人說話的腔調、評論別人的著裝等等，都有助於相互呼應。與這些舉動相反的回應則有：以冷漠回應熱情、以尖刻回應冷靜、以一本正經回應不拘禮節。

　　當然，如果意見分歧比較嚴重，相互呼應也許不容易。大多數情況下，我們很容易去挑別人的毛病，這樣一來就會導致雙方**互相否定**。這時候，若要取得相互呼應的效果，最有用的方法之一就是採取**話語遮蔽**（*linguistic shading*）策略。遮蔽別人的話語就是要找到與對方所說的相近但卻略有區別的詞語。通過這種略微的區別，對抗雙方可以開始一起前進。比如，如果一方說「你讓我很生氣」，有效的遮蔽可以是：「我理解你為什麼會變得煩躁。」後者有助於降低前者的敵對程度。遮蔽策略有巨大潛力，

因為每一次的詞語替代，都產生一系列不同的聯想、帶來新的意義、開啟新的對話。在衝突當中，若說「我們之間有點緊張」（而非「我們相互憎恨」），意味著分歧的程度降低了，並且示意著雙方和諧共處的可能性。遮蔽策略的可能性是無限的。就極端情況來說，任何詞語都有無限可能的意義──甚至可以表示相反意義。例如，「愛」可以被遮蔽而表示為「強烈的吸引」，「強烈的吸引」可以表示為「癡迷」，「癡迷」可以表示為「病態」，於是他人成為「我生病的根源」。與此同時，病因是「不受歡迎」的，「不受歡迎」就是「不為人喜歡」，「不為人喜歡」就是「可恨」。所以，當把這些詞義完全擴展開來，愛就變成了恨。

在這裡我們再來看一下協調行動的挑戰。如果我們的意見中包含著不固定語義的詞語，那麼，通過語言遮蔽處理，就會轉化成別的說法。反對意見並不一定要堅持不變；任何話語都可能變成別的樣子，而且通過適當的遮蔽策略，這些說辭可能變得更像它們原本所反對的那些說法。從較為實際的層面來說，適當的遮蔽能把極端敵對的觀點重新改造，創造出探尋雙贏局面的可能性。你可能反對那些認同執行死刑的人。然而，如果「贊成執行死刑」的意思是「打擊嚴重犯罪的激進手段」，你或許就有可能認同別人所說的：「激進手段」有時也很必要。有了這種共識，你們就可以找到共同的基礎。

自省：多元存在之源

如果一個人所賴以生存的現實開始被傾聽、被認可，而且對

話開始變得更協調，這也就準備好了再跨進一大步走向轉化型對話：自省（self-reflection）。回想一下前面討論過的多元存在概念。不幸的是，個人主義傳統導致的結果之一，就是把我們界定為**統一的自我**（unified egos）。也就是說，我們被建構成單數的、一致的自我。邏輯上的不一致會遭人奚落，道德上的不一致會遭人譴責。所以，跟立場與我們不一致的人談話時，我們尤其要盡力避免使自己前後矛盾。我們希望自己的觀點保持連貫。當然，如果你也這樣，我們很快就會發現彼此處於戰鬥狀態。而且，如果另一方批評我們的立場，我們只會變得更堅持。如之前所說的，沒人願意輸掉自己的論點。

此處的挑戰在於，如何把對話轉化為**自省**的方向，即反觀自己的立場。在反省自己的立場時，我們就能發現自己心中的另一個聲音。我們不會質疑自己所主張的「X是對的」或「Y是好的」，直到我們找到質疑這些看法的聲音。所以，透過自我質疑，我們就放棄了那種容易引發衝突的「決不讓步」的姿態，並開展其他對話的可能性。這種自省態度，是隨時可行的，因為我們都是多元存在；我們承載著多重關係的痕跡——在社區、工作場所、休閒場所，甚至與電視中人物的關係。其實我們有能力以許多不同的聲音發聲。正如前面提到的，我們能夠找到理由去質疑任何原本信以為真的觀點，也能夠發現我們日常生活中所持的價值觀有何局限。我們在進行爭論時，往往會壓制這些可能的聲音。如果我們能夠找到方法讓這些聲音冒現出來，就能超越彼此的分歧，創造出新的可能。

在公共對話計劃中，自省是對話的規定之一。講述自己的故事後，參與者需要說出他們心中可能存在的「灰色地帶」，談一

談那些不確定或複雜的感受。當參與者講出自己的疑慮時，敵意就軟化了。當贊成選擇權的一方提出對自己立場的疑惑時，堅持生命權的一方彷彿就聽到自己的聲音，反之亦然；距離被拉近、極端對抗被解除，於是逐漸跳脫互相防禦的局面，開放其他對話的可能。

從這裡進一步推論，解決衝突的專家進而採取**第三方聆聽**（*third person listening*）的方法（Pearce & Littlejohn, 1997）。當兩個群體因分歧而爭鬥不休時，可以從每一方邀請一位成員離開對話，從外部觀察雙方的交涉情況。離開當事者的位置而換到第三者立場，不再竭力為自己的立場申辯時，這個人就能用其他的標準來看待這場衝突。比如，從第三者的立場出發，可以提問：這是有生產力的互動方式嗎？我們可以如何改進？在一些解決衝突的場景，參與者發現，引進與爭論雙方皆不一樣的意見和觀點，是相當有益的做法。例如，當兩個宗教（如基督教和伊斯蘭教）發生衝突時，把其他的宗教（如猶太教或印度教）帶入視野，將會產生截然不同的局面。

共同創建新世界

上面列舉的每種對話的進展，或許可以緩解敵對情勢，找到能相互理解的交流方式；然而，任何方法都不會自動推向創造新的現實，不會走向新的真實與良善的共同建構。這裡需要的是所謂**想像的瞬間**（*imaginary moments*）；在這個瞬間，對話參與者共同展望一個尚未實現的願景。這種想像瞬間可以把參與者的注意力從對抗轉向合作。他們開始致力於實現共同目標，並在此過

程中把對方重新界定為「**我們**」。要達成共享的現實，最簡單的方法或許就是尋得共同動機。也就是說，敵對雙方暫時擱置他們的分歧，進而投身到一種雙方都支持的行動中去。比如，正在鬧糾紛的夫妻一起對付闖上門來的好事者、激進的女性主義者與保守的傳統主義者聯手打擊色情內容。廣而言之，對於一個國家來說，沒有什麼比外敵入侵更能凝聚國民的。社會心理學家早已談論過這種**上層目標**（*superordinate goals*）所產生的共識現象。

不過，找到共同的動機雖然有用，卻不一定就能創造嶄新而持久的現實。關於此類現象幾本最具吸引力的著作出自哈佛大學心理學家凱爾曼（Herbert Kelman, 1997）之手。凱爾曼關注的是巴勒斯坦與以色列的衝突問題，其根源可以追溯到十九世紀末猶太復國主義誕生之時。二十世紀二〇年代首次爆發衝突以來，形勢一直處於不穩定狀態。在最壞的情況，雙方都拒絕承認對方的身分和財產權利，乃至發生流血衝突。直到1991年雙方才開始進行和平談判，雖然時有成效，但雙方還是經常爆發衝突。

從二十世紀七〇年代開始，凱爾曼開始了持續數年的工作坊，邀請衝突雙方的重要領導人相互接觸。這個稱作「解決問題工作坊」的項目，是自願、私人，且沒有留記錄的。與公共對話計劃相似，這個工作坊致力於約束雙方相互譴責和批判的傾向。同樣的，工作坊也強調「此時此地的經驗」，而非抽象原則，作為認識對方立場的基礎。受到此前提及的協商模式的影響，參與者嘗試為衝突局面找出雙贏的解決之道。對當下最重要的，就是鼓勵參與者「朝向共用展望的未來」（Kelman, 1997, p.214）。這樣一來，糾結於誰對誰錯的討論，就會轉而討論如何共同創建大家所期待的未來。正如凱爾曼發現的，「醞釀這些思想的過程，

創造了雙方之間的新型關係，這個過程始於協商，卻以兩個社會的融合告終」（Kelman, 1997, p.218）。下一章我們將會詳細介紹建構共同現實的種種實踐。

小結

　　轉化型對話的概念，對我個人和我的職業來說都非常重要。在今日世界，全球化進程把相互對立的現實帶入尖銳衝突的局面，我們亟需尋找新的溝通資源。我還發現這些實踐在日常生活中也非常有幫助。矛盾衝突在課堂上是家常便飯，在家庭生活中則是一種頑疾，對任何親密關係來說都是這樣。在這裡，我發現極有必要探尋認可他人的途徑，並且在自己之中找出那個較不與他者敵對的另一個「自我」。與此同時，對於實現轉化型對話的潛能，我也不想抱持過於樂觀的態度。我發現許多時候都有可能而且有需要採取轉化型行動，但我卻無法實現。比如，一旦什麼地方出錯了，我過於習慣性地去批評他人；在這一意義上，我忽略了關係性責任。我也沒能採取措施避免自己與別人發生矛盾。這就表明書中提到的各種學術方法存在明顯局限。分析問題對鼓勵創新很有幫助，但僅靠分析是不夠的。擁有新方法是一回事，把它們付諸實踐則是另一回事。我們需要共同進行實驗與實踐，讓自己更懂得處理差異，從而「自然而然」走向協作。

形形色色
的實踐

　　建構論者的對話已從書頁轉向社會實踐。實踐者不僅對建構論思想貢獻良多，還在自己的工作中運用了這些思想。眾多建構論學者認為，他們的工作應該要引發社會變遷。如果語言是在運用中發揮作用，那麼建構理論的意義就應該來自於其在社會中的實踐。在這一章，我將觸及一系列的相關實踐。我將重點討論四個領域中的建構式實踐：教育、治療、組織變遷及學術寫作。我這麼做，是因為這些領域的活動如此迷人，有時甚至讓人驚艷。我自己就發現本章討論的許多實踐，對我處理與家人、朋友、同事的關係裨益良多。或許你也會發現這一點。限於篇幅，我無法講述太多建構論的實踐探索。

教育：協作與共同體

　　我們常說「某某受益於良好的教育」。然而對很多人來說，所經歷的「學校教育」卻是（或曾是）悲慘的經驗，充滿了對失敗的恐懼、對競爭的焦慮和無盡的厭倦。這些常見的經歷很大程度上要歸咎於教育系統的兩大假設前提。首先，人們通常認為教育的首要目的是把學生從無知狀態改造為有知識的人──把純粹的見解、錯誤思想及盲目崇拜，取代成求真務實、慎思明辨的精神。根據這些原則，專家們為「正確」與「合理」訂立標準，進而成為學生必修課程的依據。學生沒有發言權。另一個假設前提是，人們認為教育目的在於提高學生個人的智力。為了確保每個人都能掌握正確的知識，即是使每個學生都成為「有知識的

人」，就必須時時評估。每個人都需「考試合格」，否則就要受罰。因此，學生面對著索然無味的課程，不時接受各種測試，確保他們有能力覆誦專家們所認定的眞實。

這種教育的取向一直飽受爭議。最嚴厲的批評者之一保羅・弗萊雷（Paulo Freire），稱這種傳統教育模式爲「**營養師模式**」（Friere, 1985）。知識被當成「營養品」，教育者是營養「發放者」，學生則被定義成食物渴求者。在此過程中的終極權威是那些參與知識生產的人，如科學家和學者。這些專家「分發知識」來「餵養」學生。次級的權威是設計課程的教育專家，他們把各種知識打包分類以便教學。再下一個層級則是教育機構的行政與官僚人員，負責挑選打包後的各門知識。教師其實處在最底層，他們不過是發放的工具，負責把各種「營養品」灌輸給學生。學生就像畜欄裡的動物一樣，要去咀嚼消化那些知識。正如批評者所指出的，在這樣的制度安排中，教師是被去權（disempowered）的。當他們根據要求講授標準化課程時，就喪失了在更廣闊的教育問題上作出回應的能力，也無法創造性地爲學生量身定做學習規劃。教師被**廢除技能**（*deskilled*）（Wise, 1979; Apple, 1982）。學生的權力就更小了，他們的創造力和創新意識都受到限制（Mehan, 1979）。

弗萊雷的觀點得益於社會建構思想。前幾章已經提到，我們所認爲的正確或理性（知識），其實是社群關係的產物。在人類社群之外無所謂眞實。況且，「個人心智」這個概念，不論從知識方面還是政治方面而言都是有問題的。如果知識和心智都受到質疑，那麼，教育體制中某些階級有權爲全體決定何爲正確與合理，這樣的結構便應該受到挑戰。社會建構論能夠提出替代的

思路嗎？整體而言，建構論會從個體的「能知者」轉而強調知識的集體建構。這種集體協作也將學生包括在內。這樣的轉向讓我們開始注重關係的品質，不管是師生之間、學生之間，或是課堂與外在世界之間的關係。最後，對社會建構論者來說，其終極關注點在於教育的實用性和政治性。也就是說，教育給人配備了何種能力（除了複述別人的話語之外）？以及，這種能力讓誰得利（或損失）？關於此類問題還有很多需要探討的，下面所述只是一例。

協作式課堂

在營養師模式，教師掌握知識，學生則是無知的。所以，教學傾向於單向教學（像各種講座、簡報等等）而非雙向對話。然而，對社會建構論者來說，這種單向教學的效果極為有限。當然，有些時候見解深刻的講座教學很有價值。不過，單向教學是非人化（impersonal）的，並不是在向具體的某個人說話。而且，學生的技巧沒有涉及其中，他們只顧抄筆記，或者索性放空。結果，學生幾乎沒有機會以適合自己的方式吸收所教的內容。他們也很少有機會從那些資源中獲得對自己的需求或利益有所幫助的部分；說得直接些就是，他們未能「擁有資源」。

現在，許多教育專家都開始從單向教學轉向雙向對話，作為主要的教育手段（Wells, 1999; Verella, 2002; Applebee, 1996; Simon, 2003）。這裡指的不是那種分輸贏的辯論，或是蘇格拉底式那種老師掌握正確答案，然後引領學生得出預設結論的對話。相反的，他們強調：（1）擴大課堂互動範圍，尤其要防止少數學

生意見領袖形成主導；（2）減少控制對話的趨向，讓學生與教師保持同等的主動性；（3）尊重與認同學生，而非改正他們；（4）捨棄絕對真理，接受存在多元現實的可能性。這種對話取向的課堂不鼓勵「罐頭式的講座」以及密集的PPT教學，並且挑戰教師作爲全知者的角色。這種形式歡迎教師積極參與課堂互動，力所能及地爲師生對話作出貢獻。

　　有許多方法可以促進課堂協作。教育家布魯菲（Kenneth Brufee）在他的大學英語課堂上建立了一些**共識小組**（*consensus group*）。這些小組各自使用自己的話語來回答不同語境下的問題，也鼓勵學生們挑戰該領域內的權威觀點。不過，各小組內部必須達成共識，並準備與其他小組分享他們的觀點。這就意味著各小組必須學會如何在過程中處理內部分歧，有時甚至是極端分歧。他們必須學會如何在一個存在彼此矛盾的多重現實的世界裡共同生活。用布魯菲的話來說，「要求學生達成某種讓所有人都能夠『共存』的共識，會激發學生們面對幾乎所有學科中最棘手最複雜的問題」（Bruffe, 1993, p.41）。一些學者則進行了更爲激進的試驗，力圖建立一種協作的寫作模式（Ede & Lunsford, 1990; Forman, 1992; Reagan et al., 1994; Topping, 1995）。他們不再把學生看成孤立的作者，而是嘗試把所有人的智慧和資源加以組合。學生們一起參加腦力激盪、搜集資料、組織材料、擬草稿、修補訂正，以及最後編輯文稿。有的學生善於概念化，有的可能善於提出創新洞見，有的則善於舞文弄墨或插圖作畫，甚至有的人善於凝聚人心，提高小組士氣。通過這種合作，學生們各自成爲他人的學習對象。他們互相教學，完成寫作。

　　再推進一步，教育家們還想辦法把課堂教學帶入與外界環境

的協作。具體的希望是，把教室與世界連結起來，讓教育更接近社會生活。服務學習的課程最能把學校與社區結合起來。這樣學生就能在社區工作中修得學分；他們給貧困家庭的兒童輔導功課，在志願者組織或社區服務機構中參加實習活動。也有一些更特別的案例，比如在狐火計劃（Foxfire Programme）中，學生們彼此協力，並跟老師和校外的專家一起合作出版雜誌和書籍，製作廣播和電視節目。在此類計劃中，課堂教學材料成爲校外服務計劃的資源（Boyte & Evans, 1986）。羅高福（Barbara Rogoff）與她的同事創立了一個集合學生、教師與社區成年居民於一體的活動項目（Rogoff et al., 2001）。他們認爲，當學生帶著興趣一起參與時，教學最有效。所以，老師與家長和學生一起設計課程內容和課堂活動，就連最小的學生也被納入課堂討論中。家長則不時參與共同教學。有時不同年級的學生也會一起上課，共同學習。結果，他們創建了一個學習者共同體，而這一切皆從協力探索而來。在另一些案例中，學生通過網路與世界其他角落的課堂教學連繫起來，就一些具有全球意義的話題展開對話（Taylor & Saaranen, 1994）。

對話形式的期末考試

　　作爲教授，我從不喜歡在學期結束時進行期末考試。這並不僅僅是由於在一個短促、緊張、矯揉造作的氛圍中考察學生的表現有失公允，而且考試方式往往太過強調死記硬背和複述答案。作爲一名教師，我首先提出的問題是：學生是否通過我的課程提高了相關

領域的對話能力？他們能否把課上所學應用來與人共事？所以，我開始嘗試探索一條可以替代期末考試的途徑，即小組對話。在最成功的試驗之一，我把學生分成幾個小組，讓他們一起就某個難題或課題進行合作。他們被要求在一週之中通過電子郵件展開對話。開始前，學生們一起制定出他們心目中的理想對話標準。有趣的是，他們制定出來的標準，與那些用來衡量個人表現的標準，大不相同。在一般的考試中，文章必須要邏輯嚴密、看法獨到，還要達成最佳的單一結論；但有效的對話中則需要存在多元觀點，並且不排斥其他的任何可能性。正如學生們告訴我的，在良好的對話中，參與者會相互關照。

　　一週結束後，對話的全部記錄都交到我這裡。針對每個人的評分（應教務處的要求）包含我對對話品質的整體評價（基於他們的標準），再加上個人努力。進一步詢問，我發現大部分學生都覺得這類對話很有活力，並能啟發智力。他們對這樣的交流模式展現熱忱。對話中不存在尊卑長幼秩序，沒有人主導談話，所有人都有所貢獻。所有人都感覺受歡迎，對話結束時他們通常都會祝賀或感謝別人的貢獻。他們也很希望我能讀一讀他們的作品，他們預料我會覺得這一切很有趣。而我確實是……

多聲表達：向所有人溝通

　　分析一下何為「寫得好」。從小學到研究所階段，學生通常都會學習如何確定議題、定義關鍵概念、表達清晰、句段邏輯嚴密、論據充分等等。某種程度上，這些要求源於這樣一種觀點，

即認為存在一種普世的推理過程，好的作品不僅應該遵照這樣的過程，還要有所成果。正如我們在《哈珀大學生寫作指南》的前言中看到的，「思路清晰，表達準確，文字簡潔，論證有力，論據合理，這些要求不僅對寫作訓練很有價值，對我們其他學科的思維訓練也很有價值。」（Wykoff, 1969, p.26）然而，正如社會建構論思想所示，普遍的理性，即一種表現在我們的口頭和書面語言中的內在思維過程，存在著極大缺陷。而且從政治角度來說，為什麼這種「明智的寫作」標準要由少數菁英和特權者制定？最後，從實用主義的層面，我們該問：這種有學養的寫作模式，對誰最有用？在異質性如此高的世界，加上全球化現象的加劇，這種所謂「標準」寫作模式到底在何時、何地、對誰而言才是完美的？進一步來講，正如評論者指出的，那種標準模式形塑人在社會中的臣屬角色，以清晰、簡潔、投其所好的方式向權勢者彙報。這種風格絕對不會帶來啟發性的對話，也無法培養社會改革動力，而只能製造報告者。

帶著這種質疑，社會建構論的教育者開始探尋有利於多聲表達（polyvocality）的方法，也就是說，讓學生使用多種聲音表達的方式、運用多種表達形式，或嘗試多種作事的方法。多聲表達的訓練可以從小做起。低年級學生同樣可以用「自己的聲音」書寫自己的故事，這種自傳式敘事有助於學生確立自己獨特的表達形式（Phillion & Connelly, 2005）。

在大學層次，拉瑟（Patti Lather, 1991）進行了一項有趣的試驗。一般來說，大學教師都會要求學生寫命題作文，例如，對偏見、候鳥遷徙、法國大革命等課題進行描述、解釋及分析。然而，拉瑟指出，這種寫作模式基本上是**現實**主義的，也就是說，

它假設在社會建構之外存在一種客觀事實。因此，在現實主義式的練習之後，拉瑟要求學生用另一種寫作模式撰寫報告。這一次他們需要以批判的架構來寫作，從政治角度來探討這個課題。比如，他們要問，當我們稱某些觀點為「偏見」時，誰在受益？在這種建構模式中，誰的聲音被去除了？拉瑟接著要求學生用第三種模式寫作，這次要用**解構**的方式。在這裡，學生開始探索針對這個課題的多種詮釋方式，以及從中可獲得的許多啟示。再者，學生們可能會開始質疑自己的理解範疇：為什麼這樣而不是那樣？最後，拉瑟要求學生從個人或**自我反思**（self-reflexive）的角度寫作。他要求學生寫得更有新意，不局限於線性敘事，並且以更有情感的方式講述相關議題，以及議題與自身的關係。拉瑟相信，通過這些不同的寫作訓練，學生最終不僅能從現實主義的表達模式中解放出來，還可以運用多重視角觀察問題，從而向不同的對象有效進行表述。

有的教師透過讓學生給不同的讀者寫作，來訓練多聲表達的能力。例如，一篇關於環保議題的文章，可以面向同學而寫，再面向環保機構而寫，最後再寫給異議組織。每篇文章都會採用一種新的表達方法，從中得到不同的視角來看待問題。許多人認為書面語言正在式微，印刷技術日益被視覺媒體取代，像電影、視頻、電腦圖像、攝影作品等等。在這種情況下，教育家也開始在視覺媒體的教育中注重發聲能力的訓練（Ulmer, 1989）。若透過藝術、攝影或舞蹈來溝通重要的議題，將會帶來什麼結果？YouTube上一個三分鐘的短片，難道不能比一篇立論嚴謹的期末報告更有影響嗎？

批判思維

　　根據營養師模式的傳統，知識在各種學科如生物學、經濟學、歷史學等等的內部「烹煮」，然後餵養給飢餓的學生。但正如社會建構論者指出的，這些「知識的內容」不過是持定專業群體中的語言。這麼說來，學校課程正在邀請（或強迫）學生進入一個陌生的領地；他必須掌握領地內的生存之道，而異類坐在審判席上。然而，這個過程很少鼓勵學生從外部，或從某種利益與價值立場來質疑這個領地。例如，學生**學習歷史**但鮮少被鼓勵提出這些問題：「這是誰的歷史？」「爲什麼我們只討論國王、戰爭和財富，而不是討論人民的境況或弱勢群體受到的待遇？」學生不曾被鼓勵「換個角度看問題」，從而探索替代的歷史敘事，或是以不同的視角來看待「曾經眞實發生過的事情」。因此，對社會建構論者來說，重點在於提升批判性思維。如何才能鼓勵學生從替代的立足點來挑戰權威論述、論證成敗得失，進而產生出替代的詮釋模式？爲了達到這樣的目標，可以邀請學生參與課程設計、把他們的經驗納入教學材料中，並且鼓勵學生去收集材料來形塑自己的結論。

　　對許多教育學者來說，通向批判思維的首要步驟，是要引導**對隱性的課程**（*hidden curriculum*）的討論；所謂隱藏指的是教學主題中暗含但卻不被承認的信念和價值觀。例如，如果美國歷史被寫成一種關於進步的敘事，比如說我們的生活越來越好，這樣也就隱晦地認爲我們今天的生活具有更優越的價值，從而貶低了過去的價值與傳統，以及前人的努力。這種隱性的信念和價值觀經常會反映某個階級或族群的利益，而往往得利群體即是那些

負責制定課程的人。批評者指出，主流的教育系統性地抑制低下階層的成員取得學術成就，並且鞏固與合理化了利益群體的價值觀（Aronowitz & Giroux, 1993）。這個系統尤其鼓勵工人階級服從、被動、模仿而非創新（Bowles & Gintis, 1976）。

與上述觀點相呼應，教育學者發展出了各種**解放式教學法**，這種教育實踐鼓勵學生積極參與批判，賦權（empower）於學生讓他們得以決定自己的未來，而非僅僅接受那些所謂真理的餵養。解放式教學法的代表人物基洛克斯（Henry Giroux, 1992）指出教師可以如何透過揭露課程中暗含的評價標準，如性別、階級與種族偏見，從而破除官方課程的神話，鼓勵學生探尋主流觀念以外的替代選擇。正如阿羅諾維茨與基洛克斯（Aronowitz & Giroux, 1993）所提倡的，我們必須「清醒地意識到，文化差異是學校教育和公民身分的核心意義」，我們也必須「教育學生去捍衛民主社會賴以存在的原則和傳統」。

儘管這些都是通向批判式教學法的重要步驟，進一步的發展仍有必要。首先，就連解放主義的教育學者也意識到教師可能任意向學生灌輸意識形態的風險。例如，解放論者如何面對那些無法接受其信仰被批判的群體，如保守的印度教徒或穆斯林？其實，解放式教學也有可能存在與他們所批判的那些制度一樣的等級劃分與壓迫。解放式教學法的第二個危機，在於批判可能超越了界線。解放式課程都強調對主流傳統進行批判，但卻很少能幫助學生鑒賞現存傳統中的積極面向。注重「破」的批判性對話中極少觸及「立」的面向，無法從中醞釀對美好未來的建構。

這些教學實踐：課堂互動、多聲表達、批判思維，只是社會建構論對話所倡導的教育實踐的其中幾個例子。我們現在轉向考

察臨床治療的實踐，你會發現教育實踐中的許多社會建構論思想都在其中發揮顯著作用。

臨床治療作為社會建構

　　小時候，基比愛來我家，他似乎很想跟我和兄弟們一起玩。一有機會跟我們一起遊戲，他就高興得不得了。可是我們聽不懂他說的奇怪語言，所以不能跟他好好溝通。而且，基比是個成年人。我母親不願讓我們跟他一起玩，每個人都說「基比腦子有問題」。在蓋爾語（Gaelic）中，有一個詞被用來稱呼像基比那樣的人，翻成英語就是「與主同在」。現代心理健康產業已經拋棄了這種日常的詞彙，代之以四百多個表示「精神疾病」的專用術語（見第二章）。大量研究都在試圖揭示這些精神「疾病」的起因，且花費了大量時間來檢測各種精神疾病療法的效果。越來越多的心理健康專家使用藥品作為治療手段。

　　對社會建構論者來說，這股巨大的「科學化」運動不僅具誤導性，還經常帶來毀滅性的結果。不管基比和像他那樣的人實際上怎麼樣，「疾病」只是眾多的可能建構之一。假設他有病，就意味著他要接受「治療」。如果他不被看成病人，就有可能採取「治療」以外的方法。這種對待特殊人士的**醫療模式**，也反映在大部分傳統的治療與輔導方法中。人們說出問題，比如憂鬱、暴躁、恐懼、無力等，治療師的工作則是找到根源予以去除，從而緩解（治癒）病人的痛苦。心理分析可能認為病因藏在心靈的

幽深處（「壓抑」）；羅傑學派（Rogerian）可能認為癥結在於患者缺乏自愛；認知心理學派則會把癥結追溯到思想缺陷。在所有這些案例中，「出問題」的都是患者，治療師則扮演著專家的角色。治療師被認為是「價值中立」，純粹只負責尋找問題的根由，並尋得解決方案。

社會建構論者質疑這些治療方式，及其所依賴的醫療模式。為什麼我們必須把當事者建構成「有病」？有其他實用的替代嗎？臨床治療師憑什麼聲稱自己懂得更多？有任何治療形式是真正價值中立的嗎？三十年前，治療專家聲稱同性戀是一種精神疾病，並發展出許多治療手段。例如，他們採用電擊療法來減低男性對其他男性裸體形象的反應。這是一種治療法，還是政治迫害手段？而今日想要嘗試著把憂鬱驅趕出我們的社會，不就是透過想像一個人人幸福快樂的理想社會嗎？正如波蘭人所說，「如果你不憂鬱，你就一定是個笨蛋」。我們如何描述人的問題，以及視什麼為治療手段，都會產生政治影響（Szasz, 1984; Unger & Crawford, 1992）。

這並不是要譴責醫療模式和所有傳統治療方法，這些都是社會建構的實踐內容。這樣做，只是為了挑戰他們所建構出來且視為理所當然的世界，並探索任何替代方式的可行性。許多臨床治療師正在轉向這些替代方式的探索。在社會建構論的啟發之下，出現了新的實踐模式。這些基於社會建構論的治療法，通常具有下列共同特徵。

聚焦於意義：傳統療法注重的是現實的因果關係——尋找憂鬱、家庭暴力等等的根源。相反的，對社會建構論者來說，並不

存在任何預先固定的論據，所謂的憂鬱和暴力，以及其因果預設，都只不過是看待事物的其中一種方式。沒有什麼東西是理所當然的，「事物的論據」顯然只是一種建構，是那些處在特定關係中的人理解世界的方式。這並不是要降低「事實」的重要性。「釐清」正在發生的事，並非必要；重點在於構成我們生活方式的意義建構。例如，精神科醫師會對病人看待父母的態度非常感興趣，羅傑學派的療法則著力於當事者的自我感覺。可是，對社會建構論者來說，「感受」並非我們必須知曉的事實，它們都只是對話中的客體。因此，與其探究個人的「精神狀況」，社會建構論者更加關注個人建構自我的獨特方式；通常個人被允許自由說話，從而揭示出他所偏好的建構方式。接下來的挑戰就是如何運用這些建構，推向改變。

　　治療作為共同建構：傳統臨床治療師會以專家姿態處理精神憂鬱與家庭矛盾之類的問題。正是基於這種專業知識的假設，讓治療師主宰治療的方向；他們像是偵探，解決問題並引導當事者獲得某種洞見。然而，社會建構論者認識到，他所有關於憂鬱、家庭矛盾等等的理論，其實都只是特定專業社群中互動的副產品。這些建構不僅沒有任何優勢，我們還得問：這一切對當事者有用嗎？例如，大部分專業人士都認為關於浪漫愛情的論述值得懷疑，關於聖靈的論述則是具有誤導性的神話。然而，在大部分社會，這些都是建構世界的重要方式。依照這些說法，建構論的治療師必須以一種**未知**姿態進入諮詢工作（Anderson & Goolishian, 1992），也就是說，避免把預設的理論強加給當事人。對當事人話語中的意義保持好奇和開放的態度，

是很重要的。在這種情況，不是由治療師來「引領通向知識的道路」，而是治療師與當事人（或其家人）一起協作展開生成式（generative）對話。所以，臨床關係（therapeutic relationship）是一種共同生產意義的協作。

　　聚焦於關係：大部分療法關注的是個人的精神狀態，像情緒、想法、動機、無意識等。社會建構論者認為，應把當事人的精神狀況放在其次，主要關注他的社會關係。意義產生自這些關係，當事者的行為模式因而變得是否合理或可行。因此，關注的重點往往就從內在的精神狀態，轉而探索個人所處的關係網絡。與誰一起建立意義？帶來什麼結果？誰是主要的參與者──不論當下還是過去、現實還是虛構、在場或不在場的？在家族治療中，遇到困擾的人常被稱作**被指派的病人**（designated patient），這樣的話法指出一個可能性：這個家庭選定了一個代罪羔羊，來承受一個存在於家庭關係中的問題。

　　價值敏感：與傳統治療不同，社會建構論者認為臨床關係中不存在價值中立。每一次介入都會偏向某種生命形式，而貶低其他形式。偏向異性戀的治療師，自然排除了同性戀作為另一種選項；著重當事人的職場生產力，享樂主義的喜悅便無法實現；提倡「男權」者則會忽視女性的權利。意識到治療背後的政治性，一些治療師開展了支持某種理想的實踐。身為女性主義者、男女同性戀者的治療師尤其顯著。不過，大部分治療師都不太局限於單一群體，但是當觸及相關的政治議題時，會向當事人坦誠自己的價值立場。

這些不同的態度取向，為治療實踐提供了極大的空間。下面我們分析三種當下最流行的社會建構式的治療形式。

解方聚焦療法：簡略治療的力量

或許根本沒有問題？或許讓人們前來接受治療的痛苦和絕望根本不存在？感覺上社會建構論的思想正指向這些疑問。這並不是說我們在生活中沒有碰到難題；難題總是實實在在，而且往往非常痛苦。社會建構論者提醒我們的是，這些現實都是被建構出來的；難題並非獨立於我們而存在於「那裡」，而是在我們協商出現實的過程中變成了我們所看到的樣子。這樣的洞見讓許多治療師放棄了用傳統的方法去探索和解決人們的問題。更重要的是，當治療師鼓勵當事人暢談自己的問題、追索細節、表達全部感受，這樣反而可能會造成傷害。所有關於問題的談論，都是對痛苦經驗的探究，這讓「問題」變得更加真實、更加具體化。比如，當童年創傷經由這樣的探究已經變得突出、顯著、壓抑時，為何還要繼續無休止地往深處挖掘？治療師探問的是，有沒有另一種現實觀，可以帶來更理想的結果？

在這樣的脈絡底下，許多治療師開始轉移治療對話的重心。其中一種廣為接受的實踐是**解方聚焦**（*solution focused*）的方式；這種方法的代表人物之一謝澤爾（Steve De Shazer, 1994）指出，討論問題的解決方案比討論問題本身對患者更有幫助。討論解決方案總是充滿希望與期待。例如，與其深度探討當事人的憂鬱，不如討論一下患者如何才能「返回學校」或是「從事一些兒

童日間照顧工作」。謝澤爾進一步指出，當談話內容轉向當事人的目標，以及要實現這些目標的潛在資源時，會對當事人大有裨益。比如，談論憂鬱症是在創造憂鬱症的事實，談論期望與能力，則帶來更加光明的可能性。

　　開啟方案導向的談話，其中一個有效的方法是**奇蹟問答**（*miracle question*）。治療師問當事人：「如果今夜發生奇蹟，明早你醒來時問題解決了，你會變得不一樣嗎？」這個問題是為了促使當事人談論積極的行動計畫，把注意力轉到改變現狀上，從而致力於創建更加積極的未來。這種問答讓當事人擱置談論問題的語言，轉而關注「超越問題的生活」（Freedman & Combs, 1993）。通過這些問答與評論，治療師幫助當事人走出**非此即彼**（*either/or*）的思維——他們構建的世界或生活方式總是只能「這樣」**或**「那樣」——比如，異性戀**或**同性戀，事業**或**婚姻，堅持**或**順應。治療師帶入**即此即彼**（*both/and*）的態度，幫助他們想像一種多樣化甚至是帶有矛盾的生活方式（Lipchik, 1993）。有些治療師採用一種「步入正軌」的語言（Walter & Peller, 1992），讓當事人設定一系列目標，制定出實現目標的具體步驟。為自己的生活採取一種「通向未來的軌道」這樣的概念，也可以使用**尺度問答**：「按從 1 到 10 的程度排列，你感覺自己處於何種情況？」（Berg & Schazer, 1993）

　　與傳統治療方法相反，側重於解決方案並採取積極行動的療法通常會縮減療程時間，所以「解方聚焦療法」也常被稱作**簡略療法**（*brief therapy*）。解方聚焦（或曰簡略）療法與大多數傳統療法的「問題聚焦」形成鮮明對比。由於縮短了治療時間，這樣的療法受到當事人和醫療人員的歡迎。不過，這種療法也不是

沒有缺陷。對許多人來說，它仍未脫離個人主義模式，也就是說，它仍由個人制定並達成行動目標。當事人所處的社會關係似乎沒起什麼作用。還有一些人反對這種取徑過於強調目標，他們認爲這樣等於把人生看成「一系列任務」或一系列有待測量的成就，未能給人生留下率性、愜意、感性生活的空間。最普遍的質疑，也許在於這種取向的療法對嚴重問題的效用。對於日常生活中的一些普通問題，解方聚焦療法或許能夠奏效，但對那些嚴重的、長期的心理困擾，其效果又會如何呢？（相反的論證，參考Duncan et al., 1997）

敘事療法

對許多建構論治療師來說，敘事的概念非常重要。如第三章所說的，敘事或講故事的方法是我們理解彼此的主要手段。我們生活在敘事中，敘事讓我們知道自己在哪裡，將會往何處去。我們的痛苦是有原因的，往往是我們在生活中建構出來的敘事所致。婚姻破裂帶來痛苦，因爲在兩夫妻的敘事中，婚姻幸福是他們的首要目標。因爲我們活在崇尙成功的敘事中，所以一旦失敗就會懊悔不已。從這個角度來看，有效的療法必須讓當事人得以**重新講述**（*re-story*）自己的人生故事，以新的、更適當的方式重新界定自己的生涯。

怎樣才能完成這種轉變呢？在《故事・知識・權力：敘事治療的力量》（1990）一書中，懷特（Michael White）和艾普斯頓（David Epston）講述了他們如何以各種方式幫助當事人重述自己的人生故事。其中最有趣的一種辦法是**問題外在化**（*problem* *externalization*）。傳統上我們總是把問題內在化於人們心裡，比如「我的沮喪」、「我的無能」、「我的敵意」。對懷特和艾普斯特來說，重述故事的重要一步，在於個人（及其家人朋友）把問題與自我分離開來。這是試圖把問題**外在化**，從「內在」移到「外在某處」。舉例說明，一個六歲的男孩尼克被父母送來接受治療。尼克基本上有任意排便的行為；他不但喜歡毫無預兆地「意外排便」，還把「便便」甩到牆上、塗到抽屜裡、抹到球上，弄得屋子四周都是。這種習慣看起來已經失去控制，他的父母只能勃然大怒。挑戰在於如何把「便便問題」與尼克本人區分開；於是給這個問題取了個新名字「躲藏鬼便便」。現在治療師和尼克的家人就可以談談「躲藏鬼便便」如何欺騙尼克跟他一起玩，如何讓尼克交不到朋友，以及尼克的爸爸媽媽可以如何幫助尼克阻止「躲藏鬼便便」的詭計。

敘事療法的第二個挑戰，是如何找到獨特的成果（unique outcomes），也就是說，得到原本敘述的情節中所沒有的事件。這些獨特的結果可以用來作為新故事的基礎。例如，前來尋求治療的尼克一家堅信那是「尼克的問題」。然而，當他們開始把問題看成外在於尼克時，新的事件就冒現了。家人開始回憶尼克曾經抵抗「躲藏鬼便便」，或者家人曾一起努力不讓便便接近他們。這種獨特的成果成為構思新故事的基礎；在新故事中，他們齊心協力抵禦外來威脅，而尼克也得到幫助。這種新的敘事，為這家人提供了新的、更成功的方向。

許多敘事療法的治療師也非常關注治療的政治性。他們發現，當事人帶來的困擾敘事，其實都是社會上的權力關係所致。回想一下傅柯所批判的，主流論述的功能旨在控制人民（第二

章）。例如，如果我認為自己正在憂鬱，就必須尋求治癒，因此就成為了心理健康專家發明的故事中的受害者；我接受了這種醫療模式，在其中我成為一個需要為自己的缺陷尋求治療的人。對許多敘事治療師來說，他們主要著重於幫助人們逃離文化中主流論述的禁錮，從而對那些主流但有害的設想發動「起義」（White & Epston, 1990, p.32）。例如，在懷特寫給當事人的信件中，有一封是這樣寫的：

> 親愛的蘇：
>
> 貪食症耗費了你大量精力，還耗費了你大量金錢。這種病支配了你，讓你討厭自己。它還讓你不停地評判自己的身體和人格，讓你順應它的旨意⋯⋯

在這封信中，首先注意一下貪食症如何被外在化。蘇不是貪食症患者，相反的，食慾過旺是她的敵人。再者，懷特試圖通過這封信幫助蘇挑戰精神病專家的主流論述，他們把食慾過旺現象看成一種病，認為患者需要進行臨床治療。他鼓勵她丟棄普遍的「以瘦為美」觀點，探索一種屬於自己的、獨特的自我意識及未來期許。

聚焦於敘事的療法對許多治療師來說都極有裨益。它聚焦於意義，為臨床與學術社群提供了廣闊的交流空間，更有助於培養政治意識。不過，許多人仍然覺得還有進一步發展的空間。例如，敘事治療師通常注重個人的自我敘事——「我的故事」。這樣一來，就鞏固了個人主義世界觀，側重個人自主而非個人置身其中的社會關係。還有一個問題：人們是否真的生活在單一敘

事，只有一**個**生命的敘事？我們只載負著自己人生的單一故事嗎？在不同的場合、面對不同的接收者，我們難道不是有多種敘事模式嗎？怎麼可以說我們的生命只有一種敘事而且只活在同一個敘事中呢？也許我們不應該把敘事看成行動的導因；敘事本身就是一種行動。或者，回想第三章關於敘事的討論，我們**運用**敘事與他人建立關係。果真如此，接下來的問題就從重述故事轉向如何在行動中運用多重敘事。

多聲表達：擴展可能性

　　建構論治療的第三個焦點，是**多聲**（*polyvocality*）。這裡強調的是，圍繞問題展開多種解釋或建構模式；目的不是在於找到「解決方案」或「新的故事」，而是探索一系列新的選項。相對於以單一或受限制的觀點看待自身或身處的情境，當事人現在有許多不一樣的可能性。多種行動途徑因而展開。

　　對一些治療師來說，挑戰在於如何釋放個人多聲表達的潛力。回想有關多元存在的討論（第五章），焦點在於人們所擁有但卻在關係中被壓制的多種潛力。治療師需要讓這些被壓抑的聲音找到表達空間；如治療師湯姆（Karl Tomm, 1994）所說，要試圖找到**內在他者**（*internalized others*）的聲音。例如，當當事人開始談論他們的問題時，治療師可能會問他們是否可以找到內心的另一個聲音，一個可以用不同的觀點、不同的可能性去建構世界的聲音。如果當事人仇恨父親而備受折磨，他心中是否有另一種「未被聽到的」聲音會表達出憐憫或欽慕？治療師佩恩和法蘭克福（Peggy Penn & Marilyn Frankfurt, 1994）請當事人給別人寫信，

收信人可以是在世的，也可以是已經去世的。他們認為，向別人
對話時，透過預測他們的回應，你也同時在跟自己對話。寫信開
啟了新的**內在對話**，可能由此引向新的人生方向。一位名叫瑪麗
的當事人對她的前夫深感憤怒，她覺得自己以前深受其害，所以
認為他實在沒有任何優點可說。治療師問說，難道他真的一無是
處嗎？瑪麗終於承認他對自己的兒子很好，是個好父親。於是，
治療師鼓勵瑪麗寫一封信給前夫，不一定要寄出，但要在信中寫
出她對於他身為一個父親的看法。結果，這不僅改變了她談論前
夫的方式，甚至變得有能力以不同的方式看待自己，不再自認是
受害者。

多聲表達也可以通過增加對話成員來實現。其中最常見的實
踐，即是挪威家庭心理治療師安德森（Tom Anderson, 1991）所
引進的**回饋小組**（*reflecting team*）。家庭成員通常會對自己、對
家人，以及對他們面對的問題，都採用相同的建構方式。安德森
想要避免對這些現實提出激烈的質疑；在他看來，感覺良好的對
話過程，才會有效帶來改變。所以，當一家人跟訪談者談論他們
的問題時，一組治療師（通常是三位）則從旁觀察。在訪談過程
中，每位治療師都要對發生的情況進行「一場私下對話」。之
後，治療師小組加入家庭的討論，一起討論他們對事情的看法。
為了避免以主導者的口氣講話，回饋小組成員採用不太確定的語
氣：「我不太肯定……也許……人們可能會這樣想……」。他們
不會壓制不同的觀點，而是主張即此即彼（both/and）的看法：
「你可以這麼看……另一種可能是……」接著，他們請家庭成員
評論回饋小組的討論內容。比如，他們會被詢問：「你想對剛才
聽到的哪些內容進行評論嗎？或者想多談一些……？」回饋小組

放下專業的權威姿態，引向一種雙向且開放的意義探尋。「治療法同時聚焦於治療師與當事人，並會根據談話需要⋯⋯在某些特定時刻採取因地制宜的辦法。」（Lax, 1991, p.142）

從診斷到對話

基於醫療模式的心理療法，強調的是專家診斷，扮演專家的正是那些治療師。這種取向只從單一的、疾病導向的觀點來建構問題，而且去掉了治療師以外的其他聲音。芬蘭心理學家西庫拉等人（Jaakko Seikkula et al., 2006）發展出了嶄新的替代。他們想讓更多的聲音參與到問題討論中，通過**對話式聚會**（*dialogic meeting*）來實施心理治療。對話式聚會是在精神病院的環境中發展出來的，由於診斷出的精神分裂症病例增多，醫院的許多床位被占用，許多病人都要進行藥物治療。西庫拉等人從一開始就取消了專家式單一診斷療法，轉而對每個案例設立小組。小組可能由幾位專業人士組成，代表不同的意見，另外還有患者的家人、密友、同事及有其他利益關係者；患者也會參與小組討論。聚會鼓勵每個人暢所欲言，並且參與小組協作來尋求改變。若患者病情比較嚴重，這樣的小組聚會可能會每天召開一次，但會隨著時間推移減少次數。小組保留彈性，會隨著情境變化而轉移對話重心，且隨時都可能加入新的行動方案。他們不會去「壓制」問題，而是認真研究問題的根由。小組嘗試在不斷變換的條件下保持對話的連貫性。這種對話式聚會的成果非常戲劇性：精神分裂症病例大大減少、住院治療患者數量減少、接受藥物治療的病例也有所減少。

通過協作實現治療目標

治療師長期以來都有同時與多位當事人進行治療的做法，但是傳統上的小組治療只是作為治癒個人的手段。治療師依舊扮演傳統的專家角色，提供有益的見解和指導。最近一些治療師正在探索通過群體協作來實現改變。這樣，小組的參與者有更大的參與度來決定改變的方向，治療師則只是扮演促進者的角色。下面這些案例説明了這種實踐的潛力。

第一個例子是，美國德州休斯頓市的一群家庭治療師把一些遊民婦女聚在一起，其中許多人都深受毒品與家庭暴力之害。他們鼓勵這些婦女説出自己的過去，分享她們成功和失敗的故事，談論她們的人生經歷。久而久之，這個群體演變成一個互助的小社群。她們視彼此為共同體的一員，因而得以展望未來，決心改變自己的處境。在這些治療師協助下，她們最終發布了一個宣言。正如下面節選的文字所示，這些婦女準備集體走向未來：

> 我們這些「創建穩定家庭」行動的參與者，同意擔負起為自己和家人創建美好生活的責任。為了實現這一目標，我們將優先考慮、贊同並尊重自身的獨特性，以無條件的愛，不予判斷或批判，為家人，也為自己，按照我們的價值觀來生活……透過這個團體，我們希望彼此獨立而互助。

第二個例子來自倫敦的治療師阿森及其同事（Eia Asen et al., 2002）。他們選取了目前心理療法中最有難度的課題之一，即青春期少年中的自我挨餓現象（被診斷為厭食症）。此類問題非常複

雜，由於焦慮不安的家長會被捲入進來，導致家長與子女之間的關係緊張。阿森及其同事沒有把重點放在患者身上，而是設計出一種多個家庭合作的項目，讓多個家庭聚在一起，討論相關問題及成功經驗。通過這種做法，家人與患者都能找到「理解」和支持他們的人。而且，通過交流那些成功與失敗的經驗，參與者能從中得到啟發，並運用到自己家庭中。這些會議通常都不會在充滿防腐劑與其他無關設施的醫院舉行，而是安排在家中。多個家庭之間的協作，所帶來的結果證明比大部分個人治療更理想。

在組織中創造意義

組織過程或製造意義的過程，都是同一回事。組織工作就是要建立秩序、去除偏差、簡化與連結；當人們試圖理解事物（make sense）時，也是做同樣的事。

——卡爾・維克（Karl Weick），

《在組織過程中創造意義》（*Sensemaking in Organizations*）

正如上述引文所示，創造現實的過程，對組織過程的重要性相等於對個人或家庭福祉的重要性。如果人們沒有走在一起來決定要做什麼，以及這些事為何重要，就不會產生組織。而且，除非參與者圍繞一系列具體目標協調自己的行動，否則組織就不會取得成功。維克的話還反映了目前許多組織專家的焦點，他們開始關注的是，組織是否有能力因應隨著當下通訊技術與全球化走

向而產生的多重且多變的現實。然而，用社會建構論的角度理論
化組織過程是一回事，將它們付諸有效的實踐則是另一回事。或
許通向實踐的第一個重要步驟可以借鑑摩根（Gareth Morgan）
的《組織意象》（1998）。摩根在書中說明，我們描述組織的方
式，以及我們在組織中生活的方式，是透過隱喻。如果你說自己
在一個組織工作，其實你並未說明自己到底在那裡過得怎樣。如
果你說組織像一架機器，我們當下就能想像出你工作的樣子。因
此，我們一點都不意外組織被分成專門的部門，每個人都在其中
發揮特定的功能（就像汽車中的各個零件一樣），責任劃分非常
明確。相反的，如果你說組織像個團隊，我們就會設想那裡有更
多的合作關係、責任分擔，以及團體協作。實際上，組織的社會
建構跟它的實踐活動緊密相連。

　　近年來，社會建構思想在組織研究中日益凸顯，伴隨這種發
展，組織生活出現了許多創新。下面我重點介紹兩個極佳的案
例：一個關於決策，一個關於領導。

集體決策

　　關於組織最早的隱喻之一，是其軍隊特色。在這裡，大量人
員被動員起來——做，或死。從伯羅奔尼撒戰爭直到現在，軍事
組織的基本形式一直都是金字塔狀。戰鬥計畫由結構的頂端制
定，命令從各級職能部門（像步兵、補給部隊、醫療隊）逐級下
達，由大量的軍人負責執行。如果違抗命令，就要被處決。計劃
的成功則層層上傳到決策層。

　　金字塔隱喻直到今天仍主導著大部分組織實踐。這種被稱為

圖6.1
我請約翰‧萊斯曼教授用撲克牌揭示現代組織機構的特點，他便搭建出這個結構。他想突出相互依存的重要性。

「命令與控制」的觀念，在二十世紀大部分時間裡支配著組織的行動理念。然而，近幾十年來人們對這種思想越來越不滿意。在命令與控制型的組織中，存在某些僵化。在當今世界，情況瞬息萬變，如果只是坐等決斷——決策者通常是不怎麼瞭解在地情況的人——機會就會轉瞬即逝，可能造成損失。甚至在軍隊系統中，命令與控制型的實踐也遭受質疑。軍人一旦走上戰場，地面部隊難免會遇到特殊情況，戰場上的局面總是近乎混亂。在這種情況下，部隊必須改進策略，否則就會被消滅。

　　我曾遞給我的好友約翰‧萊斯曼（John Rijsman）教授一包彩色卡片，請他按照當前的組織形式排列這些卡片。結果出現在我眼前的是傳統的金字塔式結構。不過，有趣的是，萊斯曼讓各個部分相互依存，頂層的那些人只有在下層的支持下才能保住自己的位置。

從建構論觀點，可以把組織看成是**對話場域**（*field of conversation*）。當人們對話時，他們在共同建構意義。高層管理人所制定出的決策，很少反映整體員工在對話中所共享的現實與價值觀；這些都是從外部強加的決策。像「預算必須削減10%」，「我們要裁掉這個部門」，或者「分紅標準將會不一樣」這樣的命令，通常會在員工中強制執行。然而，不管上層傳達的資訊是什麼，它們總是會引起議論，而且上層無法控制這些詮釋。來自別處的命令有可能被認為合理可行，但也可能被建構成「沒頭腦」、「不敏感」、「苛刻」或「誤導性」。

所以，決策制定的主要挑戰在於動員人們展開積極有效的協作。要盡可能網羅員工，開展的對話必須要動員集體的意義、價值與動機。不該有外來的決策出現在組織對話中；決策應該反映對話參與者的心聲。決策制定時，必定代表了參與者認可的邏輯和價值。況且，邀請員工加入決策過程，認可他們的貢獻，這些員工會增加對組織的付出。所以，決策過程不就是在聚攏人心、激發員工的活力嗎？正如利特爾約翰和多梅尼西（Stephen Littlejohn & Kathy Domenici, 2000, p.53）指出的，「人們擁護他們創建的東西」。

協同決策的一個極佳案例來自一家跨國企業的大型分公司CEO。他接到母公司的命令，將公司成本削減15%。面對這樣的命令，他感到很為難；而且這個命令毫無通融的餘地，讓他深感沮喪。他一度考慮聘請一家大型顧問公司來幫他決策。裁員顯然是最省事的方法，但該裁掉哪些人，又該何時執行？問題很清楚，如果他宣布公司裁員，就會讓更多人承受母公司施加給他的那種壓力。這樣的公告必將加重員工的恐懼、怒氣和沮喪心理。

　　他和員工最終選擇了另一種決策方式。組織成員加入決策過程，他們建言獻策，指出如何讓公司的支出更有效率。他們成立了十四個研討小組，每個小組組員來自公司各個部門的各層級。各小組收集資訊、進行訪談，並且定期與其他相關小組會晤。公司聘請了外面的顧問，但只是負責協調小組的資訊交流和排程。最後，這些研討小組提交了一份厚達七卷的意見匯總。公司執行董事部最終採納了75%的小組建議；裁員人數實現了最小化、各部門出現了巧妙的組織重構、節流的目標達到了，而員工的熱忱則達到最高點。公司各個部門其實都參與了進來，最終的政策公布時，得到了廣泛贊同，並提振了員工士氣。

欣賞度探詢：從衝突走向共同體

　　組織中的生活是動態的。在組織中的任何地方，從收發室到會議室，參與者不斷生產出關於真實與良善的在地意義（local sense）、誰在對誰做什麼、情況是好是壞，等等。各種現實與道德標準之間必然出現衝突，伴隨著這些衝突往往會有懷疑、敵視、士氣低落等等。這些都是組織生活中的日常挑戰，當緊張關係加劇時，會嚴重阻礙組織運作。傳統上，經理人和組織顧問都會從現實主義的角度處理這些問題。也就是說，這些問題被當成「東西」，相當於組織的疾病。再者，因為那是問題，所以需要解決方案——治癒疾病。一些人被開除、加薪或減薪、設立新職位、進行新培訓：所有這些都是處理組織問題的常見手段。

　　然而，回想一下關於治療的討論，問題之所以存在，原因在於協商出現實的方式。只有我們同意有問題，才會出現問題；任何情況都可以界定成是否有問題。循著這個邏輯，組織專家

庫珀里德（David Cooperrider, 1996）和他在凱斯西儲大學（Case Western Reserve University）的同事創建了一種現在全世界都在採用的決策手段。這在處理矛盾衝突問題時尤其有效。這種手段被稱作**欣賞式探詢**（*appreciative enquiry*），來自藝術中「欣賞目光」的概念。如其所言，在每件藝術品中人們都能發現美。庫珀里德問道：在每一個組織中，不管其內部如何混亂，人們是否也有可能發現美？這種美被定義為「正面的核心」。如果可以發現其中之美，組織成員是否能將之當作設想新未來的基礎？

促進欣賞度的具體手段，得自建構論對敘事的強調。每個人都有許多關於自己的故事，而在當中人們會發現那些有關價值、奇遇與快樂的故事。在組織中，這些故事是寶貴的財富，幾乎相當於銀行中的金錢。庫珀里德指出，把這些故事提煉出來加以運用，就能啟發新的未來。分享這些故事時，人們就會更加堅信自己能夠實現理想。事實上，欣賞性的敘事能夠釋放人們的創造力。

例如，一家世界著名的化妝品公司有性別衝突的問題。公司裡的女性感覺男員工對她們的態度很差，她們鮮少被肯定，有時被騷擾，而且工資低，還得超時工作。與此同時，她們的男同事則認為這種指責很不公平，抱怨女員工經常無緣無故情緒暴躁，充滿敵意。同事間充滿了不信任，還要對簿公堂，公司裡鬧得沸沸揚揚。公司主管於是向庫珀里德和他的同事求助。主管認為，公司必須制定一部行為規範，詳細規定性別關係中的操守，以及對不良行為的懲罰措施。但對庫珀里德來說，這種做法只會使「問題」客體化，這種「解決方案」仍會造成同事間的不信任。

於是，公司進行了一項欣賞度探詢，號召所有員工參加。接

著，男女員工以小組為單位在一起碰面，他們的具體任務是回憶自己在公司裡的一些美好經歷。有沒有男女同事合作得很愉快、很有效率，而且互敬互助的事例？有沒有一些時候，男女同事都從對方的貢獻中獲益匪淺？這都是些什麼樣的經歷？它們對這些員工意味著什麼？員工們積極地回答了這些問題，回想起往日業績的許多故事。各小組接著開始分享和比較他們的故事。這時候，出現了一些細微的變化：敵意漸漸融化，同事間充滿了歡笑、讚揚和相互尊重。在這種積極的氛圍中，庫珀里德接著邀請員工開始想像公司的未來。他們如何能共同創建一種最能體現他們的核心價值觀的企業文化？怎樣才能使公司給他們帶來這種愉悅的體驗？員工們討論這些問題時，同時也在開始思考新的組織實踐——規章、工作小組、社會計畫等等。組織充滿樂觀向上的情緒。積極的方案一旦實行，「問題」就消失得無影無蹤；公司又開始興旺起來。

從領導力到關係式領導

領導力的議題有長遠的歷史。實際上，目前關於這題材的英文書籍已超過二十萬種。我們知道得還不夠多嗎？還有什麼可以添加的嗎？在社會建構論看來，我們對這個問題的研究幾乎還沒開始。之所以這樣說，是因為大部分關於這個題材的作品都把領導力歸因於個人，而非協作關係。從很久以前的「偉人」論，到近來那些關於偉大領袖個人魅力及成功人士的個人素質的描述，大部分理論都認為領導者的潛力蘊含於個人。然而，按照建構論觀點，領導者的任何特質都不是獨立存在的。僅憑一己之力，任

何人都不可能做到鼓舞人心、深謀遠慮或明察秋毫。一位極富個人魅力的領導者只有在別人讚嘆他的時候才是這樣，一旦不再得到他人目光，領導者也就毫無個人魅力可言。一項「明智的決定」只有在別人同意配合時才稱得上明智。在個人的層次上談論領導者，就會忽視產生「領導者」這個概念的社會關係過程。

關於「偉大領袖」的想像，很大程度上是傳承自過去那種命令與控制的結構。如我們所見，在一個急速變化的世界裡，此類結構是僵化的。進一步而言，沒有哪位領袖能夠對哪個課題全知全能。只要在網路上搜尋一下，就會知道哪怕是最細微的話題，也會有無盡的意見、贊成或反對。在這種背景下，出現了新的領導實踐。那些無止盡且時常自相矛盾的所謂理想領袖特質，已被拋棄；取而代之的，是對敬業樂群、知人善任、善於溝通、精於決策、樂於分享、勇於奉獻、團結協作、勤學好問、廣交朋友等等特質的重視。實際上，這與社群建立過程有密切關係。作為一名建構論者，有必要把領導力替換成**關係式領導**（*relational leading*）的概念。領導力注重的是個人特質，關係式領導注重的則是關係中的人們把握未來趨勢並有效開展工作的能力。欣賞的不是個人，而是協調關係並動員人們採取行動的過程。在這裡我們看到領導力並不是特定個人的任務；相反，它源於人們建立關係的方式，即平時我們對待彼此的方式。

哪一些日常實踐對關係式領導最重要？下面是其中最重要的幾項。

積極分享

要動員人們向前進，靠的是廣泛分享理想、價值觀和洞見。

理想的工作場所應該能讓人們談論理想，有充足的時間討論緊迫任務以外的事物。此外，參與討論的聲音越多，得出的結論就越充分。每個人都是資訊和價值的泉源，所以將更能看到各種可能性與潛力。而且，取得的成果要更大程度歸功於建言獻策的員工。某位高階主管或許可以運轉一家公司，但其員工可能只會機械地配合。如果把人看成棋子，這個人就會表現得像個棋子。積極分享意味著每個人都要尊重其他人的意見。

提升價值

讓人身心投入的活動往往不是源於個人的提議，像「我認爲最好這樣……」，而是由於別人對這個提議注入了價值。「那很有趣」、「我以前從未想到」、「那正是我們所需要的」、「讓我們探討一下那個想法」。所有這些話語都對別人的見解注入了價值。此種形式的肯定，並不是提升價值的唯一方法。正面延伸也是一種強有力的推動。「讓我們思考一下這將意味著什麼……」「我可以展望這種方案有助於……」當某個想法被延伸時，即被肯定潛力、添加有用的資訊、克服可能的障礙，於是就會呈現一幅富有魅力的未來圖景。當面批評應盡量避免，因為它不僅會傷害提出建議者的感受，還會破壞整個談話氣氛。

塑造形象：隱喻與敘事

通過積極的分享，就能產生一系列豐富而睿智的備選方案。價值提升了，就更有動力。不過，仍有必要整理思路，賦予這些想法更廣闊的層次。此時我們可以請來兩位老朋友幫忙：隱喻與敘事。在整合不同思路和協調人們的行動時，隱喻能夠發揮強有

力的作用。關係式領導有賴於參與者在其中為未來找到一個導向性隱喻。把公司隱喻成**家庭**，或是想像成**實力的地方**，兩者帶來截然不同的行動。就某種主要隱喻達成共識，這一點非常重要。如果一家公司的成員相信他們處在一個家庭中，當上級主管決定裁員時，就會遇到很多麻煩。你總不能因為經濟原因把一個家庭成員踢出去吧？

想想敘事的用途：組織的成員通常都會安於現狀；至少他們知道該做什麼，而且他們做得相當有效率，為什麼要改變呢？其中一個重要原因是受到新方案的誘惑。然而，從現狀轉到另一種新的、更有價值的情境，需要有一個故事——這個故事解釋了新狀態的意義，並且指出實現的途徑。「這個新方案將會幫助我們給顧客提供更好的服務，我們可以這樣來實現……」「在目前這種情況下，我們幾乎混不下去了，如果公司轉到X上來，我們肯定能真正盈利」。有說服力的敘事還得將目前的局面放到過去的脈絡中。例如，常見的「白手起家」型敘事，裡面會講「我們開始時一無所有，但看看現在」；還有一種「打氣」型敘事，裡面會講「我們處境不佳，但士氣猶在」。每個故事都能接續今昔，以此推動我們走進未來。

這三種有助於提升領導力的手段：積極分享、提升價值及塑造形象，並不限於某個個人或位置。理想的情況是，這些手段應該在組織的各個層面實踐。這並不是說所有人的貢獻都一樣。傳統組織中那些處於高位的人總是較有優勢，他們交際更廣、經驗更豐富，講話也更有分量。他們的技巧可能更有利於肯定、鼓勵、創建敘事和隱喻。

領導力作為賦權者：幫助他人的案例

　　傳統上，我們把領導者與跟隨者區分開來，在組織中就跟在別處一樣，都是領導者說了算。領導力的訓練非常關鍵，反之，卻沒有所謂「跟隨力」的訓練。然而，組織中轉向協作實踐，啟發了很多新的領導概念。其中有一種新觀點，把領導者定義為幫助別人實現目標的人。這種看法體現在伯特倫（Theresa Bertram）的工作中。伯特倫是一家成功的大型老年醫學基金會理事，該基金會負責照料一個大型老年社區，包括提供八百份上門送餐服務。該機構的發展遇到瓶頸，雖然服務效果良好，但卻缺乏熱情或想像力。伯特倫聽到一位顧問透露組織職員和董事會成員無精打采的情況時，深感震驚。於是她安排了一次靜修活動，讓組織職員和董事會成員進行一個新形式的對話：他們不再像以前那樣只談公事，而是談論和分享故事，以及一些更新、更好的關於未來的夢想。結果，不僅他們的關係變得更加融洽，他們照料的老人也一起分享了此類故事。事實上，據伯特倫所講，基金會的照護服務其實可以納入他們服務對象的創造性參與。

　　基金會隨後展開更進一步的活動，讓老年人分享他們對社區生活的希望和設想。老人們的談話充滿新創意。接著，基金會實行了一項新政策，讓社區老人自己決定他們想要的服務。結果，社區老人們動了起來，他們熱情地參與到服務策劃中，開展了一系列活動，自己擔當主持，自己控制預算，為社交活動設計菜單等等。社區的巴士班次原本由一位專案經理負責，現在打破了原有制度，允許搭載居民到任何他們想去的地方。居民選擇的目的地之一是市鎮

會議。在那裡，老年人可以對政治問題說出自己的心聲，發表他們對社區總體事務的看法。

學術活動：作為關係的寫作

能夠用雙腳、用概念、用詞語跳舞，我是否還需加上：人一定也可以用筆跳舞？

——尼采，《快樂的科學》（*The Gay Science*）

社會建構論思想對學者們的學術實踐有影響嗎？這個問題正是本章最後部分所要探討的。當然，前幾章所提到的那些著作，已經部分回答了這個問題。新的思想和研究方法確實出現了。不過，我們這裡關注的並非寫作的內容，而是寫作的實作本身。對建構論者來說，學術作品不只是內容的交流，它還會跟讀者建立起某種關係。如果是這樣，那麼我們要探討的是傳統的表達方法對關係的影響。現有的寫作方法促成哪種社會關係，又排擠了哪種關係？或者廣而言之，我們透過寫作模式建構了怎樣的世界？為了說明這一點，考慮一下你在閱讀下面這段學術作品時有何感受：

可以預測，當（交流過程中）出現沉默時，將會出現細微差別，根據定律可能出現（i）在運用定律1（b）或1（c）之前存在缺口；或者（ii）在不用定律1（a）、（b）和（c）時出現失誤；

或者（iii）所選下一位發言人的重要（或標誌性）沉默適用定律1
（a）。 　　　　　　　　　　　　　　　　　　（Levinson, 1983）

　　根據傳統標準，這是一篇一流學術作品的典範。但我懷疑，你是否同樣感覺自己很不喜歡這種文字。造成這種情況的原因是多方面的。首先，這種寫作風格趨向於拉開你和作者之間的距離。他們的作品非常正式，不容你瞥見那種格式背後的作者形象。其寫作風格平實而淡定，很難讓人與作者產生共鳴。這種寫作模式還把作者放在知者的地位——理性而富有洞察力——你作爲讀者則是無知者。這種寫作不容出錯，因此會刺激讀者回想起自己的種種失敗。如果你冒險回應其中的觀點，就會感到困窘。最後，這種寫作風格是精英式的。它只適用於少數受過教育並在特權群體內部取得一席之地的人。

　　因此社會建構論者要問：「爲什麼我們必須擁護傳統的經典學術標準？」如果我們希望由疏遠轉向信任，生活在一個相互關心的社區，並能跟這些社區之外的人一起分享成果，那我們應該要如何交流？可以創建哪些新的選擇？正是在這種背景下，許多人受到新型學術作品的啓發，並取得了創新成果。

形象化寫作

　　在最常見的實驗模式中，人們嘗試拋棄傳統學術作品那種「神」的觀點，轉而展現作者的溫暖氣息，品味其中的激情、偏見與不足。作者可能在作品中夾雜了一些「街談巷議」，像俗語或小幽默。這裡有一段文字，是工科學者斯通（Rosanne Stone,

1996, p.3）寫的，內容是關於她如何進入工科領域：

> 第一次愛上它是在1950年。我盤著腿坐在床上，夜已經很深
> 了……我在幫一個朋友擺弄一台老式收音機上的電晶體。我們在
> 尋找發熱的部位，那正是電晶體的活性部位……而且可以探測無
> 線電波。在很長、很長的時間裡，聽不到任何聲音，然後耳機中
> 突然傳來聲響，一個全新的宇宙開始在我們的頭腦中轟鳴……我
> 著迷了，從此迷上了科技。

讀者可以從文字中看到作者活生生的模樣，彷彿在跟你進行
對話。她不是「高高在上」對你頤指氣使，而是在真正「與」你
說話。

多聲作者：我是誰？

在傳統學術活動中，作者追求的是作品的連貫性；只有當這
些作品具備充分合理而連貫的論點時，批評者才會甘休。形象化
寫作著實可以在讀者與作者之間建立起更緊密的連繫，但這種風
格仍使作者留有單數的、一致的自我痕跡。由於意識到自己是一
種多元存在（第五章），學者們嘗試把多聲表達引入文本。這些
學者認為，他們對許多事件的感受都很複雜，難道這種情況不應
表達出來嗎？於是，有時作者會在文本中插入一些片段，甚至是
對前面部分的評論。這些新增片段不僅實現了作者的多聲表達目
的，還邀請觀眾表達自己的意見。

莫爾凱（Michael Mulkay）的社會學著作《詞語與世界》

（1985），是關於多聲寫作的經典。例如，寫完傳統學術聲音的部分後，莫爾凱又介紹了兩種新的聲音——「讀者」，以及學術表演背後的「作者本人」。

「**讀者**」說：「好吧，作者，這很有趣，但我不太明白書中想要表達的意思。我可以（向作者）提幾個問題嗎？」（p.7）

「**作者本人**」回應道：「恐怕不行。書籍、研究報告等都有這種問題，一旦它們發表出來，就這樣了……這類文本就是這麼僵化。」（p.8）

在「作者本人」責罵自己無法控制文本之後，「讀者」再度插話：「那當然是你的錯！他沒有錯，你才是作者。書裡的人講的東西，都是你想表達的。」（p.9）

在上述各個片段中，莫爾凱本人在哪裡？自然是到處都是。

祈願：激動人心的聲音

正如我們看到的，傳統學術寫作通常總是死氣沉沉，缺乏激情或靈感。為了使自己的作品充滿生活氣息，讓讀者獲得更加豐富而真切的體驗，一些學者借鑑了非學術寫作的傳統，像小說、詩歌、宗教作品、神祕主義作品等等。這種做法不僅激起許多讀者的心，還根除了「秉筆直書」（客觀而理性）與「修辭」之間那種具誤導性的區別。他們不斷提醒讀者，作品具有社會建構的特徵。

舉例說明，我們來看《難言之隱》中的一個片段，該書作者是主張打破舊習的人類學家泰勒（Stephen Tyler, 1987, p.54），他在書中批判了理性系統的思想：

系統的概念不過是一種懷舊，因為整體分析方法已經沒落，而且試圖通過復活其屍體中曾令它喪命的病菌來使它復活。「系統」不過是偉大的蜘蛛女神的別名。

泰勒的隱喻生動有力。在此類隱喻之外，美國黑人問題研究專家韋斯特（Cornell West, 1994, p.28）教授添加了黑人宗教傳統因素，他就當代種族關係問題寫下了有力的文字：

黑人在白人統治的社會中歷經磨難，他們的傷口和疤痕激起人們心底的憤怒；民怨沸騰之時，人們對美國正義理想深感失望。

接下來駁斥的是對這憤怒的虛無主義回應：

虛無主義是無法通過討論或分析來克服的，它必須通過關愛來變得馴服。靈魂中的任何疾病都必須通過靈魂的轉變來治癒。

正如韋斯特的作品指出的，作家可以在作品中包含多種傳統。他們可以採用不同的風格，用不同的方式，面對不同的受眾。立意創新的社會學家福爾（Steven Pfohl）所著《死於食客咖啡館》，就是一個極佳的例子。福爾在書中採用了幾種不同的人稱語氣，包括傳統學者、編輯、譯者、作為自傳作者的福爾本人、拉達拉達（RadaRada）、傑克‧O. 蘭登（Jack O. Lantern）及布萊克‧麥當娜‧塗爾幹（Black Madonna Durkheim）。下面所選片段寫的是布萊克‧麥當娜‧塗爾幹對福爾的回應（福爾的

身分是位年輕的社會學家，正在爲他在美國南部的田野調查尋求
幫助）：

聽著，美國佬！……不要再提全由白人男子發動的革命！不
要再提救世主！不要再來兜售你們的方案！我們早就受夠了。或
許還有其他形式的寄生蟲？也許到時候你能發現他們，然後重新
裝扮自己，顯得更加靈活。但那種方法既費錢，也不會讓你感覺
更滿意。不過……收起你的東西，跳個舞吧。

（Pfohl, 1992, p.47）

走向公開表達

探索表達方式的實驗不應局限在寫作領域。如果「那是什
麼」並不要求我們以何種方式討論它，那就沒有什麼理由規定語
言優於其他表達方式。書面語言之所以享有特權，很大程度上是
由於學術界傳統上認爲理性（邏輯思考）存在於人的頭腦中，而
詞語是其主要表達方式。前幾章中我們已經討論過這種觀點的缺
陷。更重要的是，通過開放更多的人類表達方式，像繪畫、詩
歌、音樂、舞蹈、戲劇、喜劇、電影、多媒體等，人們獲益良多
（Knowles & Cole, 2008）。這樣一來，閱聽眾的數量大大增加。
例如，在今天的文化現象中，電影比學術作品擁有更多的觀眾。
面對這種情況，學者們爲何不利用電影呢？這樣的話，學者們也
就能夠避免被人批評爲曲高和寡，只爲少數特權人士代言。況
且，戲劇、繪畫、舞蹈等可以吸引觀眾以多種形式參與其中。如
果你面對的是一個字謎，你就只能往裡面填字；如果謎題很滑

圖6.2　照片表達

瑪麗‧霍斯金斯（Marie Hoskins）和他在加拿大維多利亞大學的同事們，在與一群吸毒成癮的邊緣少女一起開展研究工作時，給每個參與者提供了一架相機，讓她們通過照片來反映自己的生活。圖6.2這張照片的拍攝者是一位十七歲的女孩，B。她正在嘗試遠離冰毒和街頭賣淫的生活。拍攝這張照片的目的是回答一個問題：在生命的此時此刻，我到底是誰？伴隨這張照片展開了一系列對話，包括內化／異化問題，孤獨與寂寞，對從未擁有過的童年的渴望。請注意圍欄外的遊樂場。

稽，你會感到好笑；如果字謎的字母是一些積木，你就必須把它們放到各自的位置上去。其實，交流方式發生變化時，你的參與程度也在發生變化。因此，問題的挑戰在於：如何使人全方位地參與其中，包括視覺、聽覺、感覺等等。

　　漸漸的，學者們開始接受挑戰，試驗了各種傳統報告模式以外的新方法。例如，奧斯丁（Deborah Austin）採訪了一位參加過

1995年「美國百萬黑人大遊行」（The Million Man March）運動的美國黑人。然後，他們和一位參與者一起，寫了一首表達當時心情的詩歌。下面是其中摘錄：

> 她對我說，無論身處何地
> 非洲人永遠都是非洲人
> 千真萬確，無可置疑。
> 我看著她，笑了
> 像一個真正的科學家那樣
> 問道：為什麼呢？
> 她說：我說不清
> 聲音聽起來
> 就像河水在奔騰。　　　　　　　　　　（Austin, 1996, pp.207－208）

　　如果可以採用詩歌，為什麼不能用音樂呢？例如，在一個創新案例中，心理學家拉塞爾（Glenda Russell）和博安（Janis Bohan）對科羅拉多州憲法的一條修正案深感震怒，因為它剝奪了人們去起訴某個歧視其性取向的機構的權利。通過採訪那些反對該項法案的人，研究者抽取了一些採訪片段，結合主旨，創作了一部五幕劇《火焰》。一位專業作曲家為之譜曲，由唱詩班演唱。這部作品產生的影響如此之大，以至於後來改編成電視紀錄片，通過電視廣為流傳。

小結

　　雖然我接受的是傳統社會科學訓練，但是通過社會建構式對話去觀測並報告「事實眞相」，卻使我認識到這種活動的狹隘性。如果我的學術研究工作不是按照事物本來的樣子來揭示眞理，而是一種對世界的行動，那我會問：我的工作對誰有用？僅靠給學界和學生寫幾本書和幾篇論文就可以了嗎？這些質疑改變了我的生活。我發現自己更多時候是在與治療師、公司顧問、社區轉化專家、宗教團體及和平工作者一起共事。這種突變對我產生的結果之一就是，我加入了陶斯研究院（Taos Institute），這是一個由學者和社會工作者組成的群體，我們在社會建構論和一系列社會實踐之間有許多交叉點。我們的具體目標是豐富社會實踐內容，尤其是那些有助於人們打破障礙、消弭衝突的實踐，幫助人們建構更理想的未來。而且，社會建構式的對話甚至改變了我每天的教學實踐。例如，我拋棄了傳統出題考試的做法，這爲我帶來了近年來幾次最令我激動的時刻。我寧可要求學生採用其他可行的，或他們感興趣的方式來表達他們對課程內容的感想。學生們製作視頻、畫畫、寫短篇故事、舉辦照片展覽、進行即興滑稽表演、創作並演出戲劇片段、設計多媒體作品、爲音樂劇譜曲，有一次一名學生還用舞蹈形式完成「期末論文」。在期末考試期間，班上同學聚在一起分享各自的作品，這是學年中最讓人高興、最富啓發性、最有收穫的一種體驗。

第七章

被質疑的社會建構

　　我想提個問題：社會建構論今天是否已經成為首要文化危機？
——斯溫德·布林克曼（Swend Brinkmann），丹麥奧爾胡斯大學

　　在笛卡爾的經典著作《方法論》中，他提出的問題到現在還是問題。我們都認為知識是屬於自己的，但我們如何確定我們對任何事物都瞭若指掌？我們或許都生活在想像中；我們要以何為基礎來相信我們所相信的事物？笛卡爾提出，權威聲稱自己掌握了知識，但是我們怎樣才能相信權威呢？我們也不能相信我們的感覺，感覺經常誤導我們；當然，我們也不能依賴周圍人的觀點。那麼，我們如何斬釘截鐵地宣稱我們占有知識呢？這一折磨人的問題現在被提了出來，笛卡爾轉到下一步，作出了響亮的回答。他說，我們從懷疑開始。儘管我們的理性思考可能會引導我們懷疑所有的觀察，我們卻無需懷疑我們的理性思考。正是這種理性思考過程證明了我們的存在：*Cogito ergo sum*，**我思故我在**。

　　直到現在，我們仍然擁抱個人心智。我們讚賞「不從眾」而「自有主張」的個人，他們「作出合理決定」，展現出「道德品格」。而且我們相信，被賦予理性的力量並專注於客觀世界輪廓的科學家們，他們能夠改善我們的生活，引領社會走向繁榮。

　　但是，正如我們在第四章所看到的，笛卡爾的名言存在很大的缺陷。我們為什麼要把「懷疑」看成個人理性思考的過程？我們使用普通的語言告訴某個人「我懷疑它的準確性」。但是，我們怎麼知道，在這種表達背後，確實有個我們稱為「懷疑」的東西存在於頭腦中呢？正如我們所問，笛卡爾怎麼知道他正在思考？如果說，笛卡爾在進行他所謂的「思考」時，實際上他正悄

然參與著公共對話，這樣難道不是更有道理嗎？而且，當他提出對權威、對感官、對群眾觀點的質疑時，他不也是使用一般的語言嗎？正如我們所知道的，語言不是某一個人所擁有。有意義的語言產生自社會協作，沒有一種我們稱之為語言的東西是出自個人心智的。如果不存在關係，就不存在有意義的論述；如果論述不復存在，不管是在公在私，也就無法對「懷疑」或「理性」進行深入思考。我們可以將笛卡爾的格言改成：*Communicamus ergo sum*，**我們對話，故我在！**

　　然而，社會建構論將我們對理性、真實與良善的認知追溯到對話關係上時，這裡並不是終點。如果你現在闔上手裡這本書，說「現在我明白了」，那就大錯特錯。確實，建構論者提出的建議為理解和行動打開了嶄新的願景，令人振奮。與此同時，許多人卻發現這些觀點非常惱人，甚至讓人厭棄。像「虛無主義」、「反智」、「反科學」、「道德破產」，這些說法俯拾皆是；面對這類批評，我們又該作何回應？我可以用傳統的學術方式回應，努力說服那些持不同意見者或是讓他們無言以對。但這是為爭奪絕對真理的傳統鬥爭。在這種傳統中，誣衊者無處立足，所有的批評都必須消除。相較而言，建構論者不是在玩真理遊戲；無人聲稱這些論據為真實、客觀或理性。建構論者的觀點是作為生活的可能資源而被提出來的。問題並不在於這些觀點是否客觀真實，而在於當這些觀點進入我們的關係中時，生活會發生怎樣的變化。正是由於這個原因，大部分的工作都投向實踐的層面。對社會建構論者來說，向那些指出建構論觀點存在問題的人廣開建言之路是必要的。我們應該歡迎批評的聲音，任何聲音都不應該被忽視。

本章將會展現對社會建構論主要的批評和質疑觀點。其實，在這些對社會建構論的質疑中，你也可能會在其中找到自己作為讀者的聲音。不同的群體，如哲學家、科學家、人文學家、宗教思想家、從業人員等等，都提出不同的關注點。本章選取了六個最普遍的問題，每個案例都會有一個建構論者的答辯。這裡討論的六個問題是：

1. 建構論否認物質世界及世界中真實存在的生死問題嗎？
2. 建構論否認個人經驗與其他精神狀態的重要性嗎？
3. 建構論會自我解構嗎？
4. 建構論有道德或政治立場嗎？它提倡道德相對論嗎？
5. 如果我們認為的真實與良善都是建構出來的，那還有什麼事情值得去做？或者，我們為什麼不索性為所欲為呢？
6. 建構論者如何看待自然科學所取得的顯著成果？

現實主義：「可是真實的世界就在那裡！」

我祖母常對我說：要與那些尋求真理的人交朋友，但當你遇到已經找到真理的人，你要朝著山裡跑開。

——卡倫・道森（Karen Dawson）

人們對建構論觀點的反應通常是大聲反駁，說出自己的懷疑：「你是不是在告訴我污染不是真實的？貧窮、死亡也不是真

實的？你是不是在說世界是我們杜撰出來的，它其實根本就不存在？真荒唐！」是的，這看上去很荒唐。伍迪・艾倫（Woody Allan）有過這樣一句妙語：「關於現實，唯一可說的就是，那是唯一你能吃到一塊好牛排的地方。」我也認為污染、貧窮和死亡是非常真實的；這些反對意見雖然有道理，卻是基於對建構論觀點的誤解而來的。建構論並未聲稱要否認污染、貧窮或死亡。比如，建構論者並沒有說「死亡不是真實的」，但他們也沒有作出任何肯定。正如前面的章節提到的，建構論並不是要規定什麼是真、什麼是假。事情是怎樣，那就怎樣；然而一旦我們開始講述它是什麼的時候，也就是說出所謂的真實與客觀時，我們就進入了論述的世界，從而進入了某個傳統、某個生活方式，以及某個價值偏好。就連你提出是否存在一個「外在」的世界，也已經落入了西方觀點對人的假設——人的頭腦「內部」有個主觀世界，「客觀」世界則存在於外在某個地方。就在我們認真談論有關這個世界的問題時，我們常常忘記我們是在特定的傳統中運作。可以肯定的是，要在這樣的傳統中過生活，現實主義的觀點非常重要。我們必須將我們談論家庭、工作、健康的語言，看成是真實的，日常生活才能繼續下去。建構論者並沒有反對這樣做，而是提醒人們別將這些日常現實看成是無可質疑的絕對真實。我們可以看看下面的情形：

　　每當我們確定了某件事物為真實的時候，也就同時關閉了其他可能性。這樣看來，那些我們認為最明顯不過的事物，那些極具說服力的事物，往往也是最限制我們的。如果認為地球**就是平的**，這曾被當成一個顯而易見的事實，那就沒有任何空間讓人去探索「圓」的可能性；如果相信草的顏色一定是綠的，就沒有機

會發現原來是光反射到視網膜上使人經驗到顏色；或是那些相信石頭堅硬的人，就沒有理由再去懷疑它有可能是由分子構成的，而這是當代物理學家的觀點。這並不是說圓形的地球、視網膜、分子構成，肯定了世界的眞實。可以肯定的是，這些科學觀點很有用，但只是對某些目的有用。如果我乘船過湖，或是尋找我的草地被燒過的痕跡，或是用石頭撬開門，那些舊的現實觀還是非常完美的。實際上，對絕對眞實的堅持，意味著放棄了廣闊的其他可能性；排擠替代的論述，也就限制了行動的可能性。

也就是說，當人們肯定地說自己比前人的理解更「廣泛」、更「深入」時，我們應該小心爲好。這類說法或許會導致感官的閉塞。「現在我們眞正瞭解了」，這種「突破」在給我們帶來喜悅的同時，也使另外的說法就此消失，造成缺失。比如，早期人類普遍認爲自然界有靈性存在，探索大自然之美就是更加接近上帝。現在我們「瞭解得更深刻」：世界由微小的物質構成，精神與世界的構成無關。我們一旦滿足於現在所認識到的「眞正眞實」的物質世界，早期對精神層面的肯定就消失了。當我們轉向「物質世界」的語言時，我們也就失去了魅力、敬畏和驚歎的珍貴聲音。許多人都相信，正是這種缺失，造成了我們對自然和地球的忽視（Eliade, 1971）。類似的意義被抹掉的事情同樣也在發生，如當科學告訴我們愛情僅僅是荷爾蒙作用、宗教崇拜只是一種大腦狀態、母親對孩子的照顧僅出自遺傳的秉性，我們也經歷了同樣的意義抹除。當我們將人類活動定義爲「單純的生物反應」時，人即變得乾癟而沒有意義。「你激起了我體內的荷爾蒙反應」遠遠不能代替「我愛你」。難道我們眞的想要放棄那些神祕的、讓人敬畏的、充滿深刻意義的論述嗎？

　　當我們做出對真實的宣稱——什麼是正確，發生了什麼，肯定是怎麼回事——我們同樣也關閉了對話的選項；限定了其他人的說法，且讓有的人被消音。讓我們來看一看有關醫學的論述。誰會懷疑乳癌、心臟病和膀胱纖維症存在的真實性？當然，這些都是在日常生活中出現的社會現實，我們並非主張否定這些詞彙，也不是要否定相關的醫學研究和治療。只是，當這些醫學專業詞彙進入文化中，成為「真正的真實」，其他的替代聲音隨即從對話中銷聲匿跡。以愛滋病為例，許多不同的群體都在採取積極行動，想讓大眾認識這個事實。其中包括尼古拉斯‧尼克森（Nicolas Nixon）名為「人們的照片」的全美巡迴照片展。這個展覽展示了愛滋病患者漸漸虛弱、接近死亡的真實圖片，疾病的恐怖展露無遺。現代藝術博物館這樣描述該展覽：「講述了愛滋病的故事，展示了這疾病的真面目，患者、患者的愛人、家庭成員和朋友……都受到了什麼樣的影響……」（Crimp, 1992）然而，即使攝影作品清楚展示，我們瞭解了這個疾病的「真面目」了嗎？據一些示威反對這個展覽的愛滋病權益運動者所說，我們顯然並未瞭解。示威者發出傳單，指責這個展覽傳達錯誤概念，未能「反映出每天帶著這種危機生活的人們的現實狀況」。正如他們在傳單上所寫，「我們希望看到充滿活力、心懷怒氣、可愛的、性感的、美麗的愛滋病人站出來反對」（Crimp, 1992, p.118）。這些添加進來的一系列形象最終描述了真實的情況嗎？對於其他許多人來說，也並沒有。有的人認為這些描述將豐富和複雜的個人簡化成病患的形象；還有人說，對愛滋病患者的描述根本只是一種剝削行為，用來滿足公眾的獵奇心態。另外，也有人指出，對患者的注視限制了我們的關注範圍，讓我們無視疾病

圖 7.1

的背景脈絡，無視政府的忽視、補助不足，以及衛生保健政策的缺失。我們不都需要所有這些被提及，以及未被提及的觀點，來慎思明辨愛滋病的現實嗎？對於宣稱「正確」與「眞實」從而終止對話的這些論述，難道我們不該防備嗎？

在最終的分析中，宣稱什麼是「確實正確的」，或「眞正眞實的」，將我們置於相互的對立面。這是對其他傳統的否定，也是對其他人價值的根除。回顧歷史，有多少人死在絕對眞理的名下！

精神狀態的探問：從神經科學到營救行動

我們是如何開始使用這樣的表達「我相信……」？
我們是否曾在某個時候意識到「相信」的現象？
——維根斯坦，《哲學研究》（*Philosophical Investigations*）

想想每天我們都會有多少次用到「認為」、「希望」、「想要」、「需要」、「記得」這些詞語。再想想這些用語對我們和他人之間談論「愛」、「悲哀」和「歡愉」時有多重要。但是，如前述章節所論，有關心靈的論述是由社會建構而來。社會建構的過程在這裡尤其具有強大作用，因為心理相關的措辭沒有顯而易見的參照物。「樹木」這個詞也是社會建構的產物，但是在這裡我們可以指向某個物件，如果我們兩人都同意稱該物件為「樹木」而非「灌木」，那麼對我們來說樹木就成了存在於世間的可觀察之物。然而，在心靈的論述中，我們沒有可見的參照物。我們無法透過「皮膚表面」，深入去查看思維情況。前面有關理解的討論已經說明，我們無法透過一個人的話語去揭示其「真實意圖」（第五章）。所以可以說，我們表達心理狀態的詞語都是些變幻莫測的建構，任由時代的想像。

在這裡，批評者開始反彈。這是否意味著社會建構論提倡拋棄有關精神的語言？這些語言以不合理的理解方式為基礎，不是具有誤導作用嗎？建構論者是不是要將這些「常民對話」從我們的日常生活中根除？心理學和精神病學這兩個將「心智」作為研究重點的學科該怎麼辦？建構論者不應對這些學科提出質疑嗎？

同理，臨床治療中深入當事人「內心世界」或「生活經歷」的探索，難道這些都是白費心機嗎？至於個人的能動性呢？難道我們想要拋棄這樣的信念：我們是自主且爲自己的決定負責的個體？這些全都要被消除嗎？

過去遇到這種情況，堅持心理狀態爲眞實的一方經常會求助於發展迅速的神經科學。現在，神經科學成爲科學界最令人興奮的學科之一。爲什麼呢？因爲腦掃描技術（MRI、PET、EEG、MEG）似乎給我們提供了進入人類大腦的直接途徑。當受測者進行各種心智活動，包括解決問題、記憶、協商、看電影、冥想等，大腦各部位的神經活動／化學活動被檢測。如果在解答數學題時，大腦的某個區域很活躍，我們就有證據表明這部分區域是理性思考的神經基礎；觀看傷感影片時，大腦的另一個區域很活躍，我們也就找到了情緒反應的神經基礎。猜測就此結束。就是在這樣的基礎上，神經科學家宣稱他們不僅找到了腦皮層進行理性思考和情緒反應的根據，還找到了社會理解、侵略性、領導和道德行爲的根據。

但是讓我們更仔細地考察一下這些觀點。大腦的狀況眞能反映出精神狀態的存在嗎？回想一下我們所面對的問題，即如何從觀察中識別出心理狀態。比如，如果心理學家想知道一個人是否處於憂鬱狀態，他們通常會使用行爲指標清單，看看這個人是否睡得太多、吃得太少、感到疲乏等等。但是，沒有一個行爲指標可以明確地告訴我們這個人是否憂鬱。他可能睡眠不足而疲憊不堪，因此產生自殺的念頭，這或許與憂鬱毫無關聯。任何解釋都暫時被擱置，因爲事物總有不同的解釋方式。

腦掃描現在解決了「頭腦中到底有些什麼」這個不受歡迎的

問題嗎？現在我們可以通過腦掃描來觀察那些我們心虛地診斷為憂鬱症的人，看看他們的神經系統情況。我們成功找到了與高分的憂鬱清單相一致的神經系統狀況。但是，我們可能會問，要如何肯定這些所觀察到的大腦狀態，實際上就是「憂鬱」？為什麼這些狀態不是簡單的與失眠、缺乏食欲或感覺疲倦相關聯呢？或者，對於大腦的這個狀態，我們如何確定這不是一種「精神不適」、「生氣」、「應激退縮」或「認知整合與重組」的神經系統狀態呢？實際上，腦掃描並沒有把心智打開來檢查，而只是簡單地用一種推測代替另一種推測。腦掃描本身並不能自己說話；把掃描結果判讀為憂鬱、欺騙、信任、同情、道德等等的依據，不過是延伸了解讀者的文化信仰而已。

現在我們回到那個普遍的憂慮：建構論消除了我們對心智的信任。作為回應，現在我們應該對這個問題看得很清楚，建構論並未主張廢除任何對現實的宣稱。認知到現實是建構物，並不意味著就要將其拋棄。如果我們拋掉所有的建構，我們可能只剩下沉默。對建構論者來說，問題不在於心智是否真實。思考、情緒是否真實，其實是個無法回答的問題。對生活在特定傳統中的人來說，那是真實的，但對其他人則不然。脫離所有認知的傳統，就沒有什麼可說的了。對建構論者來說，更重要的問題是：將這樣的理解模式付諸實踐，對文化生活會產生怎樣的影響？這為對話提供了堅實的基礎。

當問及精神方面的詞語所蘊含的實際意義時，我們首先會意識到，這些詞語的重要性簡直無法估計。有關精神的語言，在西方文化生活中有非常關鍵的作用。例如，如果沒有關於激情、愛、欲望、需求和要求的語言，就會很難享受到浪漫的愛情；語

言同四目凝視、執子之手、擁抱親吻一樣，也是經營愛情必不可少的要素之一；同理，如果沒有「理性」、「記憶力」、「注意力」等等客體化的詞彙，教育機構就會舉步維艱；同樣，如果我們缺乏諸如「意圖」、「有意識的選擇」、「是非觀念」之類的詞語，我們的司法系統就會走向腐敗。如果不珍視「個人理性」和「自由選擇」這樣的語言，民主理念就會變得沒有意義。心理論述是西方文化傳統中的關鍵元素。儘管我寫了大量關於建構論的文章，但我敢說，我還是要在大多數的關係中使用這些詞語。但是我也經由建構論對話的引導，探索這些傳統習慣如何可能造成傷害，並考慮替代的可能性。

　　循著這些論點，我們認為，雖然那些對心理狀態作出解釋的學科可以為社會作出重要貢獻，但我們不應將這些學科作為最終的權威。採用精神論述的學科，如心理學、人類學、歷史學等等，承載著特定的文化傳統。這些學科持續使用描述精神狀態的語言，因而捲入蘊生這些語言的關係形式中。心理健康的專業如精神病學和臨床心理學，也同樣如此。這些專業在工作中使用大量關於人類變化的詞彙。人們會因為被定義為「無意識欲望」、「隱藏的渴望」，以及自我揭露和心理成長的感受，而改變他們的人生歷程。但是，建構論告訴我們，在每個案例中，我們都是在傳統中運作。這些傳統模式能夠，也確實壓迫著許多人；這些人的現實被漠視，並且被排除在影響他們未來的對話之外。而且，就像第四章所揭示的，由於表達精神狀態的語言本身反映了個人主義意識形態——充滿了異化、自戀及剝削等傾向——所以我們更應該拓寬眼界，去探索更具關係性的替代方案。

建構論是自我毀滅？

> 這個觀點不是一組答案，而是為不同的實踐提供可能。
>
> ——蘇珊妮・卡佩勒（Susanne Kappeler），
>
> 《再現觀點下的色情》（*The Pornography of Representation*）

幾個世紀以來，許多哲學家都批判性地檢驗了客觀性、真理和經驗主義知識的概念。或許，對這些不同形式的懷疑論調，最有影響的回應最早可以在柏拉圖的《泰阿泰德篇》（*Theatetus*）中找到。簡言之，其隱藏含義即：「若如懷疑主義者所說，不存在真理、客觀性和經驗主義知識，那麼，在何種基礎上，懷疑論為人們所接受？按照他們的思路，懷疑論者的觀點不是以真實、客觀或經驗主義知識為基礎。這樣一來，懷疑論者就無法自圓其說：他們讓我們接受他們關於真理的觀點，同時又宣稱真理根本不存在。」建構論者看來承襲了這種批判形式。如果所有的現實都是社會建構的產物，那麼，建構論又怎麼會是真的？難道建構論本身不是一種建構的產物嗎？

對於後面這個問題，建構論者的回答是肯定的。從一開始，建構論者就沒有聲稱自己的命題和論據是絕對真實、客觀或以經驗主義為基礎的。建構論觀點是可用的資源，不是反映世界的地圖或鏡子。因此，建構論者很願意說他們的觀點與隱喻和敘事綑綁在一起，鑲嵌在歷史與文化之中，並且只在某些特定傳統中才符合理性。然而，請看看這兩個重點。第一，明智考慮的話就會發現，批評說建構論本身也是一種建構，這個批評本身也就成

了建構論觀點。也就是說，本想反駁建構論，卻用建構論觀點支持了建構論。更重要也更正面的是，建構論者歡迎這類批評。正是這種質疑幫助我們從建構論的論述中跳出來，避免它變得教條、死板而成爲「新的眞理」。面對這些批評，我們開始研究建構論的論述在不同情境下產生的效果、它的得與失、它的潛力和缺點。實際上，建構論並未想要成爲結語，而是成爲一種論述形式，這個論述形式幫助我們建構一個不會因爲某一方宣稱握有眞理而中斷對話的世界。

　　人們透過各種途徑來確保某些談論事物的方式成爲唯一的方式。權威總是通過各種形式，宣稱掌握了某種神啓、理性、經驗事實等等，以此建立某種生活方式的基礎。許多重大鬥爭，不管是在學術界或是在廣泛的世界上，都是爲了爭取基本原則的宣稱。但是這些努力終歸徒勞，因爲無法爲這些基本原則建立任何基礎。比如，科學家常說，當所有的經驗證據都證實，而沒有任何證僞的證據，則這個理論接近於絕對眞理。然而，這種判定眞理的基礎是怎麼得來的呢？要走出去，通過收集資料核對命題簡直不可能。透過經驗主義來證實理論，這樣的嘗試早已被理論本身所允諾。以經驗主義的方法來檢驗理論的經驗主義觀點，會導致我們陷入循環論證的怪圈。然而，用其他辦法，像「從邏輯推理看，我們知道這個理論是正確的」來檢驗這個理論，又將微妙地削弱這個理論的可信度。如果你單純通過理性分析來證明經驗主義理論，那就是理性分析而不是經驗資料告訴我們什麼是正確的。實質上，沒有任何對眞理的聲稱，可以自己證明爲眞。除了這種論證的混亂，以上討論還會造成噤聲效果。一旦把基礎原則確定下來，人與人之間的屏障就出現了。這樣子，我們應當認知

到建構論的特殊之處，它避免宣稱自己掌握了根本的論證。建構論並不是一種需要人們皈依且排他的信仰。它更像是一首詩、一支曲子，或是一個體操動作。它所關注的首要問題是：當我們付諸行動時，我們能夠一起創建一個什麼樣的世界？

道德相對論的挑戰

〔解構〕⋯⋯在其他人的觀點中是有害的、激進的，它能揭開神聖宣言的面紗，呈現給我們單純而凌亂的符號，然而，它也完全可以以另一種保守的方式存在。因為它讓你肯定不了任何事情，所以它像空彈一樣有害。

——伊格爾頓（Terry Eagleton），

《後現代主義的幻影》（*The Illusions of Postmodernism*）

聖人們在真實處集合，用堅硬的皮膚抵擋尖銳的意識⋯⋯你能聽到他們的叫喊。

——A. R. 阿蒙斯（A. R. Arnmons），《證實者》（*The Confirmers*）

對建構論觀點最激烈的攻擊，指向它的道德和政治態度。批評它的人說，建構論不帶有任何價值；它似乎容忍任何事情，又不代表任何事情。更糟的是，它不允諾任何價值或理念；所有價值都「只是建構出來的」。建構論沒有提出任何社會評論或改變社會的方向。我是在與一位猶太哲學家朋友共進午餐時第一次意

識到這種批評的尖銳性。當我努力向他解釋建構論觀點時，他報之以憤怒，並說以後再也無法和我一起吃飯了。他說，我的建構論沒有譴責大屠殺，因此建構論可能和納粹合得來，這種寬容度讓人從道德的角度感到厭惡。接下來我花了一個小時的時間來修復我們之間的友誼。

建構論者如何回應我的這位同伴呢？首先，要認知到，在有關善惡的對話中，建構論是強而有力的朋友。上個世紀，科學的世界觀逐漸成為走向真理之路的代表。我們通過科學研究才相信了世界，瞭解了世界的本來面目。有了這種知識，我們才能掌控未來。由此我們見證了自然科學的廣闊發展，見證了社會科學走向繁榮。然而，伴隨著科學觀點的發展，有關善惡的話題往往被推向不起眼的位置。科學打算通過理性和觀察去發現真理。科學不是要告訴我們「應該是什麼樣的」，而是要告訴我們事實是怎樣的。或者就像人們所說的那樣，我們必須在事實和價值之間作出區分。價值從科學中分離出來，科學家並不是價值領域的專家。更糟的情況是，如果科學知識受到價值觀的驅動（我們**想要**相信什麼），就很可能會產生偏見。政治上可能想要宣傳「人人生而平等」，而從科學角度來看，當所有的證據都指向基因遺傳中基本智力的差異時，這時候科學若不照實報告，就會瓦解。

然而，在二十世紀六〇年代，指科學為中立的觀點開始動搖。科學知識似乎經常被用來維護支配。軍隊、企業和政府用科學知識來加強他們對其他人的控制。不管是白人控制黑人、資產階級控制無產階級、美國控制越南、政府控制民眾、男人控制女人，還是教育機構控制學生，科學幾乎無一例外都站在握有主導權的一方。科學家似乎堅定不移地為支配、控制和剝削行動提供

技術；而宣稱中立即使不被認爲是荒唐之言，也會被認爲是天眞的說法。儘管建構論觀點尚處於幼年階段，但它已經開始繁榮起來，因爲它裝備了理智的彈藥，直接刺穿了科學中立的鎧甲——聲稱超越意識形態的客觀性。正如前述章節裡列出的，科學家用來描述和解釋的語言並非指向事物的本來面目。我們本來有寬廣的可能性去認識世界。更何況，科學論述進入社會生活，將人分類、給予榮譽或加以責備，實際上科學語言從來就不是價值中立的。如果某些資料被稱爲「遺傳智力的指標」，並用來賦予某個群體（「智者」）特權而懲罰其他人（智商較低的人），科學描述就不可能是中立的。科學像警察一樣進入社會。從這個角度來看，所有的科學命題都應該攤開來檢視其道德和政治基礎。由此我們發現，建構論對事實與價值二分法的批評，邀請科學家（實際上是我們所有人）站出來爲社會的良善發言。這並不是因爲我們是接受過訓練的專家，而是因爲我們參與在意義的文化生成過程，因而創造我們今天和未來的生活方式。

　　雖然建構論的觀點開啓了思考道德和政治的大門，卻並沒有將其中一個凌駕於另一個之上。建構論授權給女性主義者、少數族裔、馬克思主義者、同性戀者、老年人、窮人，實際上是我們所有人，去挑戰現今支配秩序中的「眞理」和「事實」。在制定政策時，應該包含所有的價值傳承，包括宗教和精神方面的、政治與社會方面的。但是，建構論並非要在這些相互競爭的聲音中遴選出一個勝利者。在這種情形下，人們可能會說這是相對論：所有的道德立場都以自己的方式證得合理性。但在這裡，請不要錯誤地認爲建構論者認爲「所有的道德價值都是平等的」。說所有的事物都是平等的，本身就是一種價值判斷。對相互競爭的

立場進行的評價、考量或比較，都會事先帶有對真實和良善的假定，包括認為「沒有一種立場優於其他立場」，也是一種事先假定。我所知道的建構論者沒有一個人持有這種觀點。我的許多建構論者同事都和我很相似。我們擁護某種生活方式；我們對自己持有的價值觀感覺良好，並希望其他人也能開始以像我們這樣的方式看待這個世界。然而，建構論者和大多數持有某種價值觀的人，最大區別在於建構論者不會宣稱他們的價值觀從根本上優於其他人。他們會努力避免你死我活的競爭，那種經常會導致流血的競爭，而代之以相互探索和瞭解。

來到這裡，讓我們來看看一種相反的可能性：如果建構論者聽從批評者的意見，引入固定的價值觀，結果將會如何？如果建構論支持基督教，或馬克思主義，或伊斯蘭教，或自由主義，或……你真心希望建構論者建立起所有人都遵循的良善的本質、普遍不變的價值觀或生活方式嗎？你大概不會。而且，一般而言，那些批評建構論的道德觀太淺薄的人，很少會有興趣作出對任何價值的承諾。這不僅關乎某種道德態度的簡單要求，而是對他們的特定價值觀作出一般性的承諾。我們會希望有哪個宗教、政府、學術等群體為所有人作出何為良善的規定？任何一種價值觀、道德理想或政治善行，一旦付諸實踐，必定傾向於除去其他的替代價值觀，就連那些我們想要保存下來的也不例外。追求個人自由到了極限，我們就喪失社群；將誠實置於一切之上，個人安全就會受到威脅；將集體福祉置於首位，就會影響個人的利益。再回到前面的問題，我們真的希望建立一套倫理準則，讓所有人在任何時候都可以得到判定嗎？

正是建構論者「無法作出道德承諾」這一點，開啟了有關倫

理與政治價值的新視界。首先，想一想本書前面出現過的有關倫理價值的討論。為了與別人相互協調，我們通常會發展出一套我們偏好的行為模式。這既適用於母親和嬰兒、一起露營的朋友，也適用於火車上相遇的陌生人，甚至是男人和他的狗。我們選擇了一種偏愛的生活方式。道德準則和法律對於這類偏好模式的形成不具有決定性作用；當存在著完美的和諧時，就不需要刻意聲明良善與邪惡。我們很少會因為遵守某些準則、法律、原則、權利法案或類似的東西才去做善事。大部分人都不是因為有相關的法律規定而不去搶銀行；而是因為，在我們的生活方式看來，這從來都不是個好主意。當不和諧出現時，或當某人違背了人們偏愛的生活方式時，道德規範才會變得重要。這些規範被用來強調傳統。「這樣做不對，以後不要再這樣做了！」或者，當某種生活方式受到威脅時，我們會以道德原則來讚頌或獎賞那些對偏差者執行懲罰的人。由此才形成了我們之間廣為傳頌的英雄主義傳奇——從羅賓漢到現代的告密者，他們都為反對邪惡、維護良善而鬥爭。

如果這看上去很合理，我們就會發現，不管是建構論還是其他任何信條，都不能主導別人的生活方式。相反，如果人與人之間的關係非常協調，就會創建出美好的世界（第五章）。或者，某種在地的道德觀將會形成。我們不可能期望世間只有唯一的良善形式；而是當人們相互建立關係時，即生產出無數在地情境的良善標準。因此，問題的關鍵並不在於建立倫理或政治的承諾；事實上，倫理和政治一直都在創建中。

如果各個良善社群都與其他社群完全隔離開，我們就沒有政治和道德立場之虞。每個社群都可以不受外界干擾，依照自己的

標準行事，也就是說，沒有人會挑戰他們的價值觀和生活方式。當然，這種情況極為少見。隨著世界變小，世界各地的人們在生活中的交集大大增加，社會越來越多價值觀的衝突；想想近幾十年來爆發的種族、政治和宗教衝突。因而，如何在這個價值衝突加劇的世界中生存，成為我們面臨的最大挑戰。恰在此時，我們發現建構論的資源特別有用：建構論承認相互競爭的價值觀在其各自傳統中的合法性。建構論者甚至會分享一種或多種傳統；不過人們也承認，強烈的承諾同時造成排除異己、去除所有反對自己的聲音。如果我們不想看到世界上暴力態勢升級、恐怖主義和種族滅絕盛行，我們或許應該找其他替代。

正是在這個脈絡下，許多建構論學者和實踐者發現了他們所從事的工作具有重要意義。如前所述，建構論者對涉及現實衝突的工作有極大興趣。比如，公共對話計劃中的活動，以及有關轉化型對話的討論（第五章）。這種討論特別關注的是，在充滿敵意的環境裡如何維持意義創造的對話過程。欣賞度探詢的實踐也很重要（第六章），在公司組織中幫助相互矛盾的部門建構對雙方都有利的未來。這些事例是否意味著建構論者蘊含一個根本的價值觀，即維持意義與價值？並非如此，這只是說明建構論者也是文化歷史進程的參與者，同樣在某個傳統中行動。由此看來，進行對話式實踐，本身也是某種傳統中的表述。但這並不表示這些價值被假定為具有普世性。如果這些傳統相互矛盾，你會堅持遵從自己的傳統、剔除其他對立的傳統，還是會參與到與其他傳統共同建設未來的實踐中？你會作出怎樣的選擇？

什麼事情值得去做？：注入生命養分

如果我將你的全部論點都記在心上，

下週一早晨我就沒有什麼可做的了。

——一位同事信中所說

　　許多批評者都認為建構論觀點會讓人幻滅。他們說，人們想要知道自己行動的具體理由，想要建立自己能夠篤信的價值觀。如果人們發現原本看上去非常堅實的基礎「僅僅是建構出來的」，就會失去行動的動力。如果抵抗不公義並沒有內在的價值，只是一種文化建構，那我們何必耗盡心力？如果知道了心智是社會建構的產物，我們為何還要煞有介事地去研究心理學或接受教育呢？如果愛情只是我們自己編造出來的東西，這豈不是會毀掉我們最在乎的關係嗎？如果個人意念是文化建構的產物，我們為什麼還要讓每個人對自己所做的事情負責呢？還有什麼事情值得我們去做呢？

　　為了回應上述問題，我們首先需要仔細研究一下這些批判思路。這些觀點是基於怎麼樣的假設？其中一個主要假設就是，除非某種生活方式依賴於某種基礎原則，或者依據某些恰當的理由，否則這種生活就不值得一過。但是我們為什麼要尋找這類依據呢？我們怎麼會認為基本原則對有意義的生活是必要的呢？難道這樣的信念不是從我們和他人之間的關係中發展出來的嗎？當我們還是孩子時，我們很少會有這類依據或原則，但是我們卻可以全心投入我們的生活中。我們可以花上好幾個小時堆沙堡、

玩布娃娃、穿上大人們的衣服模仿他們的樣子，或是將球踢來踢去，不需要任何合理依據。我們不會去問「我是在浪費時間嗎？」或「這合理嗎？」人的行為要有合理的解釋，這樣的要求源自社會傳統。如果真是這樣，我們就可以自由選擇這是不是我們想要維持的傳統。

更讓人憧憬的是，建構論者深入探尋承諾的本源、價值感及行動的動力。是什麼讓香檳對人充滿刺激？生活因為社會關係而變得別有風味。我們正是通過參與各種各樣的關係，才有了對價值、正義和快樂的感受。以遊戲為隱喻，我們會因進球而興奮，因失球而苦悶，這並不是因為比賽是建立在根本真理或道德的基礎上。當我們處於遊戲過程中，那一刻，這一切**都是真實**與美好的。然而，遊戲也是一種社會建構；比賽的輸贏在社會關係的歷史之外沒有任何意義。用伽達默爾的話來說就是，「遊戲將隊員納入它的符咒，讓他參與進來，並把他留在那裡」（Gadamer, 1976, pp.75－76）。

通過這種方式探索人生的意義意味著什麼？首先，我們需要對他人開放，瞭解他人的世界觀，探尋他人價值觀和快樂的來源。在這些關係中，我們開拓了自己的潛力去汲取生命養分、尋找快樂。想一想你最珍視的活動有哪些，你會發現除非你參與到關係中去，否則這些活動是空洞的。這種思想也強調了物質主義的空虛。新衣服、新汽車、大房子等等，本身並沒有什麼價值；它們具有的任何價值，都是從我們參與的關係中得來的。珍視關係才是關鍵。另外，在這裡我們發現，走近那些生命失去意義、憂鬱或有自殺傾向的人，深具意義。藥物只能提供表象的治療，要步入有意義的生活道路，仍需通過關係來完成。最後，建構論

觀點也為人們指出了一條路，脫離歡愉但卻終將走向滅亡的生活。吸毒、酗酒、賭博、電玩等類似的生活方式，都能給人帶來歡愉，但從長遠來看卻給人造成傷害、破壞關係。如果這類歡愉源自關係，那麼唯有透過發展新的關係才能脫離這條路。在這方面，匿名戒酒協會取得的成果具有深遠意義。

社會建構與科學成就

　　當你不確定什麼是真實與良善時，建構論觀點似乎最有影響力。比如，當我們說「社會結構」、「無意識」和「神經官能」這些術語都是社會建構的產物時，很少人會感到意外。畢竟我們大多數人從來未篤信過這些詞語真的反映真實事物。然而，當我們轉向生物、化學和物理等等科學成果時，質疑就會越來越多。物理世界中的科學術語基本上已被看成是理所當然。我們知道DNA、多巴胺、化學元素、重力、原子顆粒等等，當然是真實存在的。這也就是為什麼本書在前面的內容中投入大量精力，只為說明自然科學是社會建構的產物。但是，即使有了這些論證，你仍有可能會抵抗這些觀點。這類觀點遭受反對的主要原因之一是，人們普遍認為自然科學研究在某種程度上帶來了知識的增長。先不論建構論者的異議，誰會否認科學研究確實給人類帶來福祉，像電燈照明、天花和傷寒的治療、蒸氣動力、原子能等等？如果科學創造的是社會建構的世界，我們又如何解釋這些可以估量的進步呢？這些進步難道不是反映出科學方法與其他方法

不同，真的可以幫助我們瞭解什麼是真實？

對此有幾點回應。首先，我們必須弄清建構論爭論的是什麼。這裡並非試圖否認在科學社群中，「有些事情正在發生」。然而，關鍵問題在於科學家用於命名和描述「某些事物」的術語，能否反映真實情況。可以肯定的是，我們有一套關於原子特性、化學元素和神經傳輸的語言。危機在於我們認為這些詞語某種程度上具有優先地位，能「反映」或「描繪」存在的事物，即是說這些詞語向我們揭示真實的本質。從建構論角度來看，所有我們稱作「化學元素」的，都能以希臘神話中諸神的名字來命名。或者，我們可以在絲毫不喪失準確性的情況下，將物理學中的中子稱為海王星，將質子稱為宙斯。我們千萬不要錯把詞語當成「世界」。

你可能會接著辯駁說，我們這裡討論的不僅僅是詞語的問題這麼簡單。科學公式進行預測；我們的科學理論讓我們得出火箭能發射到火星上去的結論；看，我們見證了預言的實現。準確預測難道不就告訴了我們關於真實的本質嗎？當我們能夠準確預言時，我們難道不是接近了事物的本質嗎？把預測效率當成貼近真理的指標，是錯誤的。如果我說上帝讓太陽早上升起晚上落下，我的預測是得到證實的，但這就代表這是正確的說法嗎？智力測驗成績可以預測將來的學術成就，這樣的話智力的概念就是正確的嗎？服用抗憂鬱藥物的人會減低憂鬱程度，這樣能證實藥物可以緩解憂鬱症狀嗎？人們到處試圖進行可靠的預測，當他們這樣做時，就會使用一些可用的語言來讓這些預言具有意義。預言的成功證明不了這些表義方法揭示了真理的本質。這些詞語多少會在進行預言的社群中發揮作用，但我們不應錯把實用性視為絕對

真理。

我們還需考察一下「進步」一詞攜帶的價值取向。進步是改進，某種東西會變得越來越好。然而，社會建構論者要問：「對誰越來越好？」價值在各別的社會群體中被創造，對某人更好的事物可能會對另一個人更壞；是否「進步」取決於你所擁護的立場，在精神疾病的案例中很容易看出這一點。如第二章所示，關於精神疾病的詞彙都帶有價值取向，它們界定了何為「正常人」。因此，當精神疾病的概念擴大時，也就出現了更多方式去挖掘人們的缺陷。結果，心理治療和藥物治療的需求增加了。我們現在非常善於「治癒」自己從未意識到的疾病。醫學案例中的這種情況可能比較少見。然而，我們也必須意識到身體的缺陷同樣也是帶有價值取向的社會建構。正如同性戀者最終拒斥了精神病學專家給他們貼上的「精神疾病」的標籤那樣，現在失明者也拒斥社會把他們視作失能的弱者。全國盲人協會現已徵集到超過五萬人的支持，提出要把眼盲現象看成僅是差異，而非缺陷。至於廣義的科學領域，許多人都認為要警惕「進步」這個概念，因為它代表著我們摧毀彼此和自然環境的能力。對環境破壞的關注，現在成千上萬的人都開始嘗試以「永續性」概念替代「進步」。只要「進步」的旗幟仍在飄揚，人們就必須同時留心它所具備的破壞性。

小結

　　這本書至此臨近尾聲，在寫完本書之際，一種遺憾之情也油然而生；還有許多對話沒有收入書中。與此同時，我也與你，我的讀者朋友，進行了想像中的對話。在我的想像中，你一直集中注意力、帶著疑問、願意跟隨奇怪而曲折的邏輯思路進入一片新天地，對我的激情和偏見報以寬容。所以，當我寫完本書，這種想像的關係也走到了盡頭，怎能不讓人遺憾。每次分離都是一次小小的死亡，這一次並非微不足道。現在我還能希望些什麼呢？或許，正是你與我，作為讀者與作者之間的關係，給了你內在對話的靈光。更重要的是，或許這番對話能夠進入你的生活，進入你的關係，讓你的生活和人際關係都變得充滿活力。隨著對話的繼續，我們的關係可能還會越走越遠。從這點來看，我們很有希望再次相遇。

參考文獻

Andersen, T. (Ed.). (1991). *The Reflecting Team*. New York: Norton.

Anderson, H. (1997). *Conversation, Language, and Possibilities*. New York: Basic Books.

Anderson, H., & Goolishian, H. (1992). The client is the expert: a not-knowing approach to therapy. In S. McNamee & K. Gergen (Eds.). *Therapy as Social Construction*. London: Sage.

Apple, M. (1982). *Education and Power*. Boston, MA: Routledge & Kegan Paul.

Applebee, A. (1996). *Curriculum as conversation: Transforming traditions of teaching and learning*. Chicago: University of Chicago Press.

Argyris, C. (1980). *Inner Contradictions of Rigorous Research*. New York: Academic Press.

Aronowitz, S., & Giroux, H.A. (1993). *Postmodern Education: Politics, Culture and Social Criticism*. Minneapolis, MN: University of Minnesota Press.

Asen, E., Dawson, N. and McHugh, B. (2002). *Multiple family therapy: The Marlborough model and its wider applications*. London: Carnac.

Ashmore, R.D., Jussim, L. and Wilder, D. (2001). *Social identity, intergroup conflict, and conflict reduction*. New York: Oxford University Press.

Austin, D. (1996). Kaleidoscope: The same and different. In C. Ellis & A. Bochner (Eds.). *Composing ethnography: Alternative forms of qualitative writing* (pp. 207–208). Walnut Creek, CA: AltaMira Press.

Averill, J.R. (1990). Inner feelings. In D. Leary (Ed.). *Metaphors in the history of psychology*. New York: Cambridge University Press.

Avramides, A. (2001). *Other minds*. London: Routledge.

Bad Object-Choices (Ed.) (1991). *How do I look? Queer film and video*. Seattle: Bay Press.

Bakhtin, M. (1986). *Speech genres and other essays* (Eds. M. Holquist and C. Emerson). Austin, TX: University of Texas Press.

Barnes, B. (1974). *Scientific knowledge and sociological theory*. London: Routledge & Kegan Paul.

Belenky, M., Clinchy, B.M., Goldberger, J.N.R., & Tarule, J.M. (1986). *Women's ways of knowing*. New York: Basic Books.

Bellah, R.N., Madsen, R., Sullivan, W.M., Swidler, A., & Tipton, S.M. (1985). *Habits of the heart*. Berkeley, CA: University of California Press.

Bennett, L.W., & Feldman, M.S. (1981). *Reconstructing reality in the courtroom*. New Brunswick, NJ: Rutgers University Press.

Berg, I.K., & deShazer, S. (1993). Making numbers talk: language in therapy. In S. Friedman (Ed.). *The new language of change*. New York: Guilford.

Berger, P., & Luckmann, T. (1966). *The social construction of reality*. New York: Doubleday.

Bertaux, D. (1981). *Biography and society*. Beverly Hills, CA: Sage.

Bial, H. (2003). *The performance studies reader*. London: Routledge.

Billig, M. (1996). *Arguing and thinking* (2nd Ed.). Cambridge: Cambridge University Press.

Bloor, D. (1976). *Knowledge and social imagery*. London: Routledge & Kegan Paul.

Bojer, M., Roehl, H. Knuth-Hollsen, M., & Magner, C. (2008). *Mapping dialogue, essential tools for social change*. Chagrin Falls, OH: Taos Institute Publications.

Bowles, S., & Gintis, J. (1976). *Schools in capitalist America*. New York: Basic Books.

Boyte, H.C., & Evans, S.M. (1986). *Free spaces, the sources of democracy in America*. New York: Harper & Row.

Brewer, M. (2003). *Intergroup relations*. Buckingham: Open University Press.

Bruffee, K.A. (1993). *Collaborative learning, higher education, interdependence, and the authority of knowledge*. Cambridge: Harvard University Press.

Bruner, J. (1990). *Acts of meaning*. Cambridge, MA: Harvard University Press.

Bruner, J., & Feldman, C.F. (1990). Metaphors of consciousness and cognition in the history of psychology. In D. Leary (Ed.). *Metaphors in the history of psychology*. New York: Cambridge University Press.

Bush, R.A., & Folger, J.P. (1994). *The promise of mediation*. San Francisco, CA: Jossey-Bass.

Butler, J. (1990). *Gender trouble: feminism and the subversion of identity*. New York: Routledge.

Carr, C. (1993). *On edge, performance at the end of the twentieth century*. Hanover, NH: University Press of New England.

Chasin, R., & Herzig, M. (1992). Creating systemic interventions for the sociopolitical arena. In B. Berger-Could & D.H. DeMuth (Eds.). *The global family therapist: integrating the personal, professional, and political*. Needham, MA: Allyn & Bacon.

Cohen, E. (2000). The animated pain of the body. *American Historical Review*, 105, 36–68.

Cooperrider, D.L. (1996). Resources for getting appreciative inquiry started. *OD Practitioner*, 28, 23–34.

Crawford, J., Kippax, S., Onyx, J., Gault, U., & Benton, P. (1992). *Emotion and gender: constructing meaning from memory*. London: Sage.

Crimp, D. (1992). Portraits of people with AIDS. In L. Grossberg, C. Nelson & P. Treichler (Eds.). *Cultural studies*. New York: Routledge.

Daston, L., & Galison, P. (2007). *Objectivity*. Zone Books.

Davis, N.Z. (1983). *The return of Martin Guerre*. Cambridge: Harvard University Press.

de Roux, G. (1991). Together against the computer: PAR and the struggle of Afro-Colombians for public services. In O. Fals-Borda & M.A. Rahman (Eds.). *Action and knowledge*. New York: Apex.

Deleuze, G., & Guattari, E. (1986). *A thousand plateaus*. Minneapolis, MN: University of Minnesota Press.

Derrida, J. (1981). *Positions*. Chicago: University of Chicago Press.

Derrida, J. (1997). *Of grammatology*. Baltimore, MD: Johns Hopkins University Press.

De Shazer, S. (1994). *Words were originally magic*. New York: Norton.

Douglas, M. (1986). *How institutions think*. London: Routledge & Kegan Paul.

Duncan, B.L., Hubble, M.A., & Miller, S. (1997). *Psychotherapy with impossible cases: the efficient treatment of therapy veterans*. New York: W.W. Norton.

Ede, L., & Lunsford, A. (1990). *Singular texts/plural authors: perspectives on collaborative writing*. Carbondale: Southern Illinois University Press.

Eliade, M. (1971). *The quest: history and meaning in religion*. Chicago: University of Chicago Press

Ellis, C. (1995). *Final negotiations: A story of love, loss, and chronic illness*. Philadelphia, PA: Temple University Press.

Engestrom, Y., & Middleton, D. (Eds.). (1996). *Cognition and communication at work*. Cambridge: Cambridge University Press.

Fals-Borda, O. (1991). Some basic ingredients. In O. Fals-Borda & M.A. Rahman (Eds.). *Action and knowledge*. New York: Apex.

Feinsilver, D. Murphy, E., & Anderson, H. (2007). Women at a turning point: A transformational feast. In H. Anderson & D. Gehart (Eds.). *Collaborative therapy: relationships and conversations that make a difference*. New York: Routledge.

Fisher, R., Ury, W., & Patton, B. (1992). *Getting to yes: negotiating agreement without giving in*. New York: Penguin Books.

Flax, J. (1993). *Multiples*. New York: Routledge

Fleck, L. (1935/1979). *Genesis and development of a scientific fact*. Chicago: University of Chicago Press.

Forman, J. (Ed.). (1992). *New visions of collaborative writing*. Portsmouth: Boynton/Cook.

Foucault, M. (1978). *The history of sexuality, vol. 1*. New York: Pantheon.

Foucault, M. (1979). *Discipline and punish*. New York: Vintage.

Frank, A.W. (1997). *The wounded storyteller: body illness and ethics*. Chicago: University of Chicago Press.

Freedman, J., & Combs, G. (1993). Invitation to new stories: using questions to suggest alternative possibilities. In S. Gilligan & R. Price (Eds.). *Therapeutic conversations*. New York: Norton.

Freire, P. (1985). *The politics of education*. South Hadley, MA: Bergin and Garvey.

Gadamer, H.G. (1975). *Truth and method*, ed. C.Barden & J. Cumming. New York: Seabury. Original German.

Gadamar, H.G. (1976). *Truth and method*. New York: Seabury.

Gagnon, J., & Simon, W. (1973). *Sexual conduct*. Chicago: Aldine.

Garfinkel, H. (1967). *Studies in ethnomethodology*. Englewood Cliffs, NJ: Prentice-Hall.

Gergen, K.J. (1993). *Toward transformation in social knowledge* (2nd Ed.). London: Sage.

Gergen, K.J. (1994). *Realities and relationships*. Cambridge, MA: Harvard University Press.

Gergen, K.J. (1995). Metaphor and monophony in the twentieth-century psychology of emotions. *History of the Human Sciences*, 8, 1–23.

Gergen, K.J. (2006). *Therapeutic realities, collaboration, oppression and relational flow*. Chagrin Falls, OH: Taos Institute Publications.

Gergen, K.J. (2008). *Relational being, beyond the individual and community*. New York: Oxford University Press.

Gergen, K.J., & Hoskins, D.M. (2006). If you meet social construction along the road, a dialogue with Buddhism. In M. Kwee, K.J. Gergen, & F. Koshikawa (Eds.). *Horizons in buddhist psychology*. Chagrin Falls, OH: Taos Institute Publications.

Gergen, K.J., Gloger-Tippelt, G., & Berkowitz, P. (1990). The cultural construction of the developing child. In G. Semin & K.J. Gergen (Eds.). *Everyday understanding*. London: Sage.

Gergen, M.M. (1992). Life stories: pieces of a dream. In G. Rosenwald & R. Ochberg (Eds.). *Storied lives*. New Haven, CT: Yale University Press.

Gergen, M. (1999). *Impious improvisations: feminist reconstructions in psychology*. Thousand Oaks, CA: Sage.

Gergen, M. (2001). *Feminist reconstructions in psychology*. Thousand Oaks, CA: Sage.

Gilligan, C. (1982). *In a different voice*. Cambridge, MA: Harvard University Press.

Giroux, H. (1992). *Border crossings*. New York: Routledge.

Gitlin, T. (1995). *The twilight of common dreams*. New York: Henry Holt.

Goffman, E. (1959). *The presentation of self in everyday life*. Garden City, NY: Doubleday.

Gordon, C. (Ed.). (1980). *Power/knowledge: selected interviews and other writings by Michel Foucault, 1972–1977*. New York: Pantheon.

Griggin, S.M., & Moffat, R.C. (Eds.). (1997). *Radical critiques of the law*. Lawrence, KA: University of Kansas Press.

Habermas, J. (1971). *Knowledge and human interests*. Boston, MA: Beacon Press.

Hall, S. (1996). New ethnicities. In D. Morley & K. Chen (Eds.). *Stuart Hall: critical dialogues in cultural studies*. London: Routledge.

Hardy, B. (1968). Towards a poetics of fiction: an approach through narrative. *Novel*, 2, 5–14.

Harré, R. (1979). *Social being*. Oxford: Blackwell.

Harré, R., & van Langenhove, L. (Eds.). (1999). *Positioning theory: Moral contexts of intentional action*. Malden: Blackwell.

Hermanns, H.J.M., & Kempen, H.J.G. (1993). *The dialogical self, meaning as movement*. New York: Academic Press.

Hill Collins, P. (1990). *Black feminist thought*. New York: Routledge.

Hochschild, A. (1983). *The managed heart: commercialization of human feeling*. Berkeley, CA: University of California Press.

Holstein, J.A., & Gubrium, J.F. (Eds.). (2008). *Handbook of constructionist research*. Thousand Oaks, CA: Sage.

hooks, b. (1989). *Talking back*. Boston, MA: South End Press.

hooks, b. (1990). *Yearning, race, gender, and cultural politics*. Boston, MA: South End Press.

Hunt, A. (1993). *Explorations in law and society*. New York: Routledge.

Hunter, J.D. (1991). *Culture wars: the struggle to define America*. New York: Basic Books.

Hunter, J.D. (1994). *Before the shooting begins*. New York: Free Press.

Iniguez, L., Valencia, J., & Vasquez, F. (1997). The construction of remembering and forgetfulness: memories and histories of the Spanish civil war. In D. Pennebaker, D. Paez, & B. Rime (Eds.). *Collective memory of political events*. Mahwah, NJ: Erlbaum.

Josselson, R. (1995). *Exploring identity and gender: the narrative study of lives*. Thousand Oaks, CA: Sage.

Karl, Cynthia, Andrew & Vanessa (1992). Therapeutic distinctions in an on-going therapy. In S. McNamee, & K.J. Gergen (Eds.). *Therapy as social construction*. London: Sage.

Kelman, J.C. (1997). Group processes in the resolution of international conflicts. *American Psychologist*, 52, 212–30.

Kingwell, M. (1995). *A civil tongue: justice, dialogue, and the politics of pluralism*. University Park: Pennsylvania State University Press.

Knowles, J.G., & Cole, A.L. (2008). *Handbook of the arts in qualitative research*. London: Sage.

Kuhn, T.S. (1962). *The structure of scientific revolutions*. Chicago: University of Chicago Press.

Kuhn, T.S. (1970). *The structure of scientific revolutions* (2nd Ed.). Chicago: University of Chicago Press.

Kuhn, T.S. (1977). *The essential tension*. Chicago: University of Chicago Press.

Lakoff, G., & Johnson, M. (1980). *Metaphors we live by*. Chicago: University of Chicago Press.

Lasch, C. (1979). *The culture of narcissism*. New York: Norton.

Lassiter, L.E. (2005). *The Chicago guide to collaborative ethnography*. Chicago: University of Chicago Press.

Lather, P. (1991). *Getting smart*. London: Routledge.

Lather, P., & Smithies, C. (1997). *Troubling the angels: women living with HIV/AIDS*. Boulder, CO: Westview Press.

Latour, B., & Woolgar, S. (1979). *Laboratory life: the social construction of scientific facts*. London: Sage.

Lauclau, E. (1990). *New reflections on the revolution of our time*. London: Verso.

Lawson-Te Aho (1993). The socially constructed nature of psychology and the abnormalisation of Maori. *New Zealand Psychological Society Bulletin*, 76, 25–30.

Lax, W. (1991). The reflecting team and the initial consultation. In T. Andersen (Ed.). *The reflecting team*. New York: Norton.

Lebow, R.N. (1996). *The art of bargaining*. Baltimore, MD: Johns Hopkins University Press.

Levinson, S.C. (1983). *Pragmatics*. New York: Cambridge University Press.

Levy, S.R., & Klein, M. (2008). *Intergroup attitudes and relations in childhood through adulthood*. New York: Oxford University Press.

Lillard, A. (1998). Ethnopsychologies: cultural variations in theories of mind. *Psychological Bulletin*, 123, 3–32.

Lipchik, E. (1993). Both/and solutions. In S. Friedman (Ed.). *The new language of change: constructive collaboration in psychotherapy*. New York: Guilford.

Linda B., as quoted in P. Lather & C. Smithies (1997). *Troubling the angels: women living with HIV/AIDS*. Boulder, CO: Westview Press. p. xxvi.

Link, B.G., & Phelan, J.C. (1999). The labeling theory of mental disorder. In A.V. Horwitz & T.L. Scheid (Eds.). *Handbook for the study of mental health*. Cambridge: Cambridge University Press.

Littlejohn, S., & Domenici, K. (2000). *Engaging communication in conflict: systemic practice*. Thousand Oaks, CA: Sage.

Lutz, C. (1988). *Unnatural emotions*. Chicago: University of Chicago Press.

Mannheim, K. (1951). *Ideology and utopia*. New York: Harcourt Brace.

Martin, E. (1987). *The woman in the body: a cultural analysis of reproduction*. Boston, MA: Beacon.

Maruna, S. (1997). Going straight: Disistance from crime and life narratives of reform. In Lieblich, A., & Josselson, R. (Eds.) *The narrative study of lives*. V.5. Thousand Oaks, CA: Sage.

Matza, D. (1969). *Becoming deviant*. Englewood Cliffs, NJ: Prentice-Hall.

McAdams, D. (2005). *The redemptive self*. New York: Oxford University Press.

McLuhan, M., & Powers, B.R. (1989). *The global village: transformation in world life and media in the 21st Century*. New York: Oxford University Press.

McNamee, S., & Gergen, K.J. (1992) *Therapy as social construction*. London: Sage.
McNamee, S., & Gergen, K.J. (1999). *Relational responsibility*. Thousand Oaks, CA: Sage.
Mead, G.H. (1934). *Mind, self and society*. Chicago: University of Chicago Press.
Meadows, D.H., Meadows, D.L., & Raners, J. (1992). *Beyond the limits: confronting global collapse, envisioning a sustainable future*. Post Mills, VT: Chelsea Green.
Mehan, H. (1979). *Learning lessons, social organization in the classroom*. Cambridge, MA: Harvard University Press.
Middleton, D., & Edwards, D. (1990). Conversational remembering: a social psychological approach. In D. Middleton & D. Edwards (Eds.). *Collective remembering*. London: Sage.
Milgram, S. (1974). *Obedience to authority*. New York: Harper & Row.
Moll, L.C. (1990). (Ed.). *Vygotsky and education*. Cambridge: Cambridge University Press.
Morgan, G. (1998). *Images of the organization*. Thousand Oaks, CA: Sage.
Morris, D. (1993). *The culture of pain*. Berkeley: University of California Press.
Morris, E. (2000). *Dutch: A memoir of Ronald Reagan*. New York: Modern Library.
Mulkay, M. (1985). *The word and the world*. London: George Allen & Unwin.
Myerson, G. (1994). *Rhetoric, reason and society: rationality as dialogue*. London: Sage.
Nagel, T. (1997). *The last word*. New York: Oxford University Press.
Naylor, A. (1991). *Exploring African American history*. New York: Heart of Lakes.
Naylor, G. (1982). *The women of Brewster Place*. New York: Viking.
Overton, W.R., & Reese, H.W. (1973). Models of development: methodological implications. In J.R. Nesselroade & H.W. Reese (Eds.). *Life-span development psychology: methodological issues*. New York: Academic Press.
Penn, P., & Frankfurt, M. (1994). Creating a participant text: writing, multiple voices, narrative multiplicity. *Family Process*, 33, 217–31.
Pearce, W.B., & Littlejohn, S.W. (1997). *Moral conflict: when social worlds collide*. Thousand Oaks, CA: Sage.
Pfohl, S. (1992). *Death at the parasite cafe*. New York: St Martins.
Phillion, J., He, M.F., & Connelly, F.M. (2005). *Narrative and experience in multicultural education*. Thousand Oaks, CA: Sage.
Potter, J. (1996). *Representing reality*. London: Sage.
Queneau, R. (1981). *Exercises in style*. New York: New Directions.
Reagan, S.,B., Fox, T., & Bleich, D. (1994). *Writing with: New directions in collaborative teaching, learning, and research*. Albany: State University of New York Press.
Ricoeur, P. (1981). *Hermeneutics and the human sciences*. New York: Cambridge University Press, p. 278.
Rodina, K.A. (In press). *Vygotsky's social constructionist view on disability: A methodology for inclusive education*.
Rogoff, B., Turkanis, C.G., & Bartlett, L. (Eds.). (2001). *Learning together, children and adults in a school community*. Oxford: Oxford University Press.
Rosenblatt, P.C., Karis, T.A., & Powell, R.D. (1995). *Multiracial couples: black and white voices*. Thousand Oaks, CA: Sage.
Ross, G., & Sinding, C. (2002). *Standing ovation: performing social science research*. Walnut Creek, CA: Alta Mira.
Ryle, G. (1949). *The concept of mind*. London: Hutchinson.
Said, E.W. (1978) *Orientalism*. New york: Vintage.
Sansom, W. (1956). *A contest of ladies*. London: Hogarth.
Saussure, E de ([1916]1974). *Course in general linguistics*. London: Fontana.
Schaeffer, R. (1976). *A new language for psychoanalysis*. New Haven, CT: Yale University Press.
Schudson, M. (1992). *Watergate in American memory*. New York: Basic Books.
Seikkula, J., & Arnkil, T.E. (2006). *Dialogic meetings in social networks*. London: Karnac.
Shapin, S. (1995). *A social history of truth: civility and science in seventeenth-century England*. Chicago: University of Chicago Press.
Shotter, J. (1985). *Social accountability and selfhood*. Oxford: Blackwell.

Shotter, J. (1990). The social construction of remembering and forgetting. In D. Middleton & D. Edwards (Eds.). *Collective remembering*. London: Sage.

Shotter, J., & Cunliffe, A.L. (2003). The manager as practical author II: conversations for action. In D. Holman & R. Thorpe (Eds.). *Management and language: the manager as practical author*. London: Sage.

Simon, K. (2003). *Moral questions in the classroom*. New Haven: Yale University Press.

Slife, B.D., & Williams, R.N. (1995). *What's behind the research, discovering hidden assumptions in the behavioral sciences*. Thousand Oaks, CA: Sage.

Spence, D. (1982). *Narrative truth and historical truth*. New York: Norton.

Spence, D. (1987). *The Freudian metaphor*. New York: Norton.

Squire, C. (1994). Empowering women? The Oprah Winfrey Show. In K. Bhavnani & A. Phoenix (Eds.). *Shifting identities, shifting racisms*. London: Sage.

Stone, A.R. (1996). *The war of desire and technology at the close of the mechanical age*. Cambridge: MIT Press.

Susskind, L., & Cruikshank, J. (1987). *Breaking the impasse: consensual approaches to resolving public disputes*. New York: Basic Books.

Szasz, T. (1984). *The therapeutic state*. Buffalo, NY: Prometheus.

Taylor, M.C., & Saaranen, E. (1994). *Imagologies: media philosophy*. London: Routledge.

Tillman-Healy, L.M. (1996). *A secret life in a culture of thinness: reflections an body, food, and bulimia*. In C. Ellis and A. Bochner (Eds). *Composing ethnography*. Walnut Creek, CA: Alta Mira.

Tomm, K. (1998). Co-constructing responsibility. In S. McNamee & K.J. Gergen (Eds). *Relational responsibilty*. Thousand Oaks, CA: Sage.

Topping, K.J. (1995). *Paired reading, spelling and writing: the handbook for teachers and parents*. London: Cassell.

Turner, R.H. (1978). The role and the person. *American Journal of Sociology, 84*, 1–23.

Tyler, S. (1987). *The unspeakable*. Madison, WI: University of Wisconsin Press.

Ulmer, G. (1989). *Applied grammatology, post-pedagogy from Jacques Derrida to Joseph Beuys*. Baltimore, MD: Johns Hopkins University Press.

Unger, R., & Crawford, M. (1992). *Women and gender: a feminist psychology*. Toronto: McGraw-Hill.

Ury, W. (1993). *Getting past no*. New York: Bantam.

van Eemeren, F., & Grootendorst, R. (1983). *Speech acts in argumentative discussions*. Dordrecht: Forris.

Verella, J.K. (2002). *Learning to listen, learning to teach: the power of dialogue in educating adults*. San Francisco, CA: Jossey-Bass.

Vygotsky, L. (1981). The genesis of higher mental functions. In J.V. Wertsch (Ed.). *The concept of activity in Soviet psychology*. Amronk, NY: M.E. Sharpe.

Wallach, M., & Wallach, L. (1983). *Psychology's sanction for selfishness*. San Francisco, CA: Freeman.

Walter, J., & Peller, J. (1992). *Becoming solution-focused in brief therapy*. New York: Brunner/Mazel.

Weisbord, M.R., & Janoff, S. (1995). *Future search*. San Francisco, CA: Barrett-Koehler.

Weisstein, N. (1993). Power, resistance and science: a call for a revitalized feminist psychology. *Feminism and Psychology, 3*, 239–245.

Wells, G. (1999). *Dialogic inquiry, towards a sociocultural practice and theory of education*. Cambridge: Cambridge University Press.

West, C. (1994). *Race matters*. New York: Vintage.

White, H. (1975). *Metahistory: historical imagination in nineteenth-century Europe*. Baltimore: Johns Hopkins University Press.

White, M., & Epston, D. (1990). *Narrative means to therapeutic ends*. New York: Norton.

Willis, P. (1977). *Learning to labour*. Westmead: Saxon House.

Winch, P. (1946). *The idea of a social science*. London: Routledge & Kegan Paul.

Winslade, J., & Monk, G. (2001). *Narrative mediation*. San Francisco, CA: Jossey-Bass.

Wise, A. (1979). *Legislated learning*. Berkeley, CA: University of California Press.

Wittgenstein, L. (1953). *Philosophical investigations*. Oxford: Blackwell.

Wykoff, G.S. (1969). *Harper handbook of college composition*. New York: Harper & Row.

Master　　045

醞釀中的變革：社會建構的邀請與實踐
An Invitation to Social Construction

作者—肯尼斯‧格根（Kenneth J. Gergen）

譯者—許婧

出版者—心靈工坊文化事業股份有限公司

發行人—王浩威　總編輯—王桂花

特約編輯—陳民傑　責任編輯—徐嘉俊　內頁排版—李宜芝

通訊地址—10684台北市大安區信義路四段53巷8號2樓

郵政劃撥—19546215　戶名—心靈工坊文化事業股份有限公司

電話—02）2702-9186　傳真—02）2702-9286

Email—service@psygarden.com.tw

網址—www.psygarden.com.tw

製版‧印刷—彩峰造藝印像股份有限公司

總經銷—大和書報圖書股份有限公司

電話—02）8990-2588　傳真—02）2990-1658

通訊地址—248新北市五股工業區五工五路二號

初版一刷—2014年10月　ISBN—978-986-357-017-2　定價—450元

An Invitation to Social Construction

English language edition published by SAGE publications of London, Thousand
Oaks, New Delhi and Singapore, © Kenneth J. Gergen, 2009.

Complex Chinese copyright © 2014 by PsyGarden Publishing Company

本書譯稿由北京大學出版社有限公司授權出版

All Rights Reserved

國家圖書館出版品預行編目資料

醞釀中的變革：社會建構的邀請與實踐 / 肯尼斯‧格根(Kenneth J. Gergen)　著 ; 許婧譯.
-- 初版. -- 臺北市：心靈工坊文化, 2014.10　　面；　公分. -- (Master ; 45)

譯自：An invitation to social construction

ISBN 978-986-357-017-2(平裝)

1.社會心理學　2.社會互動　3.後現代主義

541.7

103019428

心靈工坊 書香家族 讀友卡

感謝您購買心靈工坊的叢書，為了加強對您的服務，請您詳填本卡，
直接投入郵筒（免貼郵票）或傳真，我們會珍視您的意見，
並提供您最新的活動訊息，共同以書會友，追求身心靈的創意與成長。

書系編號－MA045　　　　**書名－醞釀中的變革：社會建構的邀請與實踐**

姓名＿＿＿＿＿＿＿＿＿　是否已加入書香家族？ □是 □現在加入

電話（公司）　　　　　（住家）　　　　手機

E-mail　　　　　　　　　生日　年　　月　　日

地址 □□□

服務機構／就讀學校　　　　　　　　　職稱

您的性別─□1.女 □2.男 □3.其他

婚姻狀況─□1.未婚 □2.已婚 □3.離婚 □4.不婚 □5.同志 □6.喪偶 □7.分居

請問您如何得知這本書？
□1.書店 □2.報章雜誌 □3.廣播電視 □4.親友推介 □5.心靈工坊書訊
□6.廣告DM □7.心靈工坊網站 □8.其他網路媒體 □9.其他

您購買本書的方式？
□1.書店 □2.劃撥郵購 □3.團體訂購 □4.網路訂購 □5.其他

您對本書的意見？

封面設計	□1.須再改進	□2.尚可	□3.滿意	□4.非常滿意
版面編排	□1.須再改進	□2.尚可	□3.滿意	□4.非常滿意
內容	□1.須再改進	□2.尚可	□3.滿意	□4.非常滿意
文筆／翻譯	□1.須再改進	□2.尚可	□3.滿意	□4.非常滿意
價格	□1.須再改進	□2.尚可	□3.滿意	□4.非常滿意

您對我們有何建議？

＿＿＿＿＿＿＿＿＿＿＿＿＿＿＿＿＿＿＿＿＿＿＿＿＿＿＿＿＿＿＿＿＿

＿＿＿＿＿＿＿＿＿＿＿＿＿＿＿＿＿＿＿＿＿＿＿＿＿＿＿＿＿＿＿＿＿

廣　告　回　信
台 北 郵 局 登 記 證
台北廣字第1143號
免　貼　郵　票

心靈工坊 |PsyGarden|

台北市106 信義路四段53巷8號2樓

讀者服務組　收

免　　貼　　郵　　票

（對折線）

加入心靈工坊書香家族會員
共享知識的盛宴，成長的喜悦

請寄回這張回函卡（免貼郵票），
您就成爲心靈工坊的書香家族會員，您將可以──

⊙隨時收到新書出版和活動訊息

⊙獲得各項回饋和優惠方案